F. M. Hessemer – Gedenkbuch seiner Reise

Hessische Beiträge zur deutchen Literatur
Herausgegeben von der Gesellschaft
Hessischer Literaturfreunde e.V.

Mit freundlicher Unterstützung
des Hessischen Landesmuseums Darmstadt

ISBN 978-3-87390-245-9
Justus von Liebig Verlag Darmstadt
Herstellung Ph. Reinheimer GmbH Darmstadt
2007

Friedrich Maximilian Hessemer

Gedenkbuch seiner Reise

nach Italien und Ägypten 1827 – 1830

Transkription, Edition
und mit Anmerkungen versehen
von Christa Staub

Mit einem Beitrag von Jörg-Ulrich Fechner:
Abschied und Erinnerung

Friedrich Maximilian Hessemers Gedenkbuch
von der Reise nach Italien und Ägypten
und die Tradition des Stammbuchs.

GESELLSCHAFT
HESSISCHER
LITERATURFREUNDE

In memoriam
Maria Teresa Morreale

Inhalt

Vorbericht

Die hier vorgelegte Wiedergabe des Freundschaftsalbums, auch Album amicorum, Gedenk-, Freundschafts- oder Stammbuch genannt, von Friedrich Maximilian Hessemer, das ihn seit der Planung seiner Studienreise zunächst nach Italien und dann bis nach Ägypten und zurück in die Heimat begleitete, ergänzt unser Wissen über Hessemer auf ungewöhnliche Weise. Die bis vor wenigen Jahren in Privatbesitz befindliche Handschrift wurde von der Besitzerin, der Urenkelin Hessemers, Marlis Schale, dem Hessischen Landesmuseum Darmstadt in großzügiger Weise geschenkt, und das Hessische Landesmuseum hat dem Abdruck freundlich zugestimmt.

Den Herren Albert Filbert und Albrecht Dexler ist es zu verdanken, daß die Aufnahme dieses Dokuments der hessischen Kulturgeschichte in die Reihe »Hessische Beiträge zur deutschen Literatur« der Gesellschaft Hessischer Literaturfreunde erfolgen konnte.
Ein Nachwort der Herausgeberin, die auch für die Transkription der Einträge verantwortlich zeichnet, fügt dieses Freundschaftsbuch in die lebensgeschichtlichen Umstände Hessemers ein.

Ein ausleitender Beitrag von Jörg-Ulrich Fechner: *Abschied und Erinnerung, Friedrich Maximilian Hessemers Gedenkbuch von der Reise nach Italien und Ägypten und die Tradition des Stammbuchs*, unternimmt den Versuch, diese Sammlung der Erinnerungen in die Geschichte und Überlieferung der Stammbücher einzuordnen.

Einführung

Das Album amicorum von Friedrich Maximilian Hessemer wird in der Graphischen Sammlung des Hessischen Landesmuseums in Darmstadt unter der Inv. Nr 10445 aufbewahrt. Der Deckel des Buches [20, 5 x 14 cm, überstehend] hat einen türkisfarbenen Papiereinband mit einer Goldrahmung, die eine gepunktete Prägung aufweist. Spiegel und Vorsatzblatt sind rosa, der gebrochene Rücken ist später vorn und hinten mit einem bräunlichen Leinenband geklebt worden. Auf dem rosa Vorsatzblatt ist ein maschinenschriftlicher Zettel eingeklebt [9, 2 x 3, 7 cm]: Fritz Max Hessemer // Gedenkbuch von der Studienreise // Italien – Sizilien – Ägypten // 1827 – 1830. Im Spiegel vorn mit Bleistift: Marlis Schale. Im hinteren Vorsatzblatt ist ein Zettel angebracht, der die frühere Besitzerin des Buches nennt, wiederum maschinenschriftlich: Marlis Schale und die Angabe ihrer Adresse. Der Buchblock hat die Maße 20 x 14 cm, der Schnitt ist vergoldet, das Kapital ist türkis-rot umstochen. Das Papier zeigt ein einheitliches Wasserzeichen: Krone, darunter AF.

Das Album zählt 93 Blatt, von diesen Blättern ist ein Blatt (65rv) von feinerem Papier in den Buchblock eingeklebt. Hinzu kommen die Blätter, auf denen Hessemers Gedicht von 1819 steht, die sich vor den beiden ersten unbeschriebenen Blättern des Stammbuches befinden.

In das Freundschaftsalbum haben sich 76 Personen eingetragen, es finden sich längere und kürzere Einträge, zumeist in der deutschen Schreibschrift der Zeit; als bildliche Beigabe sind zwei Zeichnungen von ungenannten Künstlern anzuführen und eine von dem Historienmaler Jacob Götzenberger. Die Transkription der Einträge ist orginalgetreu, die Orthographie, auch die Schreibung von Eigennamen wurde belassen, Korrekturen wurden nicht vorgenommen. Aufgelöst wurde lediglich das überstrichene n zu nn und das überstrichene m zu mm, gelegentlich ein fehlender Buchstabe durch eckige Klammern hinzugefügt. Auch in die Interpunktion wurde kaum eingegriffen, ein Komma eventuell in eckige Klammern dazu gesetzt, wenn der Text sonst unverständlich scheint. Die Hervorhebung einzelner Wörter – z. B. in lateinischen Buchstaben – ist durch Kursivdruck wiedergegeben. – Drei eingeklebte Papierzettelchen mit arabischen Schriftzeichen sind in der Übersetzung aufgeführt. Die freigelassenen, unbeschriebenen Blätter des Stammbuchs werden in dem Anmerkungsteil zwischen den Fußnoten zu den einzelnen Einträgen angegeben.

Friedrich Maximilian Hessemers Freundschaftsalbum

Das Freundschaftsalbum von Friedrich Maximilian Hessemer beginnt mit einem eingeklebten selbst verfaßten Gedicht, überschrieben »Meinem geliebten Vater ein herzliches Weihnachtsgeschenke« allerdings mit dem Datum [18]19.[1] Das Papier, auf dem das Gedicht geschrieben ist, ist nicht irgendein Papier, sondern ein besonders feines, verziert mit einer Biedermeier-Prägebordüre mit florealen Motiven und eingefaßt mit einem karmesinroten Rand.

Hessemer war Ende September 1830 von seiner langen Reise nach Italien und Ägypten zurückgekehrt, sein Vater starb am 28. September 1831; es war das Weihnachtsfest des Jahres 1830, das letzte Weihnachtsfest, das beide zusammen feierten. Der Vater war schon lange Zeit kränklich, und Hessemer stellte sich auf seiner Reise immer wieder die bange Frage, ob er den Vater lebend wiedersehen würde. Er konnte die Rückkunft nach Europa kaum erwarten, da er während seines Aufenthaltes in Ägypten ohne Nachrichten aus Darmstadt geblieben war. Als eine Windstille das Schiff von Alexandria heimwärts nach Triest nicht vorankommen ließ, schrieb Hessemer melancholisch (16. Mai 1830): »Ich habe so viel zu sagen, mein Herz ist so voll der Freude, daß die mühevolle Reise glücklich hinaus geführt ist, doch liegt alles still in mir, wie der Funke unter der Asche und will nicht fröhlich aufflammen; die erste Nachricht von Dir Vater, die Nachricht, daß Du noch lebst, wird wie ein Hauch der Liebe einen neuen Frühling in meiner Seele erwecken«,[2] und am 8. Juni 1830 im Quarantäne-Hafen bei Triest klagt Hessemer: »Das Stillsitzen macht mir dickes Blut, so daß ich unwohl bin. Ich kenn nun hinlänglich alle Staffeln der Sehnsuchtsleiter, wie man Briefe zu erwarten hat; [...] ich bin in dieser Erwartung zu keinem Entschlusse fähig, 15 Monate ohne Nachricht«. Dann endlich am 13. Juni das ersehnte Lebenszeichen: »Gestern erhielt ich meine Briefe aus Rom [...]; ich hatte die Augen voll Wassers, als ich ungeduldig die Siegel auseinander riß, ich konnte vor

Freude nicht lesen. Deine Hand, lieber Vater, erkannt ich an den Aufschriften, also war ich ruhig, und all meine frühere Sorge war mit einem Blick zu Boden geschlagen«.[3] Vielleicht schenkte Hessemer seinem Vater das Album amicorum als Dank dafür, daß dieser ihm diese langersehnte Reise durch seine Unterstützung ermöglicht hatte. In seinem Reisegepäck brachte Hessemer dem Vater als erstes Geschenk auch seinen Reisepaß mit, »der nun nicht mehr geräuchert und vollgeschmiert und gestempelt wird, [...] ein inhaltsreicher Bogen Papier, der Dir [Vater] manche Zeit vertreiben wird, bis Du ihn ganz kennst«.[4]

Als Hessemer am 3. September 1827 zu Fuß von Darmstadt aus nach Italien aufgebrochen war, hatte er im Ranzen sein wenige Monate zuvor begonnenes Freundschaftsalbum mit Einträgen seiner Darmstädter und oberhessischen Freunde und Verwandten. Schon nach der ersten Tagesetappe bis Bensheim war ihm sein Gepäck zu schwer geworden, und zu den Habseligkeiten, die er nach Darmstadt zurückschickte, gehörte u. a. sein Stammbuch. Er bemerkt dazu in seinem Brief: »[...] für was die Empfindsamkeit?«[5] Bald schon bedauerte er jedoch diese Entscheidung. In Mailand hätte er das Büchlein gerne bei sich gehabt. Er gesteht seinem Vater: »Wegen meinem Stammbuch hast Du Recht, ich wollte selbst, ich hätt es bei mir«.[6] Der Vater hat es ihm später zu einem nicht genauer zu bestimmenden Zeitpunkt nach Rom nachgeschickt. Seit Anfang des Jahres 1829, vor seiner Abreise aus der Ewigen Stadt über Sizilien und Malta nach Ägypten, finden sich Einträge aus dem Kreis der deutschen Künstlerkolonie. Wie gut, denn nur durch die vielen Einträge aus Rom, Italien und Ägypten – eine Verlängerung seiner Reise, die sich unerwartet ergeben hatte – zeigt sich zusätzlich zu dem, was seine Briefe mitteilen, das ganze Geflecht und das gesellschaftliche Umfeld, in dem sich Hessemer bewegte.
Vor seiner Wanderschaft in das ersehnte Italien hatte Hessemer seine Freunde, Bekannten und Verwandten um gute Ratschläge gegen allerlei Übel gebeten, die ihm auf der Reise widerfahren könnten. Mit dieser Aufforderung eröffnete er im Juli 1827 in Gießen sein Freundschaftsalbum. Als erster trägt sich Hofkammerrat *Johann Philipp Hofmann*, der Leiter des Gießener Baudepartements, ein. Hessemer hatte seit September 1824 als \`Großherzogl. Hessischer Oberbau-Directions-Aczessist´ bei ihm gearbeitet; und Hofmann war es, der den

Plan einer Italienreise unterstützte. Es folgt der Eintrag von Oberfinanzrat *Johann Heß*, der damals die Gründung eines botanischen Gartens in Darmstadt angeregt hatte. Interessant sind die Einträge der Darmstädter Brüder *Sell* und deren Vetters *Karl Sell*, Freunde von Georg Gottfried Gervinus; auch der Orientalist *Eduard Röth*, dessen Name sich in dem Gedenkbuch findet, ist ein Freund von Gervinus. *Gervinus* selbst hat sich mit mahnenden Worten eingetragen. Hessemers *Vater Bernhard Hessemer* denkt sorgenvoll an die lange Abwesenheit seines Sohnes und bittet ihn, diese Zeit durch Briefe ihm zu erheitern. Dieser Bitte entsprechend schrieb Hessemer fast täglich, nach des Tages Mühen, briefähnliche Mitteilungen, die er von unterwegs an seinen Vater in Darmstadt schickte.[7] Es folgen im Album gute Wünsche der Schwester *Ernestine* und ihres Mannes, Medizinalrat *Christian Heinrich Bünger*, und der Cousinen und Cousins aus Marburg. Aus der Darmstädter Gymnasialzeit haben sich Freundschaften erhalten, so tragen sich *Karl Lanz*, *Alexander Flegler*, *Georg Ludwig Kriegk* und *Peter Friedrich Martenstein* in das Reisestammbuch ein. Zu nennen ist der Friedberger Bekanntenkreis um den Schulmann und Historiker *Philipp Dieffenbach*. Der Eintrag des bekannten Burschenschafters und Darmstädter Schwarzens *Heinrich Karl Hofmann* zeigt eindrucksvoll und bewegend die Bitternis und Vereinsamung nach seiner Haftentlassung 1826. Zu dem Kreis um Hofmann gehören ferner *Christian Decher*, *Georg Heinzerling*, *Heinrich Felsing*, die sich wie dieser in Hessemers Stammbuch eintragen. Die Namen der Darmstädter Romantiker, die alle um oder kurz nach 1800 geboren sind, fehlen ebenfalls nicht im Freundschaftsalbum: *Johannes Scholl*, *Peter App*, *August Lucas*, *Ernst Rauch* und sein Bruder *Carl* und in Rom kommen dann *Wilhelm Noack* und *Jakob Felsing* dazu; des weiteren schreiben sich in Rom *Rudolf Wiegmann*, später Professor für Baukunst an der Akademie Düsseldorf, *Caroline Lauska* und *Jacob Götzenberger* ein. Von Götzenberger stammt die Bleistiftszeichnung im Album, sie zeigt wohl die weinende *Elisabetta Zanetti*, in die sich Hessemer in den Sommermonaten 1828 in Perugia verliebte. Von ihr findet sich ein Eintrag, allerdings erst in Rom datiert vom 7 marzo 1829. Die Liebe zu ihr hatte sich zu diesem Zeitpunkt schon merklich abgekühlt, wie Hessemers Brief vom 7. März 1829 zeigt: »Da sind nun auch noch Mutter und Tochter [Zanetti] von Perugia gekommen, um sich während des Conclave eine vom vorigen Pabst abgeschlagene Bewilligung zu erschleichen, zu erkaufen, oder Gott weiß wie; [...] so lieb mir ihre Gesellschaft in P[erugia] war, so peinigt mich doch hier ihre Nähe gewaltig, ich habe keine Zeit mich mit ihnen zu beschäftigen und die Dankbarkeit für so manche Freundschaft verpflichtete mich doch dazu«.[8] In Neapel traf Hessemer den Landschaftsmaler *Carl Goetzloff* aus Dresden – seine Zeilen tragen das doppelte Datum Neapel und Capri, im April und Mai 1829 – und den Maler und Dichter *August Kopisch*, der für das Album einen langen literarischen Dialog zwischen einem Maler und einem Dichter mit dem Titel *Archimedes Grab* verfaßte; und der dem Freund eine Ode *Zum Abschied* widmete (*Auf dem Vesuv den 1. Juny 1829*). Hessemer wird auf seiner Reise durch Sizilien in Syrakus `auf den Spuren der Eintragungen von Kopisch wandeln´, er wird das sogenannte Grab des Archimedes in den Necrópoli delle Grotticelle zeichnen, er wird es bedauern, »nicht Vossens Übersetzung der Theokritischen Idillen hier gehabt zu haben«.[9] Am letzten Tag seines Aufenthaltes in Sizilien kann Hessemer auch noch den berühmten Hyblahonig genießen, »dessen eigene Blumensüße« ihm sehr behagte. Von dem Landschaftsmaler *Wilhelm Ahlborn* aus Hannover finden sich zwei Einträge, der eine aus Rom (18. Januar 1829) und der andere aus Messina (6. August 1829). In Messina trennten sich nach der gemeinsamen Reise durch Sizilien die beiden Freunde, und Hessemer begab sich allein auf seine mehrmonatige Ägyptenfahrt.

Aus Kairo gibt es Einträge zweier evangelischer Missionare, mit Namen *Rudolf Theophilus Lieder* und *Wilhelm Kruse*, des englischen *Konsuls Nott*, der das Sonett *To the Nautilus* einschreibt, und eines Italieners *Romualdo Tecco*, gebürtig aus Turin, der zunächst arabische Verszeilen anführt, die er in italienische Verse umwandelt.

Gemeinsam mit dem österreichischen Generalkonsul von Unter- und Mittelägypten in Alexandria *Giuseppe Acerbi* trat Hessemer die Heimreise über Triest an. Acerbi trägt sich mit einem Hexameter von Horaz ein. Mit dem Reiseschriftsteller *Charles Joseph LaTrobe* setzte Hessemer die Reise von Triest nach Rom fort, von ihm datiert ein Eintrag vom 14. Juli 1830. In Rom gedenkt *August Kestner*, der hannöversche Ministerresident, der gemeinsamen Tage und schreibt unter dem

Datum 30. July 1830 in das Album amicorum die Verse *Zeit, der sind wir verhaßt* [...]. Der taubstumme *Adolph Siebert* aus Berlin drückt in seinen Zeilen seine Bewunderung für die zahlreichen mitgebrachten Skizzen aus Ägypten aus. Der Eintrag – ebenfalls aus Rom – des Altphilologen *Athanasius Ambrosch* zeigt die gemeinsamen Berührungspunkte zwischen ihm und Hessemer auf. Der Historienmaler *Franz Nadorp*, mit dem Hessemer bereits auf seiner Reise nach Rom viele gemeinsame Stunden in Florenz verbracht hatte, widmet ihm nun einige Zeilen in Rom. Der Holzschneider und Kupferstecher *Moritz Steinla* wünscht mit einem streng gebauten Sonett Hessemer alles Gute für seine Zeit als Professor in Frankfurt. Der Legationssekretär an der preußischen Gesandtschaft in Florenz *Alfred von Reumont* trägt seine Ode `*Heimath und Fremde*´ in das Gedenkbuch ein. Es folgt von dem Landschaftsmaler *Joseph Büttgen* die Mahnung, Hessemer solle sich an seinem Hochzeitstage an das so sehr geschätzte Raffaelsche Gemälde `Lo sposalizio´ erinnern.
Das Stammbuch beschließt ein Eintrag des Oberschulrats *Christian Theodor Friedrich Roth* aus Friedberg. Mit Versen aus Horaz greift er die Bitte Hessemers zu Beginn des Büchleins auf, seine Freunde mögen ihm gütigen Rat erteilen, gegen das Heimweh, Krankheit und dergleichen, eben auch gegen `Schuß und Stich´:

Integer vitae, scelerisque purus
Non eget Mauris jaculis, neque arcu,
Nec venenatis gravida sagittis
pharetra.

---

[1] Siehe im Beitrag von Jörg-Ulrich Fechner, *Abschied und Erinnerung*, S. 261f.
[2] Friedrich Maximilian Hessemer, *Briefe seiner Reise nach Italien, Malta und Ägypten 1827 – 1830*, unter Verwendung der Vorarbeiten von Maria Teresa Morreale herausgegeben und mit Anmerkungen versehen von Christa Staub, Hamburg, Maximilian-Gesellschaft/Darmstadt, TU; Bd 1. 2002; Bd 2, 2003, hierzu Bd 2, S. 322.
[3] Hessemer, *Reisebriefe*, Bd 2, S. 340f.
[4] Hessemer, *Reisebriefe*, Bd 2, S. 472. – Dieser Reisepaß befindet sich seit 2002 im Hessischen Landesmuseum Darmstadt; ein zweispaltiger Einblattdruck mit Bordüre und dem preußischen Wappen, ausgestellt in deutscher und italienischer Sprache für den Maler Hessemer aus Darmstadt am 30. März 1829 vom Legationsrat C. C. von Bunsen. Eine Abbildung des Passes im Katalog *Orient auf Papier von Louis François Cassas bis Eugen Bracht* der Graphischen Sammlung des Hessischen Landesmuseums Darmstadt, Darmstadt 2002, S. 94.
[5] Hessemer, *Reisebriefe*, Bd 1, S. 51.
[6] Hessemer, *Reisebriefe*, Bd 1, S. 89.
[7] Hessemer, *Reisebriefe*, siehe Anm. 2.
[8] Hessemer, *Reisebriefe*, Bd 1, S. 523.
[9] Hessemer, *Reisebriefe*, Bd 1, S. 686f.

Der Wanderer auf Sizilien, Aquarell von Wilhelm Ahlborn, 17. Juli 1829

Transkription des Gedenkbuches

Meinem geliebten Vater
ein herzliches Weihnachts-Geschenke.

Ein freies Lied, der teutschen Brust entsprungen,
An Deinen Busen eil ich es zu legen,
Es ist Dir recht in treuer Lieb gesungen,
Und jugendlich soll es Dein Herz bewegen,
In Kindesliebe, die mich heiß durchdrungen,
Mußt' sich die Kraft in meinem Busen regen;
Und denke meiner hier bei dem Geschenke,
So wie ich Deiner treu in Lieb gedenke.

Im süßen Sonnenstrahl, auf rauhen Wegen, *[1v]*
War ich gewallt des Tages träge Länge,
Da strahlte mir ein grüner Wald entgegen,
Voll kühlem Schatten, dunkle Buchengänge,
Nach Tageslast der Ruhe dort zu pflegen
Legt ich mich hin, und friedliche Gesänge
Erschollen heiter da auf jedem Aste,
Und wiegten träumend mich im Waldpallaste.

Ein schönes Leben sollte nun beginnen,
Denn kaum verschlossen sich die müden Augen,
Und kaum war ich entrückt den schlaffen Sinnen,
So wollten mir viel süße Freuden hauchen,
Ein Farbenstrom entsprudelte hier innen,
In seine Wellen eilt ich mich zu tauchen,
Kaum schlugen diese über mir zusammen,
Begann die Seele in den Traum zu flammen.

Ein junger Lenz lag auf dem Erdenschooße,
So mild und rein, geboren diese Stunde,
Viel Blümchen schauten aus dem zarten Moose
Und grüne Saaten wogten in dem Grunde,
Wie viele Blätter schlingen eine Rose,
Die lacht mit rothen Lippen, süßem Munde,
So kam aus tausend Blumen, rothen, blauen,
Viel süßer Schein, den Frühling zu erbauen.

Meinem geliebten Vater
ein herzliches Weihnachts-Geschenk.

Ein freies Lied, der teutschen Brust entsprungen,
An deinem Busen wil ich es zu legen,
Es ist dir recht in treuer Lieb gesungen,
Und jugendlich soll es dein Herz bewegen,
Die Kindesliebe, die mich heiß durchdrungen,
Mußt' sich die Kraft in meinem Busen regen;
Und denke meiner hier bei dem Geschenke,
So wie ich deiner treu in Lieb gedenke.

Abschrift im I. Band
Maschinen Abschriften

Rings sprang das Leben, als ein wilder Knabe, *[2r]*
Bunt stand die Welt, zu feiern den Erwachten
Das Todte keimte auf aus seinem Grabe
Die Rosen ihre süße Gluth anfachten
Die Rebe drückte fester sich zum Stabe
Im dunklen Haine viele Tauben lachten
Viel Vogelkehlen sangen mannichfaltig,
So kam ein Frühling mächtig, allgewaltig.

Und als ich lange den in Lust erschaute
Begann er drauf das schöne Aug zu schließen,
Denn rings ein dichter Nebel niederthaute,
Und schlang den Schleier um die jungen Wiesen
Von Ferne her ein dunkles Wetter graute
Und in die Nacht wollt sich die Welt verschließen
Da schwebt ich fort von Geisterhand gehoben,
Und schwebt zu einem Berge hin nach Oben.

Dort sah ich nun den Himmel sich entzünden
In dunkelrothen, trüben Blutesfarben
Ein Regenstrom stürzt nieder zu den Gründen,
Zerschlug den Keim der Hoffnung Segensgarben
Viel Blitze schossen aus den Wetterschlünden
Vom Himmel, deren Wunden mir vernarben,
Was lebte stand in starrem, stummen Staunen,
Als hörte man zum jüngsten Tag posaunen.

Ein kleiner Born an Berges Brust entsprungen *[2v]*
War längst zu einem Strome angeschwollen,
Ein silbern Band hatt er den Wald durchschlungen,
Den süßen Wald, den heitren, blüthenvollen.
Nun bläst der Sturm aus frischen vollen Lungen
Und durch die Berge düstre Donner rollen,
Des Stromes Wuth zertritt die Blumen, Blüthen
Und stürzte zu dem Thal in wildem Wüthen.

Wild schlägt die Fluth, des Forstes Eichen krachen,
Und gräßlich lautet ihr Zusammenschlagen
Ach drunten ruht ein Fischer in dem Nachen,
Wird schlafend von der wilden Fluth getragen
Und er erwacht, als schon die Bretter brachen,
Da sinkt er hin, der Sturm verschlingt sein Klagen
Sein Leben trinkt des Stromes wilde Brandung;
In jenem Leben feiert er die Landung.

Dort schwimmt ein Hirsch, er schlägt mit schlanken Läufen,
Die Fluthen, die mit ihm hinunter schießen
Wild schlägt sein Haupt, die Wasser die sich häufen
Mit vielen spitzen Enden all zu spießen
Er schäumet wild, er trotzet dem Ersäufen,
Starr steht sein Blick, den Fluthen übergießen,
Da treibts ihn fort, zum Absturz, wild durch Klippen
An spitzen Felsen scheitern ihn die Rippen.

[3r] Den wilden Aar vom Himmel dort gefallen,
Den krause Stürme aus der Luft geschlagen,
Den sah ich dort den lichten Schaum umkrallen,
Von Fluthen statt der Luft dahin getragen,
Zerschlägt die Flügel an den Wassern allen,
Wo aus dem Abgrund spitze Felsen ragen,
Dort stürzt die wilde grimme Fluth ihn nieder,
Zerschlagen liegt der hohen Luft Gebieter.

Nun stand ich da in starrem, stummem Grausen,
Und schloß die Augen um nicht zu erfahren
Wie weiter Sturm und Fluth das Thal zerzausen,
Wie Menschen, Thiere sterben hin in Schaaren.
Da schwieg allmählig dieses dumpfe Brausen,
Und um mich fühlt ich plötzlich einen klaaren,
Süßrothen, sanften Schimmer ausgegossen,
Ein Jüngling wars, als ich das Aug erschlossen.

O solchen werd ich nimmer, nimmer schauen,
So reine Schönheit, solche Engelsmilde;
Mir schwoll die Brust von heiligem Vertrauen
Und neigte sich zu diesem Himmelsbilde,
Aus seinem Auge, aus dem sanften, blauen
Goß sich ein Strom von Strahlen ins Gefilde
Und seelge Ruhe sah ich in den Zügen
Und zu dem Kreuz den Glanz ums Haupt sich fügen.

[3v] Als ich des Hauptes Strahl, der Augen Funken,
Das liebe Licht, das glänzend ihn umschlossen
In heißen Zügen sehnsuchtsvoll getrunken,
Da fühlt ich Ahndung in dem Busen sprossen,
Da bin ich nieder vor ihm hingesunken,
Umfaßt das Knie des ewgen Lichts Genossen,
Und drückte fest mich zu dem klaaren Reinen,
Nicht Worte fand ich, nur ein heißes Weinen.

Er hob mich auf, sah meines Herzens Ringen
Sein schönes, sanftes Auge traf das meine
Da sprach er, schön wie Engel singen:
„Bleib ewig mit der Reinheit im Vereine,
„So treffen nimmer dich der Hölle Schlingen,
„Und in der Seelenschönheit sanftem Scheine
„Wird dich die Seelenruhe himmlisch krönen,
„Zerstörst du selber nicht den Keim des Schönen.

„Trau stets auf Gott in jeder schweren Stunde
„Und laß den Strom der Lust dich nimmer fassen,
„So heilt im Herzen jede tiefe Wunde,
„Der Seele Glanz wird nimmer dir verblassen
„Der Freiheit stehst du dann in festem Bunde,
„Selbstständigkeit kann nimmer dich verlassen,
„Nun lebe wohl, steh fest im Gottesmuthe,
„Dir lebe nur das Freie, Schöne, Gute."

Da schied er hin, noch glühte auf den Wangen *[4r]*
Sein trautes, heißes, liebevolles Küssen;
Als leichten Fußes er hinweggegangen, –
O hätt ich nimmer von ihm scheiden müssen, –
Da sah ich einen Regenbogen prangen
Hoch strahlend über jenen Wassergüssen,
Und aus dem reinen, goldgewirkten Bogen
Kam treu in Lieb ein Taubenpaar geflogen.

O Geist der Liebe, du bist es gewesen,
Der so mich lehrte, so mir Hülfe reichte,
Zum ewgen Schützer hab ich dich erlesen,
In dir vollbracht, wirds Schwere wie das Leichte;
Und ewig, ewig strahlet mir dein Wesen,
Dem ich mich hin in stiller Demuth neigte,
In deinen Strahlen hub ich an zu singen,
Und voll Begeistrung diesen Kranz zu schlingen.

Friedrich Heßemer
[18] 19[1].

Aufforderung an meine Freunde.

Ihr wißt es bereits insgesammt, oder wer es noch nicht weiß, der erfährt es hierdurch, daß ich mich jetzt auf den Weg begeben und nach Italien wandern, ich ganz allein, einsam, ohne weiteren Begleiter; – selbst mein Bern bleibt zurück. – Ihr könnt leicht denken, in welchen Sorgen ich bin, daß ich mich nach allen Seiten umsehe u. links u. rechts hinhöre nach gutem Rath und nach Verhaltungsvorschriften für solch eine weite Wanderschaft; und ich bitte Euch nun, mir zu all dem, was ich schon aus Büchern u. sonstigen Mittheilungen für diesen Zweck gesammelt hab, noch von Eurer Seite etwas zuzugeben, damit ich den hunderttausendfältigen Anfechtungen nicht so ganz nackt u. bloß dastehe, sondern daß ich mir Raths erholen kann aus diesem Buch. Wer also ein probates Hausmittelchen hat, z. B. gegen Seiten- u. Herzstechen, gegen den Wurm am Finger, gegen das Fieber, gegen das Heimweh u. dergl. oder wer die Kunst versteht, jemanden gegen Schuß und

Stich festzumachen, oder wer ein Gegengift zu kochen weiß, entweder gegen Liebestränke oder gegen den Glaubenswechsel p.p. der theile mir hier seinen gütigen Rath mit. –

Dagegen verspreche ich von meiner Seite mancherlei: wer diese oder jene Ansicht gezeichnet wünscht, wer etwas mitgebracht haben will, sei es eine seltene Pflanze oder eine Blumenzwiebel, ein Stück Parmesankäse oder Lava, ein Mailänder Halstuch, ein geweihter Rosenkranz, ein anatomisches Wachspräparat oder eine Cremoneser Geige, seien es einige Käfer, Schmetterlinge, antike Münzen, Inschriften, oder was man sonst alles mitbringen kann aus jenem Lande, wer dieses wünscht der schreib es mir hier nur auf, zugleich aber auch, wie es verpackt u transportirt werden muß, ich will dann mein Möglichstes thun.

In Ermangelung eines anderen Begleiters geht mir dieses Buch zur Seite, ich hab ihm die erforderliche Dicke gegeben, daß es etwa den Stoß eines Banditen, der nach meinem Herzen zielt, gehörig Widerpart bieten mag.

Gar oft in der weiten Ferne werd ich nach Euch verlangen u. werde ängstlich die starken Wege überschaun, die mich von Euch trennen und ich hatte dann einzigen Trost bei diesem Buche.

Lebt insgesammt wohl! Niemand wünscht wohl sehnlicher als ich, daß wir uns in der alten Freundschaft u. Würdigkeit wieder finden mögen.

Diesseits u. jenseits – der Alpen sowohl als der Erde, wie

Euer

Giessen Juli 1827

F. M. Hessemer.

bei meiner bevorstehenden Abreise nach Cairo werden meine römischen Freunde ersucht, mir dieses Buch weiter fortzusetzen. – Wenn ich nicht wiederkommen sollte, so kommt auch das Buch nicht zurück, denn dann ist es mit mir zu Grab gegangen.

Addio. State bene.

Rom. 18 Jan. 1829.

Aufforderung an meine Freunde. *[3r]*

Ihr wißt es bereits insgesammt, oder wer es noch nicht weiß, der erfährt es hierdurch, daß ich mich jetzt auf den Weg begebe und nach Italien wandere, ich ganz allein, einsam, ohne weiteren Begleiter; – selbst mein Bran[2] bleibt zurück. – Ihr könnt leicht denken, in welchen Sorgen ich bin, daß ich mich nach allen Seiten umsehe und[3] links und rechts hinhöre nach gutem Rath und nach Verhaltungsvorschriften für solch eine weite Wanderschaft; und ich bitte Euch nun, mir zu all dem, was ich schon aus Büchern und sonstigen Mittheilungen für diesen Zweck gesammelt hab, noch von Eurer Seite etwas zuzugeben, damit ich den hunderttausendfältigen Anfechtungen nicht so ganz nackt und bloß dastehe, sondern daß ich mir Raths erholen kann aus diesem Buch. Wer also ein probates Hausmittelchen hat, z. B. gegen Seiten- und Herzstechen, gegen den Wurm am Finger, gegen das Fieber, gegen das Heimweh und dergl. oder wer die Kunst versteht, jemanden gegen Schuß und *[3v]* Stich festzumachen, oder wer ein Gegengift zu kochen weiß, entweder gegen Liebestränke oder gegen den Glaubenswechsel p.p. der theile mir hier seinen gütigen Rath mit. –

Dagegen versprech ich von meiner Seite mancherlei: wer diese oder jene Ansicht gezeichnet wünscht, wer etwas mitgebracht haben will, sei es eine seltene Pflanze oder eine Blumenzwiebel, ein Stück Parmesankäse oder Lava, ein Mailänder Halstuch, ein geweihter Rosenkranz, ein anatomisches Wachspräparat oder eine Cremoneser Geige, seien es einige Käfer, Schmetterlinge, antike Münzen, Inschriften, oder was man sonst all mitbringen kann aus jenem Lande, wer dieses wünscht, der schreib es mir hier auf, zugleich aber auch, wie es verpackt und transportirt werden muß, ich will dann mein Möglichstes thun.

In Ermangelung eines anderen Begleiters geht mir dieses Buch zur Seite, ich hab ihm die erforderliche Dicke gegeben, daß es etwa dem Stoß eines Banditen, der nach meinem Herzen zielt, gehörig Widerpart leisten mag.

Gar oft in der weiten Ferne werd ich nach Euch verlangen und werde ängstlich die Strecken Wegs übersehen, die mich von Euch trennen und ich hoffe dann einigen Trost bei diesem Buch. *[4r]*

Lebt insgesammt wohl! Niemand wünscht wohl sehnlicher als ich, daß wir uns in der alten Freundschaft und Würdigkeit wieder finden mögen.

Diesseits und jenseits – der Alpen sowohl als der Erde, ewig

Euer
F. M. Heßemer.

Gießen Juli 1827

Bei meiner bevorstehenden Abreise nach Kairo[4] werden meine römischen Freunde ersucht, mir dieses Buch weiter fortzusetzen. – Wenn ich nicht wiederkommen sollte, so kommt auch dies Buch nicht zurück, denn dann ist es mit mir zu Grab gegangen.
Addio. State bene.

Rom. 18. Jan. 1829[5].

Siegel
(arabischer Stempeldruck)

So ziehe denn hin
zu blauen Fernen,
zu warmem Land;
hast weder Ruh noch Rast,
bist nicht mehr unser Gast,
schon ferne im warmen Lande.

So zieh denn hin
in blaue Fernen,
in warmes Land;
wo schlanke Gestalten
überall walten,
die Kunst dir entgegenlacht.

So zieh denn hin
in blaue Fernen
in warmes Land;
warum Natur und Kunst
verschwenderisch ihre Gunst
an ihrem Zögling – dir.

So zieh denn hin
in blaue Fernen,
in warmes Land;
faß das Geschaute auf
und in dem vollsten Lauf
bring es uns wieder.

So zieh denn hin,
in blaue Fernen,
in warmes Land;
bleib nicht zu lange aus
warnicht sonst des Vaterhaus
findest es leer.

So zieh denn hin
in blaue Fernen
in warmes Land
Ich sehe dir mit freundlichem Blick
wünsche zur Reise dir Glück
und bleibe dir Freund
[illegible] 10 Juli 1827. [illegible]

[5r] So ziehe denn hin
in blaue Ferne,
in wares Land;
hast weder Ruh noch Rast,
bist nicht mehr unser Gast,
Schon fern im warmen Lande.

So zieh denn hin
in blaue Ferne,
in warmes Land;
wo schlanke Gestallten
überall wallten,
Die Kunst dir entgegen lacht.

So zieh denn hin
in blaue Ferne
in warmes Land;
Vereine Natur und Kunst
verschwenderisch ihre Gunst
an ihrem Zögling – dir.

So zieh denn hin
in blaue Ferne,
in warmes Land;
faß das Geschaute auf
und in dem vollsten Lauf
bring es mir wieder.

So zieh denn hin
in blaue Ferne
in warmes Land;
bleib nicht zu lange aus
verwaist sonst des Vatershauß
findest es leer.

So zieh denn hin
in blaue Ferne
in warmes Land.
Ich folg[e] dir mit Freundesblick
wünsche zur Reiß dir Glück
und bleib dir Freund.

Gießen 10 Juli 1827. HHofmann.[6]

Mögen Ihre Erwartungen sich übertroffen finden[,] die Meinigen werden es, ist es der Fall bey Ihrer Zurückkunft! – *[5v]*

Deshalb beachte:
Das Kleinste steht dem Großen nah. Die Detail bis zur Verbutzlast*[?]*[7] herunter beschau sie, zeichne sie, profilir sie.
Die Constructionen der einzelnen Theile, wie wirken sie, bey welche Höhe, bey welcher Ferne, in welcher Umgebung? Die Architectur als Dienerin des Lebens; welche Bequemlichkeiten gibt sie zum geselligen u. gesunden Leben? Suche sie auf, daß du bey der Zurückkunft jedem was geben kanst, schreib aber selbst stets nur unabhängig von zu viel Bedürfnißen sonst wird dein Urtheil einsaitig. –

Bring mir was mit, wenn es auch ein Lava Steinchen vom Aetna ist, nur keine römische Pinselei Fern*[... ?]* erkauft.

Der vorige HH[8]

[6r] Zur Reise braucht man Muth, Vorsicht und Glück; kein spöttelnder Zug auf der Lippe zeige sich bey dem Wunsche es möchten diese drey Gaben stehts Ihre Begleiterinnen werden.

Zum freundschaftlichen
Andenken. W. Hofmann[9]

Gießen den 12. Juli
1827

Indem Sie, verehrter Freund, Ihr Vaterland auf einige Zeit verlassen, um im Auslande die größten Meisterwerke der Architektur zu studiren, gebe ich Ihnen meinen beßten und herzlichsten Glückwunsch mit auf den Weg. *[7r]*

Möge es Ihnen vollkommen gelingen, das Ziel, welches Sie sich vorgesteckt haben, mit ungeschwächter Gesundheit und stets heiterer Seele zu erreichen, und mögen Sie, bereichert mit schönen Kenntnissen und einem, durch Vergleichung der beßten Denkmähler der Architektur, geläuterten und gebildeten Geschmack, dereinst glücklich wieder zurückkehren ins Vaterland und in die Arme Ihrer Freunde. Ihr reiner gesunder Verstand und Ihre bis jetzt erlangten Kenntnisse werden Sie bei Ihren Studien immer auf dem rechten Wege halten und Sie eben so sehr von sclavischer Nachbeterei und blinder Nachahmung als vor Geringschätzung und Vernachlässigung des wirklich Schönen und Wahren schützen. Die Bescheidenheit, welche Sie bisher so schön zierte, bleibe auch ferner ein Hauptschmuck Ihres Charakters.

Leben Sie wohl und erinnern Sie sich zuweilen an den, der stets Ihr wahrer Freund ist und bleibt und der immer an Ihrem Glück den innigsten Antheil nehmen wird. *[7v]*

Heß.[10]

Darmstadt den 1. Sept. 1827.

[9r] Die Verschiedenheit der Jahre, des Berufs, der Neigungen und, ich fühl es und schäme mich nicht es zu sagen, der geistigen Anlagen und Bedürfnisse zu einem näheren Umgang, verhinderten seit ich Dich kenne, eine vertrautere Freundschaft zwischen uns Beiden. – Deine Geschäfte waren von der Art, daß sie Dich sehr oft an Reisen fesselten, die Zeit Deines Hierseins füllten andre Arbeiten so vollständig aus, Du giengst mit Recht so haushälterisch damit um, daß ich Dir unmöglich durch eine öftere zweck[-] und nutzlose Gegenwart Viel von diesem kostbaren Kleinode entziehen konnte und mochte.

Dieß hinderte mich jedoch nicht, Dich zuweilen zu besuchen. Der Aufenthalt bei Dir war mir immer angenehm und gemüthlich denn wiewohl ich Fremdling in Deiner Kunst bin, unbekannt mit Orpheus Weisen, so zogen mich doch immer Deine Unterhaltungen darüber an, war ich doch stets ein Freund und Verehrer des Schönen. Du warst immer freundschaftlich gegen mich, manche vergnügte Stunde brachte ich bei Dir zu; der Zeit, da Du uns Dein kunstvolles Becherspiel zeigtest, werde ich immer mit Vergnügen gedenken.[11] – Jezt da die Zeit naht, wo Dich Deine höhere Ausbildung ins Land der Künste ruft, würdigst Du mich, in Deinem Reisebegleiter mich unter die Zahl derer aufzunehmen, die Du Deine Freunde nennst. Habe Dank dafür. –
Für Deine bevorstehende lange weite Reise verlangst Du von uns mancherlei Rath, der Dir nutzen soll. Die Ertheilung desselben schlägt in verschiedene Wissenschaften ein.

[9v] Eine Rubrik zwar gehört in mein Fach, ein Mittel gegen Glaubenswechsel; jedoch vermesse ich mich nicht, Dir hierin Vorschriften zu geben. Dein klarer Verstand wird Dir in vorkommenden Fällen schon Rath wissen. Bleibe der Religion Deiner Väter, sofern sie Deinen geistigen Bedürfnissen entspricht und durch Vernunft sich rechtfertigen läßt[,] getreu! Räume nie im Lande der Phantasie, wo die Sinnlichkeit oft vorwaltet, dem Gefühl die Herrschaft über die Vernunft ein, sondre die Schale von dem Kern, werde kein Freigeist, kein Religionsspötter. Halte fest an Deiner Teutschen Biederkeit und Redlichkeit. – So gesund, wie Du uns verläßt an Leib und Seele, wünsche ich Dich wiederzusehen und Mancherlei von Dir zu hören. Kehre bereichert an Kenntnissen, befriedigt in Deinen Erwartungen in den Kreis der Deinigen zurück.

Diess- und jenseits der Alpen gewähre zuweilen die Bitte eines freundlichen Andenkens Deinem Freund

Louis Sell
aus
Darmstadt.[12]

Gießen d 18ten
July 1827.

Ein Liedchen von einem Schweitzer,[13] das ich jüngst bei Herbst[14] in Wetzlar mir abschrieb, schreibe ich Dir noch, als zwar nicht gerade hierher passend, aber doch schön und eine weise Lebensregel enthaltend hierher.

So oder So!

Nord oder Süd! wenn nur im warmen Busen,
Ein Heiligthum der Schönheit und der Musen,
Ein Götterreicher Himmel blüht!
[10r] Nur Geistesarmuth kann der Winter morden,
Kraft fügt zu Kraft und Glanz zu Glanz der Norden.
Nord oder Süd!
Wenn nur die Seele glüht!

Stadt oder Land! Nur nicht zu eng die Räume,
Ein wenig Himmel, etwas Grün der Bäume,
Zum Schatten vor dem Sonnenbrand.
Nicht an das Wo ward Seeligkeit gebunden.
Wer hat das Glück schon außer sich gefunden?
Stadt oder Land!
Die Aussenwelt ist Tand.

Knecht oder Herr! Auch Könige sind Knechte.
Wir dienen gern der Wahrheit und dem Rechte.
Gebeut uns nur, bist Du verständiger.
Doch soll kein Hochmuth unsern Dienst verhöhnen.
Nur Sklavensinn kann fremden Launen fröhnen.
Knecht oder Herr!
Nur keines Menschen Narr! [15]

Arm oder reich! seis Pfirsich oder Pflaume,
Wir pflücken ungleich von demselben Baume.[16]
Dir zollt der Ast[,] mir nur der Zweig.
Mein leichtes Mahl wiegt darum nicht geringe,
Lust am Genuß bestimmt den Werth der Dinge.
Arm oder reich!
Die Glücklichen sind gleich!

Blaß oder roth! Nur auf den bleichen Wangen,
Sehnsucht und Liebe, Zürnen und Erbangen,
Gefühl und Trost für fremde Noth!
[10v] Es strahlt der Geist nicht aus des Blutes Welle
Ein andrer Spiegel brennt in Sonnenhelle.
Blaß oder roth!
Nur nicht das Auge todt!

Jung oder alt! Was kümmern uns die Jahre?
Der Geist ist frisch, doch Schelmen[17] sind die Haare.
Auch mir ergraut das Haupt so bald![18]
Doch eilt nur, Locken, glänzend euch zu färben.
Es ist nicht Schande,[19] Silber zu erwerben.
    Jung oder alt!
    Doch erst im[20] Grabe kalt!

Schlaf oder Tod! Willkommen Zwillingsbrüder!
Der Tag ist hin, ihr zieht die Wimper nieder,
Traum ist der Erde Glück und Noth.
Zu kurzer Tag, zu schnell verrauschtes Leben,
Warum so schön und doch so rasch verschweben?
    Schlaf oder Tod!
    Hell strahlt das Morgenroth!

[12r] Wenn Du mich, lieber Heßemer, wie mir Dein herzliches Stammbuchs-Blättchen verspricht, troz der wenigen Gelegenheit die uns zu gegenseitiger Prüfung vergönnt war, schon um der vortheilhaften Fürsprache welche mir die Freundschaft mit Gerwin[21] bey Dir verschafft, ebenso als Freund anerkennen willst, so empfange denn auch Du von mir das Versprechen, welches Dir alle Rechte sichert, die Du an Jenem immer zu haben glaubst! –

Ich habe in der That mein Geschick vor vielen glücklich zu preisen, denen sich nicht, wie mir, so manche gute Seelen auf ihrem Lebens-Wege zugesellen; aber ihnen nahe, körperlich nahe, seyn zu können, dieß wollte mir die räthselhafte Glücks-Göttin auf die Dauer noch nie verstatten; *[12v]* und so schmerzt es mich tief, auch Dich, Lieber, nach kaum geschlossenem Bande schon wieder ziehen sehen zu müssen! Jammere Du nur, wenn Du auf Deinen zaubrischen Fahrten Dich vergeblich nach einem mitfühlenden Wesen umsiehst – aber tröste Dich auch wieder mit mir, der ich mich doch nur wenige Tage nach Dir, wie Du, aus den Armen treuer Eltern und inniger Freunde reißen werde, um mich aufs neue der dunklen Führerin anzuvertrauen. Laß uns derselben muthig folgen. –
Drey Jahre fliehen an dem Pflicht-Getreuen pfeilschnell vorüber, und ein freudiges Wiedersehen nach solchem Zeitraum, gehört noch lange nicht ins Reich der Unmöglichkeit.

So wandre denn in Gottes Begleitung, der Dir Vater, Freund & Alles seyn wird, dem *[13r]* schönen Ziele Deiner Wünsche entgegen. Möchtest Du überall bey guten Menschen ein freundlich Obdach finden und Dich weder Krankheit noch Mißmuth in dem reinen Genuße der Natur & Deiner Kunst je hemmen. Sollte es Dir doch manchmal hinderlich oder doch nicht ganz nach Wunsche gehen, so erinnere Dich daß ohne Dornen keine Rosen blühen und würdest Du in Freunden getäuscht, so nimm dieß Büchlein zur Hand und überzeuge Dich, daß Dir deren doch noch welche übrig geblieben sind.

Lebe wohl, und vertrau dem Himmel! der wird Dich Deiner Heimath, Deinen Freunden und, so hoffe ich, wohl auch mir wiedergeben

Deinem C. Sell.[22]

Darmstadt 1 Septbr 1827

Das Leben ist der Güter Höchstes nicht
Der Übel Größtes aber ist die Schuld![23]

[14r] Predigt über Sprüche Sal.1, v 10.[24]

Von Deinen Freunden, Deinen jüngeren wenigstens, bin ich der einzige Theolog; es ist also schon darum meine Schuldigkeit Dir eine geistliche Wegsteuer zu geben, wenn mirs auch nicht ginge wie so vielen Dienern der Kirche: »Weltliches haben wir nicht«. – Du bist alt genug es zu wissen, und ich leg Dir auch jetzt noch besonders ans Herz, in welches gefährliche Land Du gehst, ich meine was deine Seele und ihr Heil betrifft. Der, der da Leib und Seele verderben kann, steht dort in der Gestalt eines Pfaffen und lauert wen er fange; und wenn Du glaubst Dich in den Schooß der alleinseligmachenden Kirche zu werfen, empfängt Dich der Pfahl der Hölle. Gegen solche Anfechtungen könnte ich Dir nun manch Mittelchen anempfehlen, denn die Kirche ist reich an Heilsmitteln. Hier ziehe ich ein sympathetisches vor, die sind leicht zu tragen, vermehren das Gepäck nicht, und die Hauptsache: sie sind Mode. Nämlich: Du denkst bei solchen Bemerkungen nur bei Dir: Es ist nicht der Mühe werth. Das katholische Rom ist schön, die katholische Peterskirche ist schön (doch will ich über die Reinheit ihres und der Katholischen Kirche Styls kein Zank mit Dir haben.) Ein Miserere[25] *[14v]* in jener prächtigen Kirche an einem prächtigen Osterfest gehört ist mehr als schön, ist herrlich (Du kannst mir davon erzählen, wenn Du wiederkommst) aber darum in den Schafstall der Gläubigen zurückzukehren, – ist nicht der Mühe werth. Ob 7 Sakramente sind, oder nur 2, ob wir durch die guten Werke selig werden oder durch den Glauben, ob wir nur Einen Pabst haben sollen, oder so viel kleine Päbstlein als Pfarrherrn, ob die kleinen ungetauften Kindlein in die Hölle kommen wie wir Lutherische, oder ob sie in das ewige Denebre[26] kommen, wie die Katholischen lehren, dies und ähnliches sind wichtige Fragen[,] aber darum ihre Auflösung in der heiligen Mutterkirche zu suchen ist wohl kaum der Mühe werth. – Aber, für seinen von den Vätern geerbten Glauben, für die Gewissensfreiheit unserer Kirche nach der wir Wein trinken und nicht allein Brot essen und keine Rosenkränze beten, und alle Sonntag eine Predigt hören dürfen, dafür den Märtyrer zu machen*[?]* Gut und Blut, und Rock und Hosen und Haare lassen – das ist noch weniger der Mühe werth.

Dein E. Röth[27]

Sollltest Du, weil Du uns doch was mitbringen willst, jenen ächten Ring des Juden Nathan[28] finden, den bring mir mit, den wünscht ich gern.

[16r] Theilnahme und Erinnerung bleibt der Seele köstliches Eigenthum – in ieder Lage des Lebens, und durch die lange Trennung, und weite Entfernung werden diesse *[sic]* geistige Freuden nicht vermindert; im Gegentheil – meine Gedanken geleiten Dich nun – mit Begeisterung mögte ich sagen, zu ieder geheiligten Stelle – und meine Sorge bezieht sich nur auf Dein körperliches Wohl. In dem wahren Sinne reißt Du für Deine Wissenschaft; lebst wie bisher in Deinem eignen Herzen, Deiner Seele, in der Sphäre rein innerlicher Gedanken, und Gefühle. – Und so lebe denn wohl, recht wohl – und auf dem Boden von Belriguardo[29] gedenke

Deiner Freundin

Johanna Strack.[30]

Nehmen Sie meine herzlichsten Glückwünsche mit in die Ferne; auch ich werde mich oft der frohen Abende erinnern, die ich in Ihrer Gesellschaft verlebte, sie werden mir stets im Gedächtniß bleiben. – Gedenken Sie auf Ihrer weiten Wanderung zuweilen auch meiner, und wenn Sie wi[e]derkehren, dann versetzen Sie uns durch Ihre Erzählungen auch in dieß herrliche Land. – Wir alle freuen uns schon darauf, insbesondere *[17r]*

Ihre

Meta Hofmann.[40]

Auch ich füge ein herzliches Lebewohl an, verbunden mit dem Wunsche, daß alle Unbequemlichkeiten einer so weiten Reise Ihnen fern bleiben, ihre Erwartungen aber alle übertroffen werden möchten; zugleich auch die Bitte, bey Durchlesung der Mitgaben Ihrer Freunde dieses Blättchen nicht zu überschlagen und sich dann zu vergegenwärtigen *[17v]*

Ihre

Johanne Hofmann.[41]

[18v] Sie wünschen auch von mir ein paar Zeilen, was kann ich Ihnen aber mitgeben, guten Rath gewiß nicht, denn das Reisen ist mir ja ganz fremd, also Wünsche nur, daß es Ihnen bis zu unserm Wiedersehen immer gut gehen möchte, sind das Einzige und diese nehmen Sie aus vollem Herzen mit von

Ihrer

Johannette Hofmann.[33]

Schwer mag Ihnen der Abschied werden, sowohl das Vaterland als auch diejenigen auf mehrere Jahre zu verlassen, die Ihrem Herzen theuer sind, und ein fremdes Land zu betreten, dessen Sprache, Sitten und Gebräuche so ganz von den unsrigen abweichen. *[20r]*

Doch so ist es und kann ja im Leben nicht anders seyn. –

Wie die weise Biene nur nach dem köstlichsten Blumenstaub, nah oder fern, forschet, ihn einsammelt, bearbeitet und zum eignen und fremden Nutzen bereitet, so soll ja der Mann nur das Edle, Schöne und Erhab'ne im Leben, wo er es findet, auffassen, prüfen und zum Fortschreiten des Zeitalters hinstellen. Dieß schöne Ziel, werther Freund, haben Sie sich vorgesetzt. Ich preise *[20v]* Sie glücklich, Sie nach dem schönen Lande gehen zu sehen, wo die Kunst die herrlichsten Werke der Vorzeit schuf.

Möchte Sie das Feuer Ihrer Phantasie bey dem Anblick dieser Meisterwerke mit demselben Geiste beseelen, der sie schuf, dann Freund stehen Sie auf einer seegensreichen Stufe, von welcher Sie, einst zurückkehrend, dem Vaterlande die herrlichsten Schätze überliefern werden. Möchte Ihnen der Himmel alle Mittel zu Erreichung Ihres schönen Vorsatzes in dem größten Maaße verlaihen und die Widerwärtigkeiten des Lebens bekämpfen helfen.

So gehen Sie denn hin in das herrliche Land, wo Natur und Kunst sich schwesterlich die Hand bieten, und kehren Sie zum Seegen des Vaterlandes und der Wonne Ihrer Freunde bald wieder zurück.

Zum Andenken

Ihres aufrichtigen Freundes G. Sonnemann.[34]

Gießen den 15ten August 1827.

[22v] Die Wanderjahre sind nun angetreten
Und jeder Schritt des Wandrers ist bedenklich.
Zwar pflegt er nicht zu singen und zu beten;
Doch wendet er, sobald der Pfad verfänglich,
Den ernsten Blick, wo Nebel ihn umtrüben,
In's eigne Herz und in das Herz der Lieben.
Goethe.[35]

Der Himmel verleihe Ihnen Schutz auf Ihrer Reise nach Italien, und entferne Banditen und Lazaroni! – Ich hoffe auf fröhliches Wiedersehen. Wollen Sie meiner gedenken, theurer Freund! so suchen Sie im Carneval eine Gesichts-Maske, die ein Römer getragen, und ein paar gedrukte *[sic]* Theaterzettel für mich zu erobern. Jedenfalls rechne ich auf ein Stückchen Lava vom Krater des Vesuvs!

Ihr
aufrichtiger und ergebner Freund
C. Fischer[36]
s[ub]s[cripsit]

Darmstadt,
den 28ten August
1827.

Georg Gottfried Gervinus, von Carl Sandhaas, 1824

[23v] Wahrheit über Allem!
Wahrheit über Alles!
Wahrheit überall!

Dein Gervinus.[37]

Ffurt den 23 August
1827.

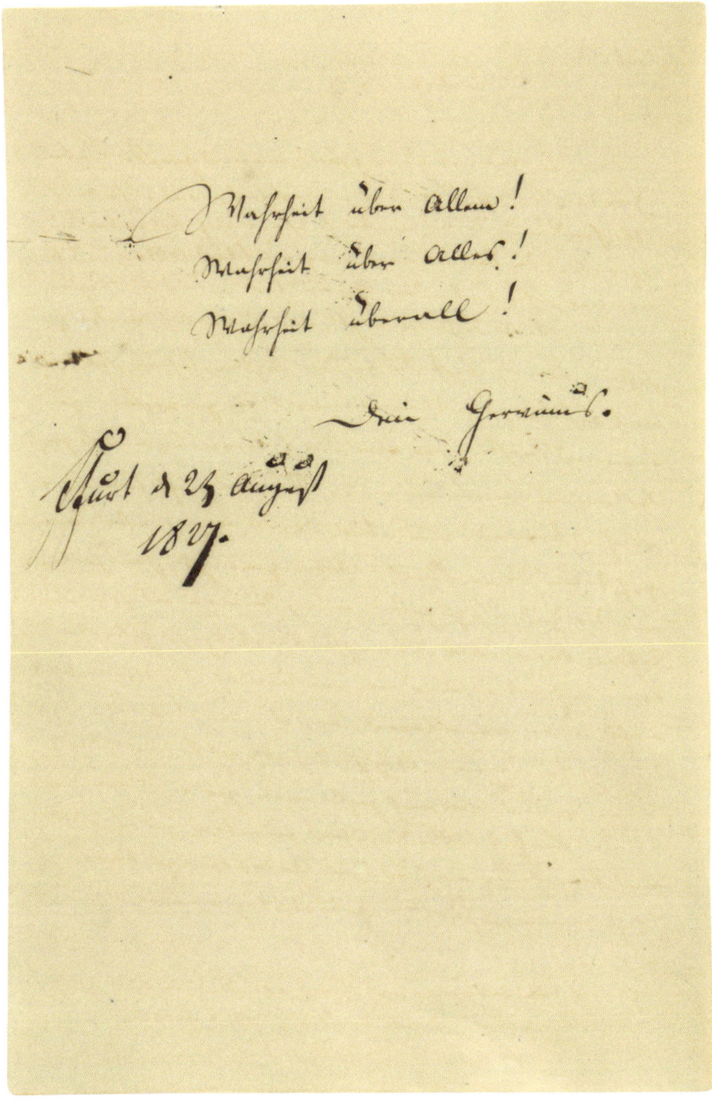
Wahrheit über Allem!
Wahrheit über Alles!
Wahrheit überall!

Dein Gervinus.

Ffurt d 23 August
1827.

Lieber Fritz. [24r]

Du kennst genugsam meine große Liebe und Zärtlichkeit zu Dir, um einzusehen, wie sehr mich der Abschied und Deine weite Entfernung betrüben muß, besonders da bei meinem vorgerückten Alter und bei meiner schwankenden Gesundheit, sich die Wahrscheinlichkeit dahin neigt, Dich schwerlich wieder zu sehen. Freilich bist Du in den letzten Jahren selten und nur auf kurze Zeit in meiner Nähe gewesen, zu meinem Troste war aber die Entfernung nie so groß, daß meine Briefe Dich in 24 Stunden nicht hätten erreichen können; nun aber, da Du in so weite Ferne gehst und da mich mein Alter zwingt, haushälterisch mit der Zeit umzugehen, nun, da man in meinen Jahren kaum über das nächste Vierteljahr gebieten kann, scheint es mir, als verlöre ich Dich immer mehr in unerreichbarer Ferne. – Für meinen Schmerz bei Deinem Abschied habe ich keine Worte, drum wollen wir auch jezt weniger an diesen, als an ein frohes Wiedersehen gedenken und ich will mich bemühen, mich in dem Gedanken zu trösten, Dich zu meinem 60sten Geburtstag an meine Brust zu drücken.

Einen weiteren guten Rath als den weiß ich Dir nicht mitzugeben »bleibe Dir selbst getreu!«[38]

Die trüben Tage, oder vielmehr Jahre, Deiner Abwesenheit erheitere mir durch öftere Briefe,[39] und was Du mir auch mitbringen magst, es soll mir theuer seyn, vor Allem aber denke daran mir Dein liebes Selbst zu erhalten, wie Du von mir weggehst. [24v]

Wie ich von Deinem Großvater,[40] als ein junger Mann Abschied nahm, legte er mir ein Blatt Papier in die Hand mit den Worten: »befolge das, was ich Dir hier aufgeschrieben habe und es wird Dir gut gehen!« Die Worte sind mir unvergeßlich und da ich weiß, wie sehr Du Deinen Großvater liebtest, schreib ich Dir, auch zum Andenken an ihn diese Worte zum Schluß hierher.

Lebe, wie Du, wenn Du stirbst,
Wünschen wirst gelebt zu haben;
Güter die Du hier erwirbst,
Würden die Dir Menschen gaben,
Nichts kann dauernd Dich erfreu'n,

Diese Güter sind nicht Dein;
Nur ein ruhiges Gewissen,
Daß vor Gott Dir Zeugniß giebt,
Wird Dir Deinen Tod versüßen.
Nur ein Herz von Gott geweiht,
Giebt Dir stete Freudigkeit.[41]

und so scheiden wir dann und freuen uns jetzt schon auf ein frohes Wiedersehen und auf ein herzliches Zusammenleben für den Rest meiner Jahre. Mit inniger Liebe denkt stets an Dich

Dein treuer Vater[42]

July 1827.

Lieber Fritz.

Du kennst genügsam meine große Liebe u. Zärtlichkeit zu Dir, um einzusehen, wie sehr mich D. Abschied und Deine weite Entfernung betrüben muß, besonders da bei meinem vorgerückten Alter und bei meiner schwankenden Gesundheit, sich die Wahrscheinlichkeit dahin neigt, Dich schwerlich wieder zu sehen. Freilich bist Du in den lezten Jahren selten u. nur auf kurze Zeit in meiner Nähe gewesen, zu meinem Troste war aber die Entfernung nie so groß, daß meine Briefe Dich in 24 Stunden nicht hätten erreichen können; nun aber, da Du in so weite Ferne gehst und da mich mein Alter zwingt, haushälterisch mit der Zeit umzugehen, nun, da man in meinen Jahren kaum über das nächste Vierteljahr gebieten kann, scheint es mir, als verlöre ich Dich immer mehr in unerreichbarer Ferne. — Für meinen Schmerz bei Deinem Abschied habe ich keine Worte, denn wollen wir auch jezt weniger an diesen, als an ein frohes Wiedersehen gedenken und ich will mich bemühen, mich in dem Gedanken zu trösten, Dich zu meinem 80sten Geburtstag an meine Brust zu drücken.

Einen weiteren guten Rath als den weiß ich dir nicht mitzugeben " bleibe Dir selbst getreu! "

Die

Die trüben Tage, oder vielmehr Jahre, deiner Abwesenheit erheitere mir durch öftere Briefe, und was du mir auch mitbringen magst, es soll mir theuer seyn, vor Allem aber denke daran mir dein liebes Selbst zu erhalten, wie du von mir weggehst.

Wie ich von deinem Großvater, als ein junger Mann Abschied nahm, legte er mir ein Blatt Papier in die Hand mit den Worten: 'befolge das, was ich dir hier aufgeschrieben habe und es wird dir gut gehen!' Die Worte sind mir unvergeßlich und da ich weiß, wie sehr du deinen Großvater liebtest, schreib ich dir, auch zum Andenken an ihn diese Worte zum Schluß hierher:

Lebe, wie du, wenn du stirbst,
Wünschen wirst gelebt zu haben;
Güter die du hier erwirbst,
Würden die dir Menschen gaben,
Nichts kann dauernd dich erfreu'n,
diese Güter sind nicht dein;
Nur ein ruhiges Gewissen,
daß von Gott dir Zeugniß giebt,
Wird dir deinen Tod versüßen.
Nur ein Herz von Gott geweiht,
giebt dir stete Freudigkeit.

Und so scheiden wir denn und freuen uns jetzt schon auf ein frohes Wiedersehen und auf ein herzliches Zusammenleben für den Rest meiner Jahre. Mit inniger Liebe denkt stets an dich

Dein treuer Vater

July 1827.

Haßauer.

Dir meinem geliebten Bruder bey Deiner so nahen Abreise noch einige herzliche Worte zur Erinnerung zu sagen erfülle ich mit Freuden. Daß Du unserer recht oft gedenkst verbürgt mir Deine brüderliche Liebe u. je weiter entfernt gewiß desto inniger, denn die Sehnsucht zur Heimath u. zu den Deinigen wird sich auch nicht durch das Herrlichste dem Du entgegen gehst verwischen, u. Dich hoffentlich bald wieder zu uns zurück führen. Dein größter so lange gehegter Wunsch geht Dir nun durch diese Reise in Erfüllung, der Himmel gebe daß Du Dich in nichts täuschest, denn da man in Deinen Jahren der Phantasie leicht zu freyen Spielraum *[gibt]* u. nur die schöne Seite beleuchtet ist das Unangenehme was selten ganz ausbleibt um so störender. Sey ja in allen Stücken recht vorsichtig, laß Dich durch Dein lebhaftes Gefühl nicht zu leicht für eine Sache hinreißen, u. vor allem schone Deine Gesundheit, besonders da Dir die Erfahrung schon öfters gezeigt hat, daß Du lange nicht so stark bist wie Du glaubst. Gesund u. froh sehen wir uns wieder denn da Du mit so vielen guten Wünschen u. Bitten an die Vorsehung begleitet wirst, wird Dich auf allen Deinen Wegen ein guter Engel beschützen. *[25r]*

Deine Dich innig liebende Schwester E. B.[43]

C. H. B.[44]

Marburg den 5ten August 27.

[25v] Da Du, lieber Fritz einem so schönen Ziele entgegen gehst, müßen wir Dich gerne ziehen laßen. Meine schwesterliche Liebe und innigste Dankbarkeit für Deine aufopfernde Freundschaft, begleitet Dich und wird vom Himmel alles Gute für Dich erflehen.

Unter den blühenden Orangenbäumen und deren Genuß, vergiß nicht ganz die Wirklichkeit, suche Dir die Erinnerung Deiner Freunde so lebhaft zu erhalten daß Du gerne an Deine Rückkehr denkst und bringe womöglich Dein Herz wieder mit. Vielleicht findet sich noch Jemand der Dir bester Fritz ein Recept dafür mitgiebt.

Erinnere Dich bei diesen Zeilen Deiner Freundin
Amalie Müller
geb. Follenius[45]

Gießen den 13 August
1827.

Meinem innigsten Wunsche zu folgen, daß Du Dich mein liebster Fritz auch in fremden Länder[n] in andern Verhältnissen meiner und meiner Familie erinnerst, schreibe ich Dir diese Zeilen mit der festen Versicherung, daß meine Gedanken Dich auch in der Ferne aufsuchen, und Du recht oft der Gegenstand unserer Unterhaltung sein wirst. – Die gütige Vorsehung schenke uns die Freude, daß wir uns gesund wieder sehen, alsdann werde ich Gelegenheit finden, Dir mein guter Fritz erst noch recht von Herzen meinen Dank zu beweisen, daß Du noch unserm guten unvergeßlichen Vater seine lezten Lebensstunden, durch Deinen kindlichen Beystand erleichtern halfst.[46] *[26r]*

Eeinem *[sic]* jungen Manne wie Du, kann unmöglich eine Frau mit guten Lehren und Ermahnungen für die Reise ausstatten. Mir bleibt daher nur die Bitte an die Vorsehung Dich vor allen Gefahren zu schützen und Dir Glück zu Deinem Unternehmen zu schenken. Lebe wohl lieber Freund, lasse auch uns zuweilen Nachrichten von Dir zutheil werden und behalte lieb Deine Cousine

Caroline Hille[47]

Marburg den 6 August 1827.

[26v] Mich ganz den so gut gemeinten herzlichen Gesinnungen meiner Caroline für Dein Wohl liebster Fritz anschließend, gleiche Wünsche heegend, denke ich schon mit Freude an die wenn auch noch ferne Zeit wo Du wieder in den Schoos Deiner Familie zurückgekehrst *[sic]*, gesund u. kräftig an Körper, u. bereichert mit mannichfachen Kenntnissen, Dein Reise Ziel zur Zufriedenheit erreicht hast. Lebe denn wohl, recht wohl lieber Fritz, sey stark u. fest wie bisher in beharrlicher Ausführung Deiner so guten Grundsätze, so wirst Du noch in späten Jahren mit inniger Wonne auf die Vergangenheit hinblicken. Möge ieder iunge Mann so ausgerüstet an Körper u. Seele den Wander Stab in die Hand nehmen, reichliche Früchte wird er ärndten – Lohn für sein Bemühen.

Die Höchste*[?]* Freundschaft, u. freudiges Wiedersehen

Dein treuer Vetter F. W. Hille[48]

Mbg 6 / 8 27.

Die besten Schutzengel auf Reisen sind, nach meinen Erfahrungen, stolzes Selbstgefühl, es bewahrt reine Sitten, führt nur den Biedern und Tüchtigen in unsern nähern Kreis u. lehrt die Abstufungen zwischen Demuth und Impertinenz, die man beide nebst ihren Mittelgliedern auf Reisen anwenden muß lernen, *[27r]*
Beschränken seiner Kräfte, seiner Pläne, seiner Wünsche auf einen Hauptgrad:
Unabhängigkeit; je bedürfnißloser – desto freier;
Stets waches Andenken an edle Verwandte und Freunde: daher das schöne Wort eines jungen Engländers: »Meine fernen Freunde lehren mich tugendhaft sein«.

Nehmen Sie, lieber Heßemer, diß Scherflein mit auf Ihre weite, schöne Reise; und wenn Sie von Neapel und Rom zurückkehren und der silberne Halbkreis der Alpen breitet sich um Sie aus, um Sie der Heimath wieder zu geben, und Sie lesen meine Worte und finden sie und sich bewährt; dann seyn Sie auch mir wieder so herzlich und liebvoll willkommen, als ich Ihnen nun Lebewohl sage.

J. Adrian.[49]

Gießen d. 10. Aug. 1827.

[27v] Mein theurer lieber Friedrich, möchte ich Dich doch so heiter, zufrieden und glücklich wiedersehen als Du uns verläßt! Das ist der innigste Wunsch Deiner treuen mütterlichen Freundin.[50]

Nicht halb so unwillig wie Du glaubst lieber Fritz sind meine Empfindungen gegen Dich, ich gedenke oft unserer schön verlebten Kindheit u. der schwesterlichen Liebe für Dich, mit der ich alles hinlänglich entschuldigen kann. Möge Dich der Himmel auf Deiner weiten schönen Reise geleiten und Dich nach vollbrachtem Ziel, so zufrieden und heiter in unsre Nähe zurückführen, als ich es wünsche, und möchtest Du zuweilen freundlich u. liebevoll meiner gedenken, die ich mit herzlicher inniger Liebe Dir ergeben bin *[28r]*

Sophie Decher
geb. Follenius.[51]

Gießen d. 20ten August
1827

[28v] Meine lebhafteste Theilnahme, lieber Vetter, wird Sie auf Ihrer Reise stets begleiten. Könnt ich nur mitnehmen, wovon ich mich nicht mehr zu trennen vermag, Sie sollten mir nicht allein reisen. Sie erreichen, wonach Tausende sich vergeblich sehnten. In dem Land das schon so anziehend ist durch die Schätze der Kunst die es verwahrt, und durch Erinnerungen einer Vergangenheit wie sie kein andres Land der Erde hatte, und durch den Zauber einer Natur, welche alle ihre Wunder über dasselbe ausgegossen hat, werden Sie nicht Tage, nicht Wochen allein, Sie werden Jahre dort verleben. – Aber wenn nun, und das ist's was ich, ein bestallter Prediger Ihnen mitgeben will, – wenn nun, lieber Vetter, zwey glückliche Jahre vorüber sind, und der Weg rückwärts geht, nach den beschneiten Alpen, und ins kühlere trübere Land über den Alpen, so lassen Sie Sich das Herz nicht schwer werden. Ist doch auch vieles bey uns, womit man zufrieden seyn kann! Mag die Luft hier kälter seyn, sind doch die Herzen warm; mag der *[29r]* Himmel dort heller seyn, sind doch hier die Köpfe heller; mag die Vergangenheit dort glänzender seyn, so ist die Gegenwart um so trostloser. Dort lebt ein kleines Geschlecht unter den Denkmahlen einer großen Zeit; wenn aber unsre Urväter heute uns neben den Enkeln ihrer mächtigen und kunstvollen Feinde sähen, so würden sie sich unsrer nicht schämen, und würden für unsre Zukunft nicht verzweifeln. Mag jenes Land Bilder und Steine besitzen, welchen wir so bald nichts gleiches der Welt vor Augen stellen werden, – so sind ja Bilder und Steine nicht alles! Bilder und Steine sind todt, hier aber sind lebende Menschen, und lebende Menschen, lieber Vetter, die Sie lieben, und Ihrer Wiederkunft mit froher Erwartung entgegen sehn; und zu diesen bitte ich Sie auch zu zählen

Ihren

Freund und Vetter
C. Decher, Pfarrer
zu Haufen bey
Gießen[52]

Haufen den 20ten August
1827.

Figur einer Bewaffneten, gezeichnet von einem unbekannten Künstler.[53] *[31r]*

[32r] Jean Paul.[54]

Du gute Natur, voll unendlicher Liebe, bist es ja, die in uns die Entfernung der Körper in Annäherung der Seele[n] verwandelt; du bist es, die vor uns, wenn wir uns an fernen Orten recht innig freuen, die freundlichen Bilder aller derer, die wir verlassen mußten, wie holde Töne und Jahre vorüberführt, und du breitest unsere Arme nach den Wolken aus, die über die Berge herfliegen, hinter denen unsere Theuersten leben! So öffnet sich das abgetrennte Herz dem fernen, wie sich die Blumen, die sich vor der Sonne aufthun, auch an den Tagen, wo das Gewölk zwischen beide tritt, aus einander fallen [Ausgabe: falten].

–

Möchten Sie, verehrter Freund, das Wohlthuende dieser lieben Wahrheit, wenn die Sehnsucht nach dem theueren Vaterlande in Ihnen mächtig werden will, recht tief und warm empfinden! Möchten alle die frommen und innigen Wünsche Ihrer zurückbleibenden *[32v]* Freunde, für Sie erfüllt, und Sie so ganz befriedigt, durch die Erreichung des ersehnten Zieles werden, wie wir alle es mit freudiger Zuversicht hoffen, und möchten Sie ferner bey den freundlichen Bildern, die die Erinnerung an Ihrer Seele vorüber führt, auch die der kleinen Familie erkennen, die Ihrer mit ihrer Theilnahme auch jenseits der Alpen, innig nah[55] ist.

Caroline Heinzerling
geb. Sell[56]

Friedberg den 22ten August
1827.

Der Mann kann nie mehr thun, als den Raum seines Daseyns mit Thätigkeit ausfüllen. Seine Absicht ist ihm Belehrung, der Erfolg – ist das Geschenk eines höheren Wesens. *[33r]*

-

Möchte dieser Erfolg Deinem Streben, das Dich jetzt ins ferne Land gehen heißt, nie fehlen und möchte Deinem treuen, Dir durch alte, in der Erinnerung immer noch liebliche, Zeiten eng verbundenen Freunde hiervon viele Beweise am liebsten in freundlicher Nähe*[?]* zu Theil werden.

Bringe des Freundes Herz wieder zurück dem, der Dir mit ganzen Herzen nah und fern, jetzt und in Zukunft angehört.

Dein
G. Heinzerling.[57]

Friedberg d 22 Aug. 1827.

[34r] Des Menschen Seele
Gleicht dem Wasser:
Vom Himmel kommt es,
Zum Himmel steigt es,
Und wieder nieder
Zur Erde muß es,
Ewig wechselnd.

Strömt von der hohen
Steilen Felswand
Der reine Strahl,
Dann stäubt er lieblich
In Wolkenwellen
Zum glatten Fels,
Und leicht empfangen,
Wallt er verschleiernd,
Leis rauschend,
Zur Tiefe nieder.

Ragen Klippen
Dem Sturz entgegen,
Schäumt er unmuthig
Stufenweise
Zum Abgrund.

[34v] Im flachen Bette
Schleicht er das Wiesenthal hin,
Und in dem glatten See
Weiden ihr Antlitz
Alle Gestirne.

Wind ist der Welle
Lieblicher Buhler,
Wind mischt vom Grund aus
Schäumende Wogen.

Seele des Menschen,
Wie gleichst du dem Wasser!
Schicksal des Menschen,
Wie gleichst du dem Wind.

(Göthe[58])

Gar freundliche Gesellschaft leistet uns ein ferner Freund, wenn wir ihn glücklich wissen.

(derselbe[59])

Zur freundlichen Erinnerung
auch in der weiten Ferne
von Deinem treuen, mit
herzlichen Wünschen Dich
begleitenden Wilhelm Sell.[60]

Darmstadt am 27ten
August 1827.

[35v] Reisen Sie glücklich und vorsichtig. Der Himmel schenke Ihnen Gesundheit u. Kraft, die Beschwerden u. Gefahren der Reise glücklich zu überstehen. Dieses ist der aufrichtige Wunsch Ihrer Freundin

Th. Dieffenbach.[61]

Der Mensch von Claudius.[62]
(auf Verlangen eingeschrieben).

Empfangen und genähret
  Vom Weibe wunderbar
Kommt er und sieht und höret,
  Und nimmt des Trugs nicht wahr;
Gelüstet und begehret,
  Und bringt sein Thränlein dar;
Verachtet und verehret;
  Hat Freude und Gefahr;
Glaubt, zweifelt, wähnt und lehret,
  Hält nichts und alles wahr;
Erbauet und zerstöret,
  Und quält sich immerdar;
Schläft, wachet, wächst und zehret ;
  Trägt braun und graues Haar pp[63]
Und alles dieses währet,
  Wenns hoch kommt, achtzig Jahr.
Dann legt er sich zu seinen Vätern nieder,
  Und er kommt nimmer wieder

(Der einzelne Mensch ist auch einzel genommen wirklich etwas Unbedeutendes. Betrachtest Du ihn aber als Glied der großen Kette, so wird er wichtig; sein Auge und sein Antlitz allein ist des Studiums würdig)

[36r] Das Leben, lieber Hessemer, hat nur Werth in der Überzeugung eines allliebenden Vaters über uns. Nennen Sie ihn übrigens wie Sie wollen; darauf wird nicht viel ankommen. Aber verlieren Sie die Überzeugung selbst nur nicht! Dann werden Sie schuß- und stichfest seyn gegen die Feinde; dann werden Sie das Gegengift gegen Liebestränke, Glaubenswechsel p[p] haben. Dann wird Ihre Phantasie zu dem »Mönch« und der »Mitternachtsstunde« Zusätze schaffen. Und wenn Sie auch

Resignationen und Schwanengesänge zu schreiben sich vorgenommen hätten; so wird ein Genius in wunderschöner Engelsgestalt ihre Feder leiten, daß ein Lobgesang daraus wird.

Die Zeit ändert die Menschen (oder vielmehr die Menschen ändern sich in der Zeit) Der Mensch wird öfter schlechter als besser. – Werden Sie es nicht! Und Sie werden es nicht, wenn Sie die Ideale nicht verlieren. – Ich werde Sie wiedersehen und mich Ihres Wiedersehens freuen. Aber segnen kann ich diese Rückkunft nur alsdann, wenn Sie Ihr eigentliches Ich gerettet haben.

Wenn Sie mir eine Skizze von einem mir heiligen Orte aus jenem Lande mitbringen, nach welchem meine Jugend oft sehnsuchtsvoll hinblickte, oder eine seltene Münze,[64] dann soll es mich freuen. Lieber aber wird es mir seyn, wenn Sie sich selbst den Ihrigen und mir wiederbringen. *[36v]*

Sagen oder schreiben Sie vielmehr mir, in welchem Hause Sie wohnen, damit ich auf meiner Karte in Ihre Fenster hineinsehen kann. NB. Die Fenster müssen nach Süden gehen.[65]

Gehen Sie doch in meinem Namen zu K. Fohrs Grabe, und denken Sie dabei, daß ich ihn nicht vergessen habe, auch nicht vergessen werde.[66]

Fohrs Grab ist an der nördlichen Seite der Pyramide des Cestius.[67]

Meine Kinder heißen: 1, Hilda, 2, Ludwig, 3, Karl, 4, Richard, 5, Agnes, 6, Gustav, 7, Max,[68] – 8, Karoline, 9, Albrecht, 10, Amalie. (Zusatz am 11. Sept. 1832.[69])

Friedberg an der Nordseite der Stadtkirche[70]
den 22 August 1827.

Die Hand![71] Ph. Dieffenbach[72]

[37r] Auch mich nehmen sie unter die Zahl derjenigen auf, deren sichtbares Andenken sie in das Land, wo die Zitronen blühn,[73] der Pabst mit seiner apostolischen Politesse thront, und Menschen als lebende Contraste unter riesenhaften Werken einer großen Vorzeit einherwandeln, begleitet. Mittel gegen die in ihrer Vorrede gefürchteten Ereigniße weiß ich nicht, für jedes derselben ein einzelnes, anzugeben, aber eins ist für alle Fälle gut: bewahren sie sich unter allen Verhältnißen einen kalten Kopf. Er läß[t] sich recht gut mit einem warmen Herzen vereinen.

Rath will ich ihnen, obgleich nie in Italien gewesen, geben. Reisen sie mit einem Paar guten Taschenpistolen, mit zwei Kugeln geladen, und jedes mit einem Billat*[?]* versehen. 2tens hüten sie sich unterwegs für unbekanten Begleitern, 3tens sagen sie nie im Wirthshaus wohin sie des andern Tags reisen wollen, geben sie eine andere Richtung an. In Italien stehen Wirthe und ihr Gesinde sehr häufig im Solde der Banditen. Schließlich schicke ich ihnen, ein dreilaufiges Pistol mit – / der vierte ist *[37v]* aus Unvorsichtigkeit gesprungen / und ist noch geladen. Können sie es brauchen, so laßen sie es zurecht machen, die Batterien stählen und die Federn härten. Bringen sie es aus Italien zurück, so nehme ich es als eine Reliquie wieder an. Nun reisen sie mit Gott und kehren glücklich ins Vaterland zurück.

Cramer.[74]

Friedberg den 23ten August 1827.

Fried' auf Erden ist schön, doch Fried' im Herzen noch schöncr, *[38r]*
Und das Mittel so leicht, das ihn erwirkt und erhält:
Glaub' an Tugend, liebe die Menschen, hoff' auf ein Jenseits,
Und das Mittel ist Dein, das ihn erwirbt und erhält.
(Herder[75]).

Dieses ist der Wahlspruch meines Lebens und Strebens; er ist mehr oder weniger der aller, die außer der Gemeinheit des gewöhnlichen Treibens ein höheres Ziel haben; und somit ist er wohl der Punkt, in welchem unser Beider Streben zusammentrif[f]t. Bleiben wir stets uns selbst getreu[76], so werden wir Beide uns später eben daran wieder erkennen.

Für Deine lange Reise gebe ich Dir noch den für die ganze Lebensreise ausreichenden Meisterspruch unsrer Sprache:

Wäge und Wage![77]

Und hiermit lebe wohl, und denke mein, wie ich Deiner.

G. L. Kriegk.[78]

Frankfurt a/M den 24ten August 1827.

[38v] Das höchste Glück begleite Sie auf Ihrer Wanderschaft, und führe Sie wohlbehalten zurück in die Arme Ihrer Freunde. Die hohe Freude des Wiedersehens wird mir schwerlich zu Theil, eingedenk meines hohen Alters. Also auf ewig mein Lebewohl und meinen Dank für Ihre mir so theure Freundschaft. Gedenken Sie zuweilen meiner. Mir sind Sie unvergeßlich. Darmstadt den 26ten August 1827.

Dürr.[79]

Nichts gewißlich spricht uns an, zu dem nicht auch unser Inneres spricht. Nichts Heiteres lächelt uns an, wenn unser Herz nicht entgegenlächelt: Nichts Schönes und Großes ist für uns von Bedeutung, wenn uns der Sinn dafür fehlt: Natur und Kunst sind dann für uns todt. *[39r]*

Daß Dir das Land des Schönen, in Natur und Kunst, viel, unendlich viel Genuß, viel Bereicherung gewähren wird, dafür bürgt Dein reger Sinn für alles Schöne;

Daß Du, wo möglich keine Hoffnung unbefriedigt, alle Deine Erwartungen vielmehr überboten, überhaupt, daß Du Quelle der Erheiterung und Gewinn für Dein ganzes Leben finden, und sicher durch alle Fährlichkeiten hindurch wiederkehren mögest, ist mein freundschaftlicher Wunsch für Dich;

Daß Du die beständige Rücksprache mit Dir selbst nicht vergessen, daß Du Dich Selbst nicht aus den Augen verlieren mögest – denn sonst würdest Du eines guten Rathgebers, Freundes und Führers entbehren – ist der beste Rath, den ich Dir glaube mitgeben zu können;

Daß Du über den Reizen der Gegenwart Deiner fernen Freunde nicht vergessen willst, verspricht ausdrücklich Deine Aufforderung *[39v]*

und damit Du unter deren Zahl beim Durchblättern ihn nicht so leicht übersehen mögest, unterzeichnet sich mit deutlichen Buchstaben

Dein Freund

Karl Lanz[80]

Darmstadt den 28 August 1827.

[40v] Du wanderst Freund? – Es wandern
  Die Vögel auch ins warme Land.
In buntgescheketem Gewimmel
Ruft sie der schöne blaue Himmel
  Ins Wechselvaterland.[81]

O! zieh mit ihnen und geleite
  Zum heitren Süd das frohe Heer!
Laß Nebelluft und Wolk' im Rücken
Und grüße mit geklärten Blicken
  Das heitre Land, das weite Meer.

Wirf den gelehrten Dunst zur Seite
  Des düstren Landes düstre Brut
Und zu der ewgen Mutter Füßen
Laß dankbar Deine Thränen fließen
  Erwarme schnell Dein nordsches Blut!

Was mühsam hier die Kunst gedrechselt
  Ist dort ein Lächeln der Natur
Wer, in den Norden heimgekehrt
Natürlich nicht Natur verehrt
  Ist blindlings hingedämmert nur.

Und gehst Du an dem Strand des Meeres
  Und hörst die Waßer, groß und hehr:
So rufe schnell den Mäoniden[82]
Und lies ein Buch vom Lanetiden[83]
  Und lies – und sieh ins offne Meer!

[41r] Doch weg mit künftigem Gemählde
  Papier und Griffel aus der Hand –
O hüpfe, wie die leichte Welle
O ! fliege, wie die Wolken schnelle
  Schnell, schnell, ins schöne Land.

Darmstadt am 26 Aug. 1827.

Alexander Flegler[84]
ein prädestinirter Heimathloser,
ohne ausweisenden Taufschein zum
Kosmopoliten gebohren.

Genova
Stefano Morchio, qu[i]d[a]m Giam B[a]ttista, *procuratore, Strada dei Giustiniani,* auch besonders zu erfragen im hôtel d'York.[85]

[42r] Ist das Leben ernst.
Sei Dir heiter die Kunst![86]

Du folgst nun Ihrem Rufen und bereitest Dich zur Pilgerfahrt nach dem von Ihr so sehr beglückten Lande. So lebe nun wohl und nimm die aufrichtigen Wünsche Deines Freundes für Dein Geistiges und leibliches Wohlergehen mit Dir und wenn am ersten Morgen Dich die Sonne dort begrüßt, so mögen Dich die Geister der Kunstgeweihten umschweben und Dir in Ihrem Heimathlande, stets treue Gefährten sein und am Ziele Deiner Wanderschaft Dich als wackeren Zunftgenossen aufnehmen.

Dein Peter App.[87]

Darmstadt den 29ten August 1827.

Zusammenkunft von Künstlern und Studenten,
Aquarell von Carl Sandhaas, 1818
Hessischees Landesmuseum Darmstadt

Bleibe überall der Wahrheit und Dir selbst treu! Schone Deine Gesundheit – und sey ohne viele Worte und Wünsche meiner Freundschaft versichert. Alles Weitere lege ich in die mächtige Hand der Vorsehung, die wird überall das, am reichsten (soviel Dir gut ist) Dir zufließen lassen, was mein kleines Herz so sehr Dir wünscht. *[42v]*

Lebe wohl u. denke u. bleib gut

Darmstadt den 30t
1827.

Deinem
August Lucas[88]

Auf
Wiedersehen in
Rom!
das gebe Gott
Amen!

August Lucas, Selbstbildnis um 1821

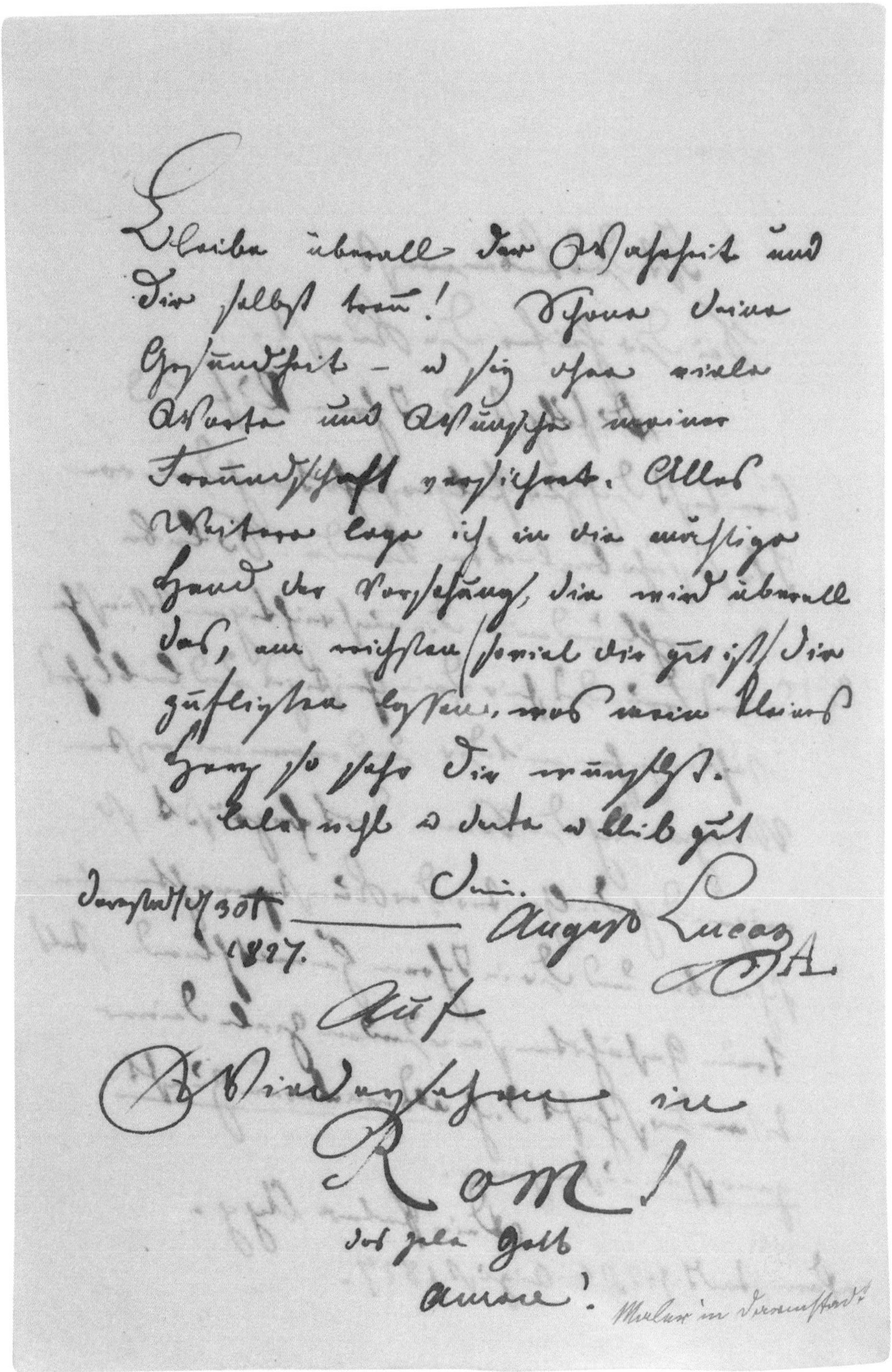
Bleibe überall der Wahrheit und Dir selbst treu! Schone Deine Gesundheit – u. sey ohne viele Worte und Wünsche meiner Freundschaft versichert. Alles Weitere lege ich in die mächtige Hand der Vorsehung, die wird überall das, am nächsten (sowie es Dir gut ist) Dir zuträglichsten bestellen, was mein kleines Herz so sehr Dir wünscht.

Lebe wohl u. denke u. bleib gut

Dein

Darmstadt d. 30t 1827. August Lucas

Auf Wiedersehen in Rom!

das gebe Gott

Amen!

Maler in Darmstadt

Wenn Du im schönen Lande der Künste an deine Freunde hierher denkst, so wirst Du[89] auch den, der mit Dir auf einem Zimmer gearbeitet, u. Dir manches zu danken hat, auch nicht vergessen.[90] *[43r]*

Gott geleite Dich, und gebe Dir Kraft, das Ziel welches Du Dir vorgesteckt hast, mit Standhaftigkeit zu verfolgen.

Js Kreß [91]

Darmstadt d. 2. Sept.

1827.

[44r] Lieber Hessemer, einen neuen Wunsch für Ihr Wohlergehen den vielen in diesem Buch schon enthaltenen hinzuzuthun ist unmöglich[;] möchten sie alle alle in Erfüllung gehen[;] nur den einzigen hab ich für mich[,] Sie noch einmal in diesem Leben wiederzusehen

Ihr treuer Freund

A. Zimmermann.[92]

Rom d. 25ten März
1829.

Soll ich Dir die Lehre nennen, *[45v]*
Welche allen, die sie recht bekennen
Wahren Adel, wahres Glück verleiht,
Die die Edlen aller Zonen
Aller Zungen und Nationen
Unauflöslich an einander reiht?

Keinem schaden, keinen drücken,
Andern helfen, sie beglücken,
Ihnen opfern Gut und Blut;
Nur den Egoismus wehren,
Seine Sklaven fromm bekehren
Oder würgen in des Kampfes Wuth!

Gern gäb ich Dir, Deinem Wunsche gemäß, einige bewährte Recipes mit auf die Reise, wenn ich nur wüßte, welche von der Legion der pathologischen Wunden Du in Italien zu akquiriren gedenkst. Statt dessen geb ich Dir also[93] den Rath alles was Du von dergleichen Zeug habhaft werden solltest, lieber bei Deiner Rückreise mit hierher zu bringen – aber in Spiritus versteht sich. Alsdann will ich sie sämmtlich fein anatomisch, fysiologisch und pathologisch untersuchen und sodann auch als Therapeut schon mit ihnen fertig werden.

Pf Martenstein[94]
Dr med in spe.

Darmstadt 1827. 8. 27.

[46r] Such im Umfange nicht d. Große u. menschlich Vollkommne,
Denn der Inhalt enthält, aber der Umfang umfängt.
Alles was schlecht ist u. klein, begreifet die endliche Vielheit,
Und vollkommen allein ist die unendliche Eins.
Umfang u. Inhalt ist sie des ewigen Seyns u. des Nichtseyns,
Quelle des Lebens, des Lichts, Herrscher des Todes, der Nacht.
Du bist entsprossen der Eins, ein Zähler des ewigen Bruches
Oder ein Nenner vielleicht, hoffe nicht beides zu seyn.

———

Libertà (??) va cercando, ch'é si cara,
Come sa chi per lei vita rifiuta
(Dante)[95]

Der Geist Deines Freundes, d. h. seine sehnsüchtigsten Wünsche begleiten Dich über die Alpen, die Geburt – u. d. Grab des klassisch Schönen u. des Großen. Möchtest Du theurer Freund auf diesem Friedhofe vergangner Herrlichkeiten schöne Blümchen brechen Deinem Freunde zum Andenken, Dir zu Deines Lebens Verschönung.

Gott mit Dir.

Dein Fritz.[96]

In Allem strebe mit dem Schönen eines veredelten Ideals, das Nützliche für die Wirklichkeit zu paaren; eine gefällige Form sei nur das Gewand eines inneren, gehaltvollen Werthes. Es gleiche Dein ganzes Selbst der Harmonie des Regenbogens welcher, während er scheinbar an die Erde gefesselt, nach oben über Wolken reicht, durch das was ihn erzeugt, bis zu seiner völligen Auflösung die Erde mit Freude und Nutzen beglückt. *[47r]*

Gehe Deinem längst ersehnten nun endlich so nahen Glücke stets muthvoll entgegen, verzage nie wenn bei so großen Vorbildern welchen Du auf Deiner Reise begegnen wirst, Deine Leistungen hinter Deinen Wünschen zurück bleiben.
Wenn Du außer Deiner Freundschaft mir weiter Belege Deiner Freigiebigkeit geben willst, so stelle ich diese Dir ganz in Dein Belieben

Dein
Ernst Rauch[97]

[47v] Die Hand, die uns durch dieses Leben führt,
Läßt uns dem Elend nicht zum Raube.
Und wenn die Hoffnung selbst den Ankergrund verliert,
So laßt uns fest an diesen Glauben halten
Ein einziger Augenblick kann alles umgestalten.[98]

Folge treu Deinem schönen Berufe,
und lasse nie die Erinnerung an
Deinen Freund *Carl Rauch,*[99] aus
Deinem Herzen schwinden

Darmstadt den 29 *August*. 1827.

Die Hand, die uns durch dieses Leben führt,
Läßt uns den Freund nicht zum Raube.
Und wenn die Hoffnung selbst den Ankergrund verliert,
Da laßt uns fest an diesen Glauben halten
Ein einziger Augenblick kann alles umgestalten

Folge treu Deinem schönen Berufe,
und lasse nie die Erinnerung an
Deinen Freund Carl Raudt, aus
Deinem Herzen schwinden

Darmstadt den 29 August. 1827.

Lieber Fritz, dich bey deiner Abreisse von hier nach dem schönen Italien blos mit guten Wünschen begleiten zu können, ist das lange nicht als mit dir wandern zu können, und ein derber Prügel hielte auch vielleicht eher einen Banditten im Zaum als das Gedenkebuch an deine Freunde aber ich kann dich nicht begleiten und so begnüge dich mit meinen vollen Wünschen für dein Wohl

Willst du mir etwas mitbringen?

Ich habe einen Bruder in Florenz, der Mutter Herz hängt an ihm, den bringe mir als der grösten Kupferstiche mit wenn du kannst! wird dir aber die Packerey eines solchen Wesens zu lästig so grüsse ihn wenigstens viel Tausendmal von uns u. sag ihm er möge sich sputen dass er wieder in's Heimath haus käme es sey Zeit.

Behüt dich Gott, fahre wohl, thue Recht u. scheue Niemand.

Darmstadt d. 29/8. 1827.

Gedenken an deinen Freund H. Felsing
Kupferdrucker.

Lieber Fritz, Dich bey Deiner Abreise von hier nach dem schönen Italien blos mit guten Wünschen begleiten zu können, ist das lange nicht als mit Dir wandern zu können, und ein derber Prügel hielte auch vielleicht eher einen Banditten im Zaum als das Gedenkebuch an Deine Freunde aber ich kann Dich nicht begleiten und so begnüge Dich mit meinen vollen Wünschen für Dein Wohl. *[48r]*
Willst Du mir etwas mitbringen?

Ich habe einen Bruder in Florenz, der Mutter Herz hängt an ihm, den bringe mir als den grösten Kupferstecher mit wenn Du kannst!
wird Dir aber die Packerey eines solchen Wesens zu lästig so grüsse ihn wenigstens viel tausendmal von uns und sag ihm er möge sich sputen dass er wieder in's Heimathhaus käme es sey Zeit.
Behüt Dich Gott, fahre wohl, thue
Recht und scheue Niemand[100].

Gedenken an Deinen Freund H. Felsing[101]
Kupferdrucker.
Darmstadt d. 29/8.
1827.

Heinrich Felsing von August Lucas, 1826
Hessisches Landesmuseum Darmstadt

[48v] Lebe wohl lieber Hessenfritz! Im Rath-geben bin ich nicht stark; Recepte behalt' ich nicht und Sentenzen fallen mir gewöhnlich erst ein, nachdem ich sie hätte brauchen können. Mach's so gut Du kannst, mehr kann kein Cato[102] von Dir verlangen! und wahrlich wenn Du nie vergißt, wo Du her kommst, was Du willst, und wo Du wieder hin gedenkst – so wirds ja schon gehen! Aber zu bestellen hab' ich allerlei! Vor allen Dingen herzliche Grüße an meinen lieben gekrönten Schilbach![103] Dann bringe mir mit eine Ansicht von Karl Fohrs Grab,[104] nur flüchtig entworfen, hauptsächlich aber Dich selbst, so wie Du weist, daß Du mein Freund bist. Ich bin arm geworden an Freunden in der letzten Zeit, jeder Verlust schmerzt mich darum bitter. Ließe sich nicht durch die Qualität (vielleicht mit Vortheil!) ersetzen, was an der Quantität fehlt?

Fahre wohl!
Dein
H. K. Hofmann[105]
Dstdt 31/8 1827.

Heinrich Karl Hofmann von Karl Philipp Fohr, 1816

Lebe wohl lieber Hoffmannfritz! Im Rath-geben bin ich nicht stark; Rezepte behalt' ich nicht und Zeitungen fallen mir gewöhnlich erst ein, nachdem ich sie hätte brauchen können. Mach's so gut du kannst, mehr kann kein Cato von dir verlangen! und wahrlich wenn Du mir erzählst, wo Du her kommst, was du willst, und wo du wieder hin gedenkst – so würde ich schon sehen. Aber zu bestellen hab' ich allerlei! Vor allen Dingen herzliche Grüße, an meinen lieben gekrönten Schilbach! Dann bringe mir mit eine Ansicht von Jean Pauls Grab, nur flüchtig entworfen, hauptsächlich aber dich selbst, so wie du weißt, daß Du mein Freund bist. Ich bin arm geworden an Freunden in der letzten Zeit, jeder Verlust schmerzt mich darum bitter. Laß dich nicht durch die Qualität (vielleicht mit Vortheil!) ersetzen, was an der Quantität fehlt!

Lebe wohl!

Dein

Dresd. 31/8 1827.

[illegible]

[illegible]

[49v] Mit Liebe u. Nachsicht nahmst Du vor 5 Jahren den schüchternen Fremdling auf, der sich Dir in banger scheu nahte, an Deinen Busen erwärmt (den[n] ich kam aus Norden) wecktes Du in ihm den umdüsterten Geist zum Lichte alles Schönen u. Guten, habe Dank! –

meine Innige Liebe begleitet Dich auch jetzt in dem schönen Lande der Kunst u. wünscht Dir alles Gute. O, daß es mir vergönnt wäre, einst auf Deinem Weg zu wandlen

Rath kann der nicht ertheilen
der solchen so sehr bedarf
So leb denn wohl u. Grüße
unseren Großen Meister Thorvaldsen[106]
von seinem schwachen Jungen

Dein Hans Scholl.[107]

Darmstadt den 1ten Sept. 1827.

Gott schütze Dich! *[50r]*

Meine Freude über Dein Glück soll stets den Schmerz überwiegen, den mir die Trennung bereitet, Du kommst ja wieder und bewahrst mir Deine Liebe.

Indem ich Dir im Geiste über das Meer, in Egypten und durch Palästina folge, gedenke ich zugleich der Zeit, wo wir mit einander einen Theil Italiens durchwanderten. – - – Nimm das ganze volle Herz statt aller Worte, Du kennst es ja, und möge Dirs auch am Nil und in Jerusalem freundlich erscheinen.

Lande gesund und fröhlich an Europa's Küste und kehre so heim in die ausgebreiteten Arme Deiner Lieben.

Dein Wilhelm Ahlborn.[108]

Rom den 18ten Januar.
1829.

Wilhelm Ahlborn von August Hopfgarten, Rom 1830

Gott schütze Dich!

Meine Freude über Dein Glück soll stets den Schmerz überwiegen, den mir die Trennung bereitet, Du kommst ja wieder und bewahrst mir Deine Liebe.

Indem ich Dir im Geiste über das Meer, in Egypten und durch Palästina folge, gedenke ich zugleich der Zeit, wo wir mit einander einen Theil Italiens durchwanderten. — — — Nimm das ganze volle Herz statt aller Worte, Du kennst es ja, und möge Dir's auch am Nil und in Jerusalem freundlich erscheinen.

Kehre gesund und fröhlich an Europa's Küste und kehre heim in die ausgebreiteten Arme Deiner Lieben.

Dein Wilhelm Ahlborn.

Rom den 18ten Januar.
1829.

Daß Du mich jetzt auch unter der Zahl dieser Edlen haben willst, ist die Frucht eines Augenblickes, den, so klein er auch scheinen mag, ich nie vergessen werde, denn er brachte unsere Herzen zuerst näher, und von damals blühete uns so mancher Genuß durch wechselseitige Freundschaft in Florenz und Rom. – *[50v]*

So bleibe mir auch künftig derselbe, und wenn Du dann auch diese Zeilen in den *Catacomben Egiptens*, am heiligen Grab in *Palästina* oder auf den Ruinen der schönen Zeit *Griegenland's* wieder liesest, dann denke: er meinte es in seyner Freundschaft, wie in seyner Kunst von Herzen.

Ewig Dein Jakob Felsing[109].

Rom im Februar 1829.

[51r] »Vergiß Deinen Fritz Max nicht«, las ich zufälligerweis heute Abend, gleich nachdem ich von dem angenehmen Spatziergang über die *Passeggiata* und den lebendigen *Corso* mit Dir und unserem Freund *J. Felsing* auf meine Stube zurückgekehrt war, in meinem Skizzenbuch; diese paar Worte, welche Du gewiß heute Mittag bei mir hin geschrieben während ich mit *J. F.* beschäftigt war und die mir in dem Sinn, in dem ich sie wünsche u. hoffe aufnehmen zu dürfen, sehr viel Freude machen, und das Versprechen, welches ich Dir kurz vorher gab, auch einige Zeilen hinein zu schreiben, ermunterten meine Wenigkeit nun um so mehr letzteres gleich zu erfüllen. Der Bitte, hinsichtlich der Aufforderung dieses so schönen Reisebegleiters, weiß ich um so weniger zu entsprechen, als ihr zuvor so viele achtungswürdige Freunde willfahrt haben, die es in weit höherem Grade fähig sind als ich; aber meine Bitte an Dich, mir Deine werthe Freundschaft zu erhalten, hoffe ich, wirst Du mir nicht versagen. Gedenke auch in Zukunft zuweilen noch des Gangs nach dem Tempel des Friedens[110]; so sehr der Zweck desselben mich schmerzte, eben so wohlthuend und mildernd war Eure edle Freundschaft, welche Ihr mir damals bewieset[111]. Das Andenken jenes Tages soll mir stets heilig seyn und mich zu noch lebendigerem Streben nach meinem Ziele ermuntern, um dadurch mit der Zeit auch Deiner Liebe immer würdiger zu werden.

Stets Dein Wilhelm Noack[112]

Rom d. 25t. März
1829

Caro Mio padre pietoso,[113] Vorrei esprimermi in queste poce *[sic]* righc la stima con cui io tengo una tal persona di suo rango – ma in tanto Vi augurio un felice viaggio che id Dio vidia *[sic]* ajuto inogni *[sic]* circostanza – e con la speranza che non si dimentichi mai di me, che ame *[sic]* sarà sempre una dolce ricordanza di una a me, tropo *[sic]* cara persona, dove non dubito, sapendo che fin adesso, non sono cacciata dalla sua memoria e bona speranza anche sia per lavenire *[sic]* di una cara rimembranza danbedue *[sic]* le parte *[sic]*, e così resto con memoria eterna del caro padre pietoso *[51v]*

Massimigliato *[sic]*[114]Hessemer.
Sua Affe[a115] amica
Elisabetta Zanetti[116]

Perugina *[sic]*[117]7 marzo 1829

[52r] Mein lieber Hessemer!

Daß Du auch mir das Erinnerungsbuch reichst, in welches Deine Freunde mit Buchstabenschrift ihre Silhuette niederlegten, damit sie in solchem geistigen Konterfei Dich begleiten, Dir Muth und Beharrlichkeit zuflüstern wie Dich liebevoll vor Gefahren warnen können, – gilt mir für den Beweis, daß Dein Herz mich zu der Zahl derer zählt, die ihm näher sind, als solche Gefährten, die ein Stück Wegs mit uns dahin wanderten, aber im nächsten Wirthshause gegen andere vertauscht, und wie auch später diese vergessen werden. Den Dank dafür erwarte nicht schwarz auf weiß.

Ich war ein Thor, denn ich wähnte, die Verschiedenheit unserer Ansichten und Meinungen über manchen Punkt, der uns beide gleich lebhaft interessirte, träte trennend und farnend *[sic]* zwischen uns. Dieses gab mir abermals, wie schon so oft, Ursache, mein Geschick zu beklagen, das mich selten einem Wesen nahe führt, ohne durch ein von irgend einer Seite gefaßtes Vorurtheil oder durch Ungleichheit der Ansichten und Gefühlsweise mich wieder davon zu reißen. Aber nicht wahr, Geliebter, solche Erfahrungen machte ich nicht allein? –

Sind nun auch häufig gute Menschen in der Hauptrichtung menschlicher Bestrebungen einig, wollen Alle auch gleich eifrig und aufrichtig das Gute, Wahre, – gibt es nicht auch eine Welt der Ideen und Phantasien, die trotz jener Hauptrichtung doch auf unendlich verschiedene Weisen bei jedem Einzelnen geschaffen und gebildet ist? – Ist diese innere Welt nicht Manchem, wenn auch nicht Entschädigung, doch Trost für die Beleidigungen und Balsam für die Verwundungen der äußeren, deren irdisches Treiben und Jagen den Einsamen vernichten würde, könnte er sich nicht in dieses Asyl flüchten? – Aber ist es dann auch einer Seele *[52v]* zu verdenken, wenn sie der brüderlichen, der befreundeten diese Welt zeigen, sie mit ihr theilen möchte? O gewiß nicht. Diese Proselytenmacherei hat sicher kein schlechtes unwürdiges Motiv, obgleich sie etwas einfältig ist. Indessen das ist der Weg zur Bekanntschaft mit dem innersten Wesen des Menschen, den auch ich unwillkührlich eingeschlagen habe, weil mir so manches in und von Dir Deine Freundschaft als ein herzbedürftiges Gut ahnen ließ, und mir zugleich die Erkennung unserer Seelen zu versprechen schien. Im Verlauf unserer kurzen

Bekanntschaft sah ich Dir ins Herz, und der Achtung, die Dir immer war, gesellte sich allmählich Freundesliebe; – aber kennst Du mich? – Ich will es glauben, und wäre das zuviel, so will ichs hoffen und erwarten.

So sei denn von nun an mein Freund in der ganzen hohen Bedeutung des Wortes, und ich biete Dir die Bruderhand mit aller Liebe, die ein Herz zu geben vermag[118]. Mögen unsere An- Ein- und Aussichten auch divergiren, stets wollen wir eingedenk sein, daß darin gerade unsere Eigenthümlichkeit liegt, das, was uns zu uns selber macht.

Ich glaube nicht, daß dieses Blatt eine Silhuette von mir trägt, aber es reicht hin, Dir zu sagen, was es sagen soll, aber nicht will. Nun schwimme hinweg, und sieht Dein Auge den Nil, so frage Dich, ob ein Meer weiter ist, als die Brennpunktferne der Liebe? Damit Gott befohlen!

Ohne Aufhör

Dein *R. Wiegmann.*[119]

Rom im März 1829.

[53v] Du ziehest fort, bester *Hesmer*, sollen wir nur trauern, da schwer es wird, uns von Dir zu trennen. Rückst Du nicht näher dann, wonach Du strebst? *Athens* und *Tebens* Trümmer sind es ja nicht selbst und allein, weswegen Du dem schwankenden Schiffe Dich anvertraust. Es ist das Streben zu dem einen Ziele, zu dem die Kunst der Weg Dir ist, und Dich leitet sie auf zweifache Weise zu diesem Ziele – zu der Vollkommenheit. So zieh denn fort, und kehre froh zu uns zurück, die wir freudig Deiner Zurückkunft entgegen sehen werden. – Doch kann ich leer Dich nicht ziehen lassen, und gebe dafür Dir nebst meinen besten und herzlich gemeinten Wünschen noch ein in einem großen Buche gefundenes Mittelchen mit, was mir manchen Nothfall sichert; es ist: hoffe viel, aber erwarte wenig. –

Daß Du mein am Nil und Ibisses so gedenken mögest, wie stets ich Deiner gedenken werde, ist der innigste Wunsch von

Deinem
A. Vogell[120]

Rom
Im März 1829

Komt Ihr ins Vaterland zurück, so grüßet Freund,
Die Guten alle, die noch mein gedenken!
Auf seinen Höhn, im dunkeln, heiligen Wald,
Beim Rauschen deutscher Ströme, denkt an mich.
Doch komt Ihr an den schönen, stolzen Rhein,
So grüßt den Alten, ruft meinen Namen
Mit lauter Stimme in die dunkle Fluth;
Erzählt ihm von meiner Sehnsucht nach der Heimath.
Doch tretet Ihr zu Cöln in den Dom,
O, so gedenket meiner vor dem Herrn,
Auf daß ich heimgelange, ins Land der Väter!

Bring mir eine Rohrflöte mit
wenn Du kommst aus Sicilien

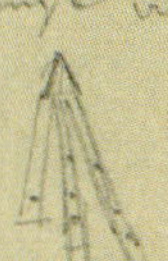

…chsemer an diese
…vergiß nicht ein kleines
Giacomo Götzenberger.

[Auf diesem Albumblatt (siehe S. 90) eine Bleistiftzeichnung eines weinenden jungen Mädchens in Biedermeiertracht, wohl Elisabetta Zanetti; – siehe den Eintrag *51v* – und mit den Worten:] *[54v]*

Denkst Du liebster Hessemer an diese
Großen Genies, so vergiß dabey nicht ein Kleines
Deinen Giacomo Götzenberger[121]

Kommt Ihr in's Vaterland zurück, so grüßet Freund, *[55r]*
Die Guten alle, die noch mein gedenken!
Auf freien Höhn, im dunkeln heilchen Wald,
Beim Rauschen deutscher Ströme, denkt an mich.
Doch kommt Ihr an den schönen, stolzen Rhein,
So grüßt den Alten, rufet meinen Namen
Mit lauter Stimme in die dunkle Fluth;
Sprecht ihm von meiner Sehnsucht nach der Heimath.
Doch tretet Ihr zu Cölln in den Dom,
O, so gedenket meiner vor dem Herrn,
Auf daß ich heimgelang, in's Land der Väter!

Bring mir eine Rohrflöthe mit
wenn Du kannst aus Sicilien.

Jacob Götzenberger von Joseph Führich

Recht schmerzlich ist es mir, Sie bester *Hesmer*, aus unserm [55v]
kleinen fröhlichen Kreise scheiden zu sehen, ich werde Ihrer gewiß sehr oft gedenken, u. wünsche von Herzen, daß auch Sie, unter den Palmen, sich gern der Freundinn in Rom erinnern mögen. Unsere Bekanntschaft war zwar nur kurz, aber ich denke ein Erkennen hier in dieser ewigen Stadt, muß auch von längerer Dauer sein, wie das Begegnen in den gewöhnlichen gesellschaftlichen Kreisen, und so hoff' ich, bleiben wir uns.

Also auf ein fröhliches Wiedersehen, entweder in der heiligen *Roma*, oder im Vaterlande am häuslichen Herde umgeben von

– – – –

Addio Addio!

Caroline Lauska.[122]
Rom den 23 März 1829

Caroline Lauska von Wilhelm Hensel

[56r] Sie wünschen, mein werther Freund, dass ich Ihnen etwas recht Gutes und Schönes zur Erinnerung aufschreiben solle: die Aufgabe ist nicht leicht für Jemand, der im Argen steckt wie ich, und der so materiel ist, dass selbst die Schönheit um ihn zu rühren aus einem Paar schönen Augen glühende Blicke sehnsuchtsvoller Liebe senden muss; sonst wirkte auch sie vergebens. Ich könnte nun zwar, was weder schön noch gut wäre, Ihnen Rath ertheilen, und somit das Interesse aussprechen, welches Sie mir einflössen; aber proh dolor! wie soll der Andern Rath ertheilen und Lehren geben, der sich selbst nicht zu rathen weiss und seine eigenen Lehren nie befolgt. Könnte ich zeichnen, so stellte ich in einem Bildchen einige Pyramiden und Obelisken und den heiligen Neilos[123] im Vordergrunde, im Hintergrunde aber einige Blümlein dar, zarte süsse, in anspruchsloser Lieblichkeit und holdem Unbewusstsein des eignen Werthes freundlich aufgesprosste Blümlein, und deutete damit zugleich sinnvoll oder sinnig altdeutsch an, dass Sie zunächst Aegyptens sandige Fluren (!) und üppige Felder (!), dann aber Deutschlands, wenn auch nicht rosige wie Achajas[124] doch empfindsame Jungfrauen zu (hole der Teufel die langen Perioden! da weiss ich nun nicht mit welchem Worte ich schliessen soll, ich wollte sagen »betreten«, das passt für Aegypten, aber – ein Hahn sind Sie doch nicht; also – »besehen«, pfui, das geht auch nicht, »besuchen« schlecht aber kurz und damit sei es gut) also: zu besuchen hätten; (nun wieder zurück zu dem »Könnte ich etc.etc.) da ich aber nicht kann, so zeichne ich nichts, und muss Sie also um Entschuldigung bitten, dass ich Ihren Wunsch nicht erfüllen kann. Doch vielleicht sind Sie gütig und nachsichtig genug, so wenig ich es auch verdiene, in der Entschuldigung und durch dieselbe, eben die Entschuldigung überflüssig zu finden. Dann nehmen Sie diese wenigen Zeilen als Erinnerung an ein gar närrisches Subjekt mit, welches der Böse oftmals verführt, weit mehr tolles Zeug zu schwatzen, als er verantworten könnte. Reisen Sie glücklich und denken Sie an mich jedesmal, wenn Sie nichts besseres zu thun haben, nur beim Allerheiligsten des Tempels von Luxor und bei den Isisbildern auf Phile machen Sie eine Ausnahme: für mich knüpfen sich an diese Gegenstände höchst sonderbare, und doch wieder gar nicht sonderbare Erinnerungen, und leicht könnten dann unsere Gedanken sich berühren, oder wie man zierlicher sagt, sich geistig küssen. Jetzt noch zum Abschiede ein Verschen aus meinem Papa Dante: es hat gar

keinen Zusammenhang mit dem Gesagten, und kommt also um so unerwarteter.

Luogo è in Inferno detto Malebolge,
Tutto di Pietra e di color ferrigno,
Come la cerchia, che d'intorno 'l volge[125]

Leben Sie wohl.

Westphal[126]

Rom den 25 März 1829.

Sie wünschen, mein werther Freund, dass ich Ihnen etwas recht Gutes und Schönes zur Erinnerung aufschreiben solle: die Aufgabe ist nicht leicht für Jemand, der im Argen steckt wie ich, und der so materiel ist, dass selbst die Schönheit um ihn zu rühren aus einem Paar schöner Augen glühende Blicke sehnsuchtsvoller Liebe senden muss; sonst wirkte auch sie vergebens. Ich könnte nun zwar, was weder schön noch gut wäre, Ihnen Rath ertheilen, und somit das Interesse aussprechen, welches Sie mir einflössen; aber proh dolor! wie soll der Andern Rath ertheilen und Lehren geben, der sich selbst nicht zu rathen weiss und seine eignen Lehren nie befolgt. Könnte ich zeichnen, so stellte ich in einem Bildchen einige Pyramiden und Obelisken und den heiligen Neilos im Vorgrunde, im Hintergrunde aber einige Blümlein, das zarte süsse, in anspruchsloser Lieblichkeit und holdem Unbewusstsein des eignen Werthes freundlich aufgesprosste Blümlein, und deutete damit zugleich sinnvoll oder sinnig altdeutsch an, dass Sie zunächst Aegyptens sandige Fluren(!) und üppige Felder(!), dann aber Deutschlands, wenn auch nicht rosige wie Achajas doch empfindsame Jungfrauen zu (hole der Teufel die langen Perioden! da weiss ich nun nicht mit welchem Worte ich schliessen soll: ich wollte sagen „betreten", das passt für Aegypten, aber – ein Italiener sind Sie doch nicht; also „besehen", pfui, das geht auch nicht; „besuchen" schlecht aber kurz, und damit sei es gut) also: zu besuchen hätten; (nun wieder zurück zu dem „Könnte ich &c &c) da ich aber nicht kann, so zeichne ich nichts, und muss Sie also um Entschuldigung bitten, dass ich Ihren Wunsch nicht erfüllen kann. Doch vielleicht sind Sie gütig und nachsichtig genug, so wenig ich es auch verdiene, in der Entschuldigung und durch dieselbe, eben die Entschuldigung überflüssig zu finden. Dann nehmen Sie diese wenigen Zeilen als Erinnerung an ein gar närrisches Subject mit, welches der Böse oftmals verführt, weit mehr tolles Zeug zu schwatzen, als es verantworten könnte. Reisen Sie glücklich und denken Sie an mich jedesmal, wenn Sie nichts besseres zu thun haben; nur beim Allerheiligsten des Tempels von Luxor und bei den Isisbildern auf Phile machen Sie eine Ausnahme: für mich knüpfen sich an diese Gegenstände höchst sonderbare, und doch wieder gar nicht sonderbare Erinnerungen, und leicht könnten dann unsere Gedanken sich berühren, oder wie man zierlicher sagt, sich geistig küssen. Jetzt noch zum Abschiede ein Verschen, aus meinem Papa Dante: es hat gar keinen Zusammenhang mit dem Gesagten, und kommt also um so unerwarteter.

Luogo è in Inferno detto Malebolge,
Tutto di Pietra e di color ferrigno,
Come la cerchia, che d'intorno 'l volge.

Leben Sie wohl.

Rom den 25 März 1829.

Westphal

Durch ihn[127] erinnere Dich an mich. Glückliche Reise, meine Gedanken werden oft Deine unsichtbaren Gefährten sein. *[56v]*

August Hopfgarten[128]

Zeit, der sind wir verhaßt, so träge, mögten wir eilen, *[57r]*
Und es entführt uns so schnell Freude,[129] dein Flügel, o Zeit.

Hätt' ich dieß nimmer gewußt, wohl lehrt es das Scheiden des Freundes,
Wo sie den Reichthum entführt, fliehend mit zweifelnder Stirn.

Pflege die Freude! sagten wir wohl, zur Ehre des Lebens
Aber bedachten wir dann, wie uns das Scheiden betrübt?

Jetzt in dem letzten Momente gedachten wir freudig des ersten,
Alle, die jene verknüpft, seyen uns ewiges Band,

Da wir die ganze Welt ins kleine Gemach uns geladen, *[57v]*
Und das Ewige kühn faßten in endliche Zeit.

Zum freundlichen
Andenken an
A. Kestner.[130]

Rom den 30sten July
1830.

Zeit, dir sind wir verhaßt, so träge, mögten wir Eilen,
Und es entführt uns so schnell Freude,
dein Flügel, o Zeit.
Hätt ich dieß nimmer gewußt, wohl
lehrt' es das Scheiden der Freunde,
Wo sie den Reichthum entführt, fliehend mit zweifelnder Stirn.

Pflege die Freude, sagten wir wohl, zur
Ehre des Lebens
Aber bedachten wir dann, wie uns das
Scheiden betrübt?

Jetzt in dem letzten Momente gedachten
wir freudig des ersten
Alle, die jene verknüpft, seyen uns
ewiges Band,

Da

Wenn Du, mein geliebter Max, jenseit[s] dem Meere in Griechenland und Egypten bist, wohin Dich schützende Engel und die treue Liebe Deiner Freunde begleiten werden, wohin Dir auch mein Herz und meine Seele mit all den frommen Glück- und Segens-Wünschen folgen, die in diesen Blättern ausgesprochen sind, und die in der Brust Deiner nächsten Verwandten stets für Dich gehegt werden; wenn Du dort erst bist, so wird Dir jedes innige Wort der Freunde, jede Erinnerung an sie gewiß lieb und werth sein. Daß Du auch meiner so gedenkst, wünsche ich. Ich bin ja der Letzte von Allen, die von Dir scheiden, hier an Siziliens Küste, der Blume von Italien, hier, wo wir mit einander den letzten mir unvergeßlichen Zeitraum vor Deiner weitern Reise glücklich lebten. So oft ich an Sizilien denke, und öfter noch werde ich mich im Geiste mit Dir und der Erinnerung an unsere ernst glücklichen Stunden beschäftigen. – An Deiner Seite sah ich all das Große und Schöne vom höhren Geiste beseelt, Meer und Berge, wie ehrwürdige Reste alter Griechenkunst. – Wie ich an Deiner Seite von Etna's höchstem Gipfel auf unsere Pfade hinab sah, so lernte ich ins eigne Leben sehen, lernte den klarern, schärfern Blick in die eigne Brust. *[58r]*

Ich mögte Dir in unserer Abschiedsstunde gern noch viel sagen, mögte Dir es aussprechen, was meine Seele erfüllt, wenn ich an meine Tage in Italien denke, seit ich Dich Freund nenne; es ist nicht Schmerz und Klage über die Trennung, denn wir werden uns ja bald wieder sehen; es ist auch nicht der Dank allein für Deine Freundschaft und Liebe, wie ich auch davon durchdrungen bin, es ist eine Bitte. –

An der Seite des Freundes, der Schönheit der Seele und ein warmes treues Herz in sich bewahrt; der mit edler Selbstverleugnung sich nicht zurückzieht, wenn man seine Hand ergreifen mögte; der mit Schonung die Schwäche des Andern tadelt; der mit Liebe ihn zum höhern Standpunkte hinaufzieht, ihn das Leben und die Bildung des innren Menschen durch Beispiel und Umgang lehrt; der ihn *[sic]* räth und hilft, wo er geirrt; der an seinen höhern Freuden, wie an seinem Schmerz mit liebevoller Seele Theil nimmt; der Geduld mit Liebe übt, und unermüdlich in Beweisen derselben ist; – an der Seite eines solchen Freundes ging ich in Italien durchs Leben, an Deiner Seite ward mir Italien, was es dem Menschen, dem Künstler werden soll; und die Blüthen, die mir auf *[58v]* meinen Wegen durch Dich emporwuchsen, sie werden zu Früchten reifen in künftigen Tagen. Diese Hoffnung nimm als Dank für so viel Liebe.

Die Bitte ist: bringe mir, lieber Max, diesen Freund wieder mit, und erhalte ihn mir für das ganze Leben.

Gott schütze Dich!
Lebe wohl, Dein Wilhelm.[131]

Messina am 6ten August
1829.

Friedrich Maximilian Heßemer von Wilheml Ahlborn, Messina, 6. August 1829

Ihre Aufforderung, lieber *Hessmer*, Ihnen in Ihr Erinnerungsbuch auch einige Zeilen nieder zu schreiben war mir doppelt angenehm, da so manche Ihrer näheren Herzensfreunde, sich darin verewigt haben, unsere Bekanntschaft dagegen so neu und leider! nur kurz war. – Gern will ich es jedoch als einen Beweis annehmen, daß Sie mir, in den wenigen Tagen unsers Beysammenseyns, auch etwas gut geworden sind; ich bin es Ihnen von ganzem Herzen, und wer sollte dies nicht, wünsche daher nichts sehnlicher, als daß Sie, sammt unserm lieben, guten *Ahlborn*, *Siciliens* schöne Küsten, gesund und heiter durchpilgern, und dann, unter des Höchsten Schutz, vom fernen *Egypten* rückkehrend, ein frohes, ganz ungetrübtes Wiedersehen im Kreise aller Ihrer Lieben feyern mögen. – *[59r]*

Es wohnet nicht Freude im lauten Geschwärme,
Sie gastet, sie hauset nicht draußen im Lärme.
Im trauligem *[sic]* Cirkel, am heimischen Heerd,
Wohnt Freude, die dauert, und wächset und nährt.

Um freundl. Andenken bittet
L. C. Stallforth
aus Bremen[132]

Palermo den 30 Juny
1829.

[60r] Wiewohl wir uns so kurze Zeit gesehen haben so war doch dein schöntürkisches Ansehen hinreichend auf mich einen Eindruck zu machen, so daß ich Dich gewiß unmöglich vergessen kann; dies Andenken wird dann mehr die *[den]* einmal kaum nach Deiner glücklichen Ankunft aus Egypten liebevoll geschlossenen Freundschaftsbund sägnen*[?]*, der mir sehr schmeichelt, da seine Zeichnungen, die er als Deutscher in türkischer Hülle dort gemacht, mir vielen Geist verriethen und voll Interesse waren.

Dein *Adolph Siebert*
aus *Berlin*[133]
Rom den 18t. Julius
1830.

Adolf Siebert, unbekannter Künstler

Die in der Natur sichtbare geheimnißvolle Wirksamkeit, welche wir Leben nennen, hervorzaubert aus ihrer ewigen Fülle immer neue Gestalten, aber ihr düstere[r] Schatten, der Tod, vernichtet sie immer wieder. So verwelkt die unschuldige, liebliche Pflanze, das heftige Thier erstickt, der stolze Erdenkönig, der Mensch, versinkt, nach mühevoll ausgespielter Rolle, wieder in die unbekannte Nacht, – ja die Erde selbst hat ihre Zeit und sogar die herrlichen Sterne blühen auf und blühen ab wie die irdischen Blumen: – und so sind denn alle Kinder des Raumes und der Zeit dem Loos der Vergänglichkeit unterworfen. Allein im Tode des Alten ist die Geburt des Neuen gehüllt und das im stätigen Werden begriffene Ganze offenbart durch diese ewig wechselnden Formen das eine ruhende Centrum, welches eben allem diesem Schaffen zum Grunde liegt. Was ist aber dieses unnennbare, mitten im Vergänglichen, Unvergängliche, von Jahrtausenden und Himmelräume[n] nie begränzte Eine, Dessen Hauch der Weisheit und Liebe die sterblichen Geschlechter anbetend fühlen ohne ihn fassen zu können? Siehe! der an Fleisch und Blut gefesselte Menschliche Geist kann diese Frage niemals beantworten; denn es greift ihn der Vernichtung Schwindel als er in die heiligen unermeßlichen Tiefen hineinblicken will. – *[61r]*

(Palermo d. 30 Juni 1829. – Zur Erinnerung an einen Wanderer von fernem Norden[134].)

[62r] Auf diesem Albumblatt eingeklebt ein anonymes Porträt von Peter Cornelius[135] auf dünnem Papier.

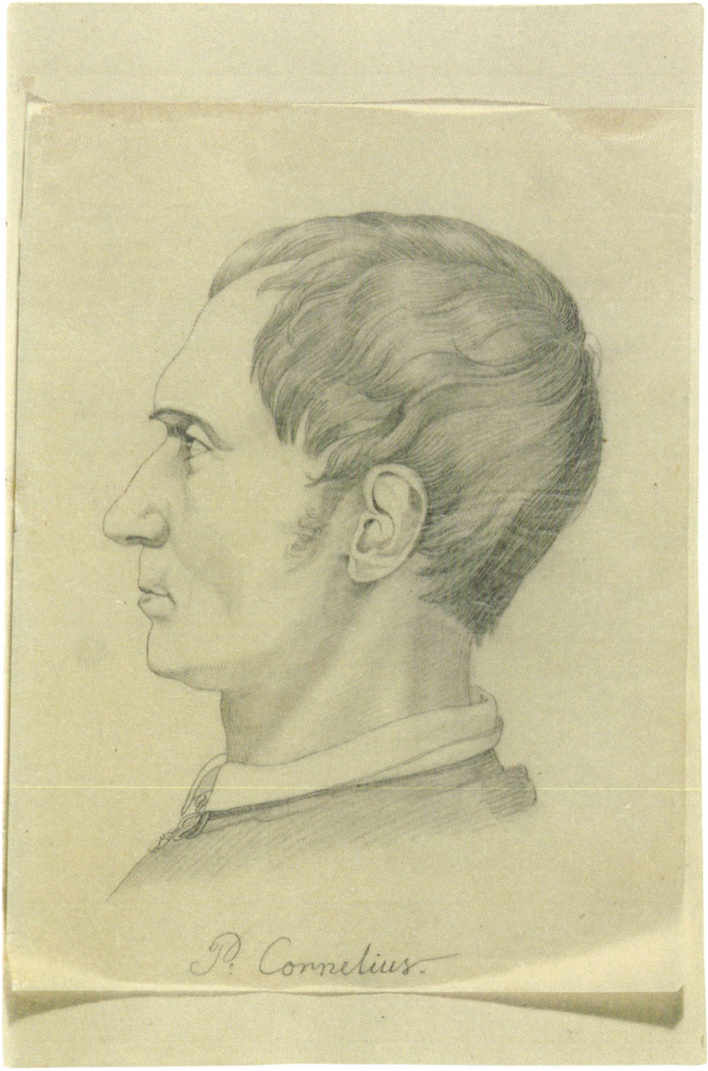

So zieh denn hin, in jenes Wunderland – *[63v]*
wohin so oft Dich stille Sehnsucht zog,
und kehre glücklich einst, reich an Erinnerung, uns zurück.
Ich werde oft, und liebend Dein gedenken,
Vergiß auch <u>Du</u> die Deinen nicht! – [136]

Amalie Moller von August Lucas, 1823
Hessisches Landesmuseum Darmstadt

[65r][137] Im Menschen ist ein großer Wunsch der nie erfüllt wurde, er hatt keinen Namen, er sucht seinen Gegenstand, aber alles was du ihm nennest, und alle Freuden sind es nicht; allein es ko[m]mt[138] wieder wenn du in einer Sommernacht nach Norden siehst, oder nach fernen Gebürgen, oder wenn Mondlicht auf der Erde ist, oder der Himmel gestirnt, oder wenn du sehr glücklich bist. –

J. Paul[139]

Der Zufall der Sie zu uns führte, ihre schönen Mit[t]heilungen über Egipten, das freundliche Beysammenseyn, in Erinnerungen an Rom und Deutschland, gehören zu den Momenten im Leben die sich nicht festhalten laßen, aber desto unvergänglicher sind.

Elise Morell
geb von Greyerz[140]

Triest den 24 Juni 1830.

Gefühle tanzen gern im holden Zauberschimmer *[66r]*
Der Phantasie, mit unserm Herzen hin;
Allein die ernstere Vernunft sey immer
Die richtende Gebieterinn,
Ihr freyes Machtgebot der Leitstern der uns führet.
Die ganze Menschlichkeit in uns vereine sie
Zu einem Lautenspiel der Lebensmelodie[:]
Dies ist das Königthum, das der Vernunft gebühret.[141]

Adolfine Moller.[142]

[67r] To the Nautilus

Reckless of waters roar, or tempests sweep
Like purple star gemming thy watery bed,
Thou, little Nautilus, with sail outspread,
And robe of rainbow hue, dost ride the deep:
Though now scarce noticed – yet thou may'st have rent
That knowledge – which natured by time and thought
The proud and tyrant man himself hath taught,
To rule upon thy native element!
Tempted by thee, perchance 'ere science threw
A first faint dawning o'er an infant world;
The naked savage framed his light canoe,
Raised the low mast, the slender sail unfurled;
And, scorning fate with new formed courage brave
Launched his unsteady bark and dar'd the ocean wave.

Nott.[143] Cairo – 23. Jan. 1830

Nur kurz genoß ich die Freude, Dich mein liebster Hesmer um mich zu sehen. Schmerzlich ist es einen Freund, der in diesen *[sic]* schönen Lande, mit innigen *[sic]* Gefühle den Werth desselben erkennt und seine Ansichten mittheilt, gleich wieder zu verlieren. Doch unser fast gleiches Schicksal hat mich innig an Dich gekettet und könnt ich immer um Dir sein, wie Freudenreich wäre mir dieses Leben, denn Dir hat der Herr verliehen was ich noch erlernen muß und Dein reiner immer nach den *[sic]* bessern strebender Sinn wäre mein Ziel. *[68r]*

Gott gebe Dir eine glückliche Reise, auf daß uns daß Schicksal im Vaterland wieder zusammen führe.

Dein *Carl Goetzloff*
aus Dresden[144]

Neapel und Capri.
Im April und Mai
1829.

Carl Wilhelm Götzloff, Selbstbildnis (?) um 1820

[69r] <u>Archimedes Grab</u>.[145]

Maler und Dichter. [Von August Kopisch.[146]]

<u>Dichter</u> Laß uns kühlere Schatten suchen Freund,
der Mittag glühet[,] die Meereslüfte ruhen.
Hebe, hebe den Schirm und komm', doch siehe!
Wie vollendet erathmet dein Gemälde! –
Du Neidwürdiger, der mit rascher Kunst und
Leichtanmuthigem Sinn, was fliehet fesselt.
Wie vorhin wir sie sahen, um den Felsen,
Hoch vom wüsten zum armen Syrakus ziehn
Hier Saumthiere herab. Das Eine rupfet
An den blühenden Myrthen, die des Andern
Korb umhüllen; – Da fällt der grünen Mandeln
Eine Menge herunter, unbemerkt dem
Knaben, welcher ermüdet nicht mehr treibet:
Fast ein Schlummernder wankt er. Alles reget
Sich Natürlichem gleich! – Die Vordern eilen,
Mit erhobenen Nüstern schon das Wasser
Witternd, hier wo die Mädchen plaudernd waschen,
Achtlos jener verfallnen Gruft, die mitten
In die Felsen gehauen gähnt. – Die Schönste
Zürnt verlegen und lächelt doch! – Die Andern
Necken schalkisch die junge Braut. – Die Alte
Nimmt den Krug; doch, – eh sie süßen Wein trinkt,
Blickt sie auf zum Feuer, welches drüber
In der Kluft, die Rauch gebräunt, emporflammt.
Doch, sie sorget nur noch in deinem Bilde:
Lange schwand das Geplauder und Geplätscher
Dort und ruhiger rinnt die Flut. Das Feuer
Sank, das lodernde, längst zu Asche. Mittag
Trieb die Lärmenden tief[147] zur Stadt hinunter.
Einsam schimmert und blendet nun die Onde[148]
und noch strebt, o Freund, dein Pinsel rastlos,
Treu und treuer im Bild zu spiegeln, was vom
Längstverfallenden Grabe blieb: Des Eingangs
Nun fußloses Gesäul: es scheint geliebt dir?

[69v] <u>Maler</u>. Ja ich liebe den Ort, man sagt daß vormals
Hier ein bildergeschmückter Krug gestanden,
Mit des göttlichen Archimedes Asche?

Dichter. Willig glaub ich der holden Sage. – Ob die
Höh in anderen Zeiten Sikes[149] Thurm trug,
Lehrt zwar keine dem Hang entrollte Trümmer;
Doch; weil rings der gehö[h]lten Grüfte keine
Prangt von bildender Hand geschmückt, nur diese:
Liebt die Seele den Traum, daß viele Jahre,
Längst, von oben geraubt des Grabes Prunkmal,
Das Marzellus[150] gestellt, die Asche ehrend
Und die Jenem geliebteste Erfindung.[151]
Maler: Wie? Es ehrte der Feind des Feindes Leichnam
Mit prunkvoller Bestattung?
Dichter: Ja, er stellte
Die weit prangte mit Kugel und Cylinder,
Und gelösetem Räthsel ihrer Messung,
Eine versegeschmückte Säule[152] Jenem
Auf das Grab, der viel des Wehs ihm anthat.
So weit über die Schrecken strahlt ihm herrlich
Jenes weisere Tugend: ja des Todten
Blutverwandte zu schauen liebt' er, weil ihr
Angesicht des Erhabnen Züge trug und,
Viel mit Gaben geschmückt, entließ er spät sie. –
Nimmer staune darum. Es muß ja Großes
Immer Treffliches lieben. Zwar das Schiksal
Mischt oft Lebender Loos entgegen zwangvoll;
Aber, sühnet der Tod, mit Macht hervorbricht
Dann der Liebe bethränter Schmerz, die vormals
Männlich eiserner Sinn im Kampf zurückhielt.
– Willig eilte zu Streit der Beiden Keiner.
Sieh es liebte Marzell der Städte schönste,
Wollte Hierons[153] alten Bund erneuen,
Trug Oehlzweige des Friedens vor dem Speer her
Und trauernd sah Archimed das Volk den
Sorgenvollen verschmähn und mit Carthago
Bündniß schließen, in sorgenloses Unrecht
Blind nach Hippokrates[154] Berückung taumeln.
Und, als so zu gewaltgem Streit die Völker
Zorn hintrug des erregten Schicksals, zögernd *[70r]*
Griff Marzell zu des Speers Entscheidung. Und wie
Nun herwogte der Stadt des kecken Unrechts
Blutge Strafe, gezwungen nahm der Weise
Der Vertheidigung Steuer, welcher, längst schon,
Als noch Hierons edler Szepter herrschte,
Die weitprangende Stadt, vom Land und Meer aus,

Uneinnehmbar geschaffen.[155]
Maler: Schweige nicht. – O
Nein, ruh unter des Schirmes Dunkel hier und,
Wie mein Finger das Bild, so führ dein Mund auch
Die Erzählung zu Ende. Wie denn hatt' er
Jenes Werk vollbracht und was geschah dann
Weiter? Alles verkünde! In der Dichter
Mund erneuet die Muse, was der Zeiten
Lange Stürme verwehet.
Dichter: Horchst du gern mir
Willig folg ich. – Umzogen hatte Jener
Den vierstädtigen Syrakuser Felsgrund,[156]
Den volkwimmelnden, mit bethürmter Mauer
Um Ortügia, dort am Marmorhafen,
Akradinas gehö[h]lten Uferfels entragte
Fern nach Tro[g]ilus Bucht[157] an Zinne Zinne!
Dann, gen Aetnas Dampf gekehret, Tyches[158]
Weithin klüftigen Rand umschlang die Mauer,
Die Epipolähöhe[159] erkletternd, endlich
Rückgewandet, Anapus Flur[160] bedrohend,
Um den Labdalushügel[161] kreisend, bis sie
An Neapolis[162] schönem Hang zurückkam.
Jetzt noch siehst du die Trümmer rings gestürzet.
Wenn du einst, zu erkunden jene, ausgehst
In der Frühe des langen Sommertages
Und in Eile die Spur verfolgst, – am Abend
Kehrest du, müde, zum Ort, wo früh du ausgingst.
So groß schirmte die Mauer, welche Jener
Mit Schießscharten versehn, die nie vordem die
Menschen kannten. Woher, vom Fels gedeckt, die
Vielfach schnellenden Wurfgerüste mächtig,
Wie Heuschreckengewirre, nah und fernhin,
Schweer aussaeten eisenscharfen Hagel.
[70v] Die für Hierons weisen Rath er aussann,
Spannte, wieder gerecht, das Volk zum Mord nun[,]
Rückwärts jagte[163] in Blut Marzellus Heersturm
Auch, als der Akradinäs Ufer meerwärts
Anfiel, schmetternde Felsen schwangen hochher
Thurmgerüste mit ehrner Faust und hemmten
Der Wandstürzenden Kriegesleier[164] Stoßen,
Als drei Würfe sie ihm versenkt zu Schaum der
Meereswoge zerschellte Wucht umwirbelnd,
Die schifftrümmerbedeckt den bunten Strand schlug!

Auch ferngreifendes Eisen, mehr wie Skyllas
Häupter schrecklich den Schiffen, schleppte, schwang sie
Wie an Angel die Fische, jäh empor, daß
Rings Entstürzender Schrein' das Meer hineinschlang!
So, von oben herab, ergoß der Weise
Allumnachtenden Tod und warf des Krieges
Ehern rasselnde Brandung fern hinunter
Mit vielarmiger Kunst, erhaben trauernd,
Daß ungöttlichem Thun das Wissen Knecht ward! –
Ueberall in die Tiefe sank der laute
Sturmanfall und der Sonnenspiegel Blick fraß,
Heraufflodernd in Flammen ferne Seegel
Bis von staunender Furcht gedrängt Marzell floh.
Wie von Göttergewalt geschreckt enteilt' er
Und zertheilend das Heer bestürmt er andre
Festummauerte Städte. Aber als ihm
Ganz Sikelia nun bezwungen, kam er
Neu, ruhmvoller zurück, mit vielerfahrnen,
Mit siegtrunknen, Kampf gewohnten Schaaren
Ruht er rings in der schönen Flur gelagert:
Was schnellstürmende Waffen nicht erreichten,
Still erharrend von bunter Zeiten Wechsel,
Stets umspäht' er die Stadt, die jezt allein noch
Trozt' im ehernen Zaun, von reichster Fülle
Uebertriefendem Horn genähret: denn, auf
Blauem freiem Gewog, kamen viel ihr
Schweerbeladner Karthagerschiffe – Vorrath
Lag unendlicher aufgehäuft am Hafen
In den luftigen schönerbauten Hallen.
Der Zufuhren Gewimmel nicht vermochte
Ja zu hemmen Marzellus! auch der Thürme
Dachte noch mit gewalt'gem Schreck sein Kriegsheer.
Dennoch harrt' er geduldig bis der Tag kam *[71r]*
Wo die prangende Stadt zu düstrem Unheil,
In des täuschenden Glückes sanftem Fecherhauch,
Wie ein Schiff zu verborgner Klippe Stoß fuhr!
Sieh, die schirmende Gabe, jene Mauer,
Die fast göttliche, nahm ihr alle Sorge
Und, mißachtend den Feind, erhub sie Lusthall:
Als ob duftend von Frieden das Land erblühte,
Als ob weidende Heerde jenes Kriegsheer,
Die Tyrrhenerposaune[165] müß'ger Hirten
Schallmei wäre! – Am hohen Fest Dianens,[166]

Mit den heiligen bunten Stäben leitend
Schöngekrönete, goldgehörnte Hirsche,
Zogen tanzende Schwärm' und Wettgesänge
Emporjauchzende, sprengend süßen Weines
Viel aus Schläuchen und streuten goldne Körner[;]
Drei der Tage hindurch und drei der schönen
Vollmondnächte, beging das Volk die Feier:
Bis vom frohen Gelag, vom Reigen endlich
Müd, nach lieblichem honigsüßem Trunke
Sie nun stiller in Schlaferquickung sank. – Da
Erklomm, der stets spähete, Marzellus
Im Frühdunkel die unbewachte Mauer!
Nun traf schrecklich der Tuba Erzgedröhn der
Goldenträumenden Ohr! Zu spät ergriffen,
Noch vom Feste gekränzt, von Salben duftend
Sie die Waffen zu eitlem Troz. Marzellus
Von der thürmenden hohen Felsenveste
Mit des Siegers beseeltem Auge schaut' er
Auf die kämpfende Stadt zu seinen Füßen,
Die um Hügel und Hügel, unabsehbar,
Um entragender Tempel goldne Zinnen,
An Anapus erblühten Fluren bis zum
Fernanbrandenden Meer im Morgenglanz lag,
Beide Buchten umkränzt von bunten Schiffen,
Die prunkvollste, der Erde Strahlenauge! –
Sieh, da schirmte wie eine hehre Jungfrau
Sie vor stürmendem Weh die eigne Schönheit!
Thränen füllten des großen Siegers Auge.
Wieder bot er des Friedens süsses Heil ihr; –
Doch, wer hemmt das Geschick, das blindumnachtend
Syrakus zum Verderben trieb? Die Bürger
Sie beharrten im eitlen Trotz und büßten
[71v] In ermüdenden Wirren längern Kampfs nur
Schweerer Hippokratäs Bethörung, bis des
Kriegs zertrümmernden Weg Marzellus Heersmacht
Ueber drei der geeinten Städte siegend,
Daherschritt und die vierte zwang. Da tobte
Der verheerende Schwarm in Akradinäs
Marmorthore hinein. Marzellus selbst nicht
Wie er klagt' um all der Pracht Verwüstung,
Nicht vermocht' er zu hemmen wilde Plünderung!
Sieh, er sorgt' um Archimedes Leben,
Ihn zu schaun der erhabnen Wohnung naht' er,

Ehrfurchtvoll und das Herz im Busen pocht' ihm
Viel zu fragen begierig; doch am Boden,
Von blindmordenden Krieg erschlagen, lag er,
Bei verschütteten Kreisen, tief im Staub der
Hehre Leib und die Seel' entschwebend ließ nur
Lange Trauer dem Helden. Auch der Bürger
Viel, die eigene Noth vergessend, kamen
Herzu, klagend des Mannes Leiche, welcher
Gleich unsterblichem Gott im Volk geehrt war.
Weil, vom Göttlichem her sich wendend,
Sein erhabener Geist ein reiches Füllhorn
Ausgoß edler Geschenke: Der den Fluten
Aufwärts dreht' aus Sümpfen ihre Strömung:
Der gespiegelt den Strahl zu Feuer umschuf:
Der auf Felsen mit Schiffen fuhr, sie schleppend
Mit der hebelgewalt'gen Winde: welcher
Wog der Schleuder geschwungne Wucht und maß in
Flut getaucht der Metall' ungleiche Schweere
Und mit Zahlen der Körper Raum und Umfang:
Der, auf gläsernem Ball die Sterne spiegelnd,
Dem harmonischen Tanz des schönen Weltalls
Lauschte, seeligen Blicks; doch Tod entseelt' ihn[;]
Die er ruhend von höherm Schauen aussann,
Räthselvoller Geräthe lagen viele
Mitentseelet umher im Hause, welchen
Nie ein Schüler die Deutung fand, dem hohen
Geist nachklimmend die vielgewundnen Stufen
Welchem Schwieriges süß wie Honig däuchte;
Weil die holde Syrenenstimm' ihn lieblich
Rief zu schauen der ew'gen Weltgese[t]ze
Niemals alternden Bau. In seel'gem Forschen
Wie die Bien' in der Blume Kelch gefangen
Trunken fühlt er des Todes grimmen Schlag *[72r]*
Als die blutige Römerwaffe blinkte:
»Stör' die Kreise mir nicht!«[167] so tönte seiner
Lippe schwindender Hauch und – Nacht umfing ihn!
Maler: Deine Rede verstummt, in Deinem Auge
Blizt die fallende Thräne wie in meinem –
Dichter: Nicht der Trauer. Verleihe uns das Schicksal
Gleiches Loos einst. Berge der Begeistrung
Flügel eilender uns des Todes Schrecken,
Wenn des Lebens Gespinnst die Schere löset!
Neidenswürdig erhub ein Gott den Weisen! –

Maler: Warlich Wahres ertönt Dein Mund u. wandelt
In der Freude beseeltes Naß der Klage
Herbe Tropfen und lieblich hast Du so der
Dichtung Ziel erreicht. –
Dichter: Und Du des Bildens.
Maler: Doch verkünde mir noch: erhub die Stadt sich
Wieder oder versank sie bald zur Oede?
Dichter: Ganz erstand aus ihrem Schutt sie nimmer
Tief und tiefer im Zeitengrab versank sie –
Und auf Seegeln entführet sah sie all die[168]
Fernhinleuchtende Pracht, entführt der Götter
Anmuthblühende Bilder[,] auch der Säulen
Schöngekrönete Häupter, daß sie trügen
Hoch der siegenden Roma goldne Dächer,
Die nun auch in des Schutts Geröll versenkt schläft.
Maler: Zwar umragt die Epheu schweer noch manches
Zeitentrozende Heldenmal und mahnet
Zu erhabnerem Thun die späte Nachwelt;
Aber mitten im blauen Aether schwebt hier,
Leuchtend über den leeren Fels die Sonne,
Leuchtend über die leeren Gräberhö[h]len!
Dichter: Drum im Bild umgab Dein wohlerfahrner
Sinn die finstere Gruft mit holder Anmuth,
Reichlich füllend dem in den Räume Starren.
Wen die Muse beglücket dem verhüllet
Sie die Wüsten des Todes: seelig schaut er,
Wie Geschlecht dem Geschlecht in buntem Wechsel
Folgt und haschet entzückt die ew'ge Schönheit.
Doch, nun lasse die starren Felsen ruhen,
Ruhn bei glühenden Fluren, wo gereift ach
Im Mai schon, des Getraides Aehre schweer sinkt!
Aus versengenden Strahlenregen komm Freund,
Laß uns kühlere Schatten suchen, hier am
[72v] Weg, wo unter der Feigenbäume Wölbung
Nacht umschwebet der Wasserleitung Odem,
Wo das Mütterchen, sizend am Gemurmel,
Schon die Becher in klaren Wellen abspült
Und kühllieblichen ungefälschten Wein beut.
Nimm den duftenden Spender süßen Frohsinns
Der so oft uns schon das Herz erquickte!
Hier, am ländlichen Mahl gelagert, koste
Vom Stier, welcher geweidet an Anapus
Tiefer grasiger Flur und laß uns,

Rings von Reben umblüht, des Wehs vergeßen
Und, des träufelnden Hyblahonigs[169] Düfte
Nippend, träumen von alten goldnen Zeiten,
Wo hier flöteten Theokrits Gesänge![170]

Geschrieben von August Kopisch[171]

August Kopisch von Joseph Führich

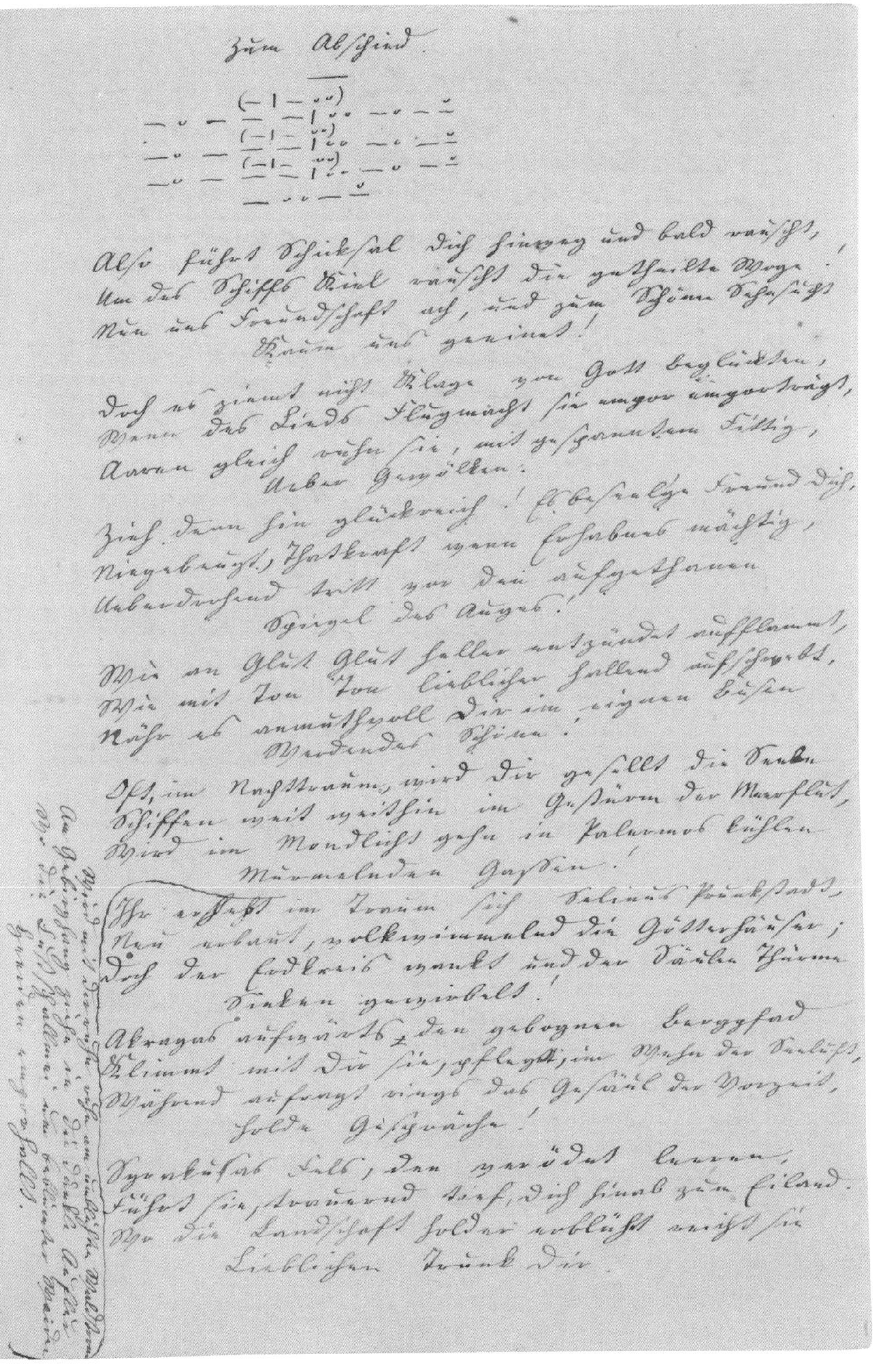
Zum Abschied.

(— | — ◡◡)
— ◡ — — — | ◡◡ — ◡ — ◡
(— | — ◡◡)
— ◡ — — — | ◡◡ — ◡ — ◡
(— | — ◡◡)
— ◡ — — — | ◡◡ — ◡ — ◡
— ◡◡ — ◡

Also führet Schicksal dich hinweg und bald rauscht,
Um des Schiffes Kiel rauscht die getheilte Woge;
Nur uns Freundschaft ach, und zum Schönen Sehnsucht
Bleiben (?) uns gemeinet!

Doch es ziemt nicht Klage von Gott beglückten,
Wenn des Liedes Flugmacht sie empor emporträgt,
Aaren gleich ruhen sie, mit geschwungnem Fittig,
Ueber Gewölken.

Zieh dann hin glückreich! (Es beseelge Freund dich,
Niegebeugt,) Thatkraft wenn Schreckens (?) mächtig,
Ueberdrohend tritt vor dein aufgethanen
Spiegel des Auges!

Wie an Glut Glut heller entzündet aufflammt,
Wie mit Ton Ton lieblicher hallend aufschwebt,
Rühr es anmuthvoll dir im eignen Busen
Werdendes Schöne.

Oft, im Nachttraum, wird dir gesellt die Seele (?)
Schiffen weit weithin im Gestürm der Meerfluth,
Wird im Mondlicht gehn in Palermos kühlen
Murmelnden Gärten!

Ihr ersteht im Traum sich Selinus Prachtstadt,
Neu erbaut, wolkenimmelnd (?) die Götterhäuser;
Doch der Erdkreis wankt und der Säulen Thürme
Sinken zerwirbelt (?)!

Akragas aufwärts, den gebognen Bergpfad
Klimmt mit dir sie, geflügelt (?), im Wehe der Verlüste (?),
Während aufragt ringsher (?) das Gesäul der Vorzeit,
Holde Gespräche!

Syrakusens Fels, den verödet kennen (?),
Führet sie, trauernd tief, dich hinab zum Eiland.
Wo die Landschaft holder erblühet reicht sie
Lieblichen Trunk dir.

Zum Abschied[172] *[73r]*

Also führt Schicksal Dich hinweg und bald rauscht,
Um des Schiffs Kiel rauscht die getheilte Woge!
Nun uns Freundschaft ach, und zum Schönen Sehnsucht
Kaum uns geeinet!

Doch es ziemt nicht Klage von Gott Beglückten,
Wenn des Lieds Flugmacht sie empor emporträgt,
Aaren gleich ruhn sie, mit gespanntem Fittig
Ueber Gewölken.

Zieh denn hin glückreich! Es beseel'ge Freund Dich,
Niegebeugt, Thatkraft wenn Erhabnes mächtig,
Ueberdrohend tritt vor den aufgethanen
Spiegel des Auges!

Wie an Glut Glut heller entzündet aufflammt,
Wie mit Ton Ton lieblicher hallend aufschwebt,
Nähr es anmuthvoll Dir im eignen Busen
Werdendes Schöne!

Oft, im Nachttraum, wird Dir gesellt die Seele
Schiffen weit weithin im Gestürm der Meerflut,
Wird im Mondlicht gehen in Palermos kühlen
Murmelnden Gassen!

Wird mit Dir ruhn ruhn am umblühten Waldstrom,
Am Gebirghang ziehn in die dunkle Auflur
Wo die Lustschallmei um beblümter Waiden
Heerden emporhallt.[173]

Ihr erhebt im Traum sich Selinus Prunkstadt,
Neu erbaut, volkwimmelnd die Götterhäuser;
Doch der Erdkreis wankt und der Säulen Thürme
Sinken gewirbelt!

Akragas aufwärts den gebognen Bergpfad
Klimmt mit Dir sie, pflegt, im Wehn der Seeluft,
Während aufragt rings das Gesäul der Vorzeit,
Holde Gespräche!

Syrakus Fels, den verödet leeren,
Führt sie, trauernd tief, Dich hinab zum Eiland.
Wo die Landschaft holder erblüht reicht sie
Lieblichen Trunk Dir.

[73v] Lagernd, wo aufathmend Timoleon[174] sich,
Da gestürzt im Staub der Tyrannen Burg lag,
Mit des Siegs Oehlzweige gescheucht des Bruders
Düsteren Schatten.[175]

Archimedäs Werk, die erhabne Mauer
Zeigt sie klagend Dir, die vergeblich aufstieg,[176]
Weil bethört, sorglos sich Verderben selber
Schufen die Bürger!

Hoch erhebt Aetna, aus gezacktem Schneemund
Glutgewölk machtvoll in die Winde stöhnend,
Sie die lieblich Träumende, mit Dir schaut sie
Ueber den Erdkreis! –

Zieh denn hin glückreich! Nicht zu mächtig beuge
Griechenlands Hinsturz zu erschaun, den Geist Dir,
Warf ins Weltall doch sein erhabnes Sinnen
Zündend die Fackel?[177]

Bienen gleich dort hang an der Schönheit Blume, –
Doch Du eilst südwärts – schon umdrängt Dich kühlend
Stäten Nordwinds Hauch und entgegenströmt Dir
Neilos[178] Prachtflut!

Die beströmt vormals ein von Städten reiches
Ufer. Einsam ragt noch uralter Tempel
Ew'ger Prunkbau, ragen verwehter Vorwelt
Riesige Sphingen!

Mancher Berg ragt, den Tyrannei emporzwang,
Bis vom Machtthron tief in den Staub gestürzt sie
Selber Sklavinn ward, da versanken völlig
Völker und Städte!

Und herein brach wild Sarazenenheersturm,
Niedertrümmernd Altes und Neues thürmend!
Andres Gesäul, anders gereiht erhub sich
Ueber den Erdkreis.

Vieles schaun wirst Du und mit Klag' Entzücken
Tauschen, wechselnd auch mit Entzücken Klage, –
Wüstenein durchfliehn und Jerusalems Höhn *[74r]*
Schauen verödet!

Wenn Du dorthin nahst, wo gewallt Homeros
Gieb dem ewigtönenden Strand, o gieb ihm
Meinen Kuß, dort pflücke mir eine Purpur-
Blum' Hyakynthos.[179]

August Kopisch

Auf dem Vesuv den 1 Juny 1829.[180]

[74v] Zwei eingeklebte Zettel mit arabischen Einträgen.[181]

Übersetzung.[182]

1. Eine Spende ist wie ein Licht im Grab.

2. Eine kleine Spende schützt vor vielen bösen Sachen.[183]

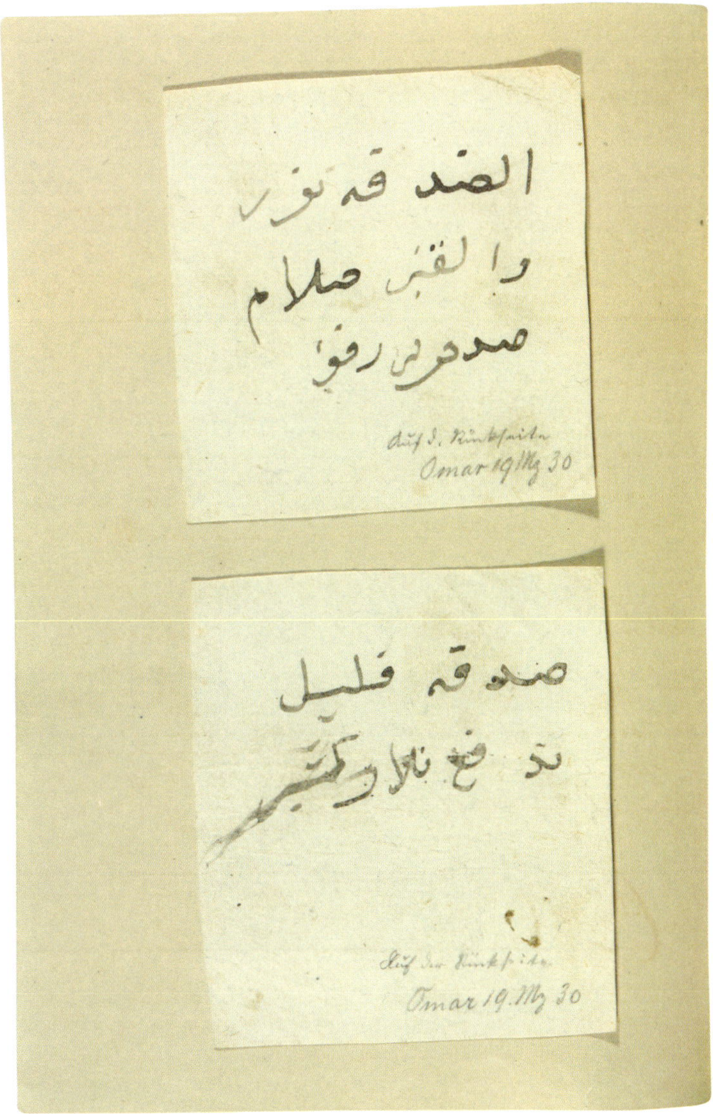

Hast du mich lieb? Ev. Joh: 21, 16. 17.[184] *[75r]*

So fragte einst Jesus seinen Apostel Petrus u. so fragt er jeden Menschen, der nach dem Reiche Gottes u. sr. Gerechtigkeit trachtet. – Können wir diese wichtige Frage unsers Herrn u. Heilands mit aufrichtigem u. ganzem Herzen bejahen; so ist unser wahres Glück unsere ewige Seeligkeit bey Jesu entschieden; denn nur die Liebe Christi soll uns dringen im Blick auf Jesu zu wandeln, zu würken u. zu leben!

Die Gnade unseres Herrn Jesu Christ begleite Sie, u. sey Ihr sicherer Wanderstab über Land u. Meer, nicht nur ins irrdische [*sic*], sondern auch ins himmlische Vaterland, wo wir, wenn wir Christo treu bleiben, einander wiedersehen, u. weder Raum noch Zeit uns jemals trennen kann. –

Mittlerweile, wenn Sie glücklich in der Mitte der Ihrigen angelangt sind, gedenken Sie oft Ihrer Freunde in Egypten, u. – – vergessen Sie nie

Ihres Geringsten,

Wilh. Kruse[185]

Cairo den 29tn
März 1830

Eingeklebter Zettel mit arabischem Eintrag. *[75v]*

Eine Spende ist wie ein Licht im Grab.[186]

[76r] Sehnsucht nach der wahren Heimath.[187]

Sieh' jenseits drüben, da sind die Heimath-Lande!
Mich ziehts hinüber an stiller Sehnsucht-Bande.
Dort thront mein Jesus – dort find' ich meine Lieben,
Jenseits dort drüben!

Du meine Sehnsucht, aufrichte Dich nach oben!
Wo man den Schmerzen der Trennung überhoben –
Dort wo die Quelle der ew'gen Liebe quillet,
Ist was Dich stillet!

Wo, wer in Jesu sich treu hier liebte[,] findet,
Neu unauflösbar in Ihm sich dann verbindet,
Wo ungetrennt man bei Ihm zusammen wohnet,
Wo Er selbst thronet!

Wo man im Einklang – an dem krystall'nen Meere,
Ins Hallelujah der sel'gen Geisterheere,
Zur goldnen Harfe dem Lamme Gottes singet,
Ihm Hymnen bringet!

Sieh! jenseits drüben, in jenen höhern Zonen!
Werden wir einstens, in Gottes Frieden wohnen. –
Versiegt ihr Thränen! schon dämmern aus der Ferne
Der Heimath Sterne! !

Daß von dieser Sehnsucht erfüllt wir einander begegnen mögen, Ihm entgegen strebend, der allein die Sehnsucht und die Bedürfnisse unserer unsterblichen Geister erfüllen und befriedigen kann – ist der innige Wunsch

Ihres
Rudolph Theophilus Lieder[188]

Cairo 29 März 1830.

كن عن همومك معرضا ، وكل الامور الى القضا
وابشر بعاجل فرجة ، تنسى بها ما قد مضى
فربما اتسع المضيق ، ولربما ضاق الفضا
ولرب امر متعب ، لك في عواقبه رضا

I soprascritti versi sul fatalismo musulmano
traduco debolmente così ——

Sugli eventi dell'uom l'affanno è vano,
Tutto è riposto nella man del fato.
Dell'avversa fortuna il cuore umano
Con un lieto sperar tempri lo stato.
Sovente avvien, che 'l più difficil piano
Diventa allora che men fu sperato
Talvolta oggetto ci travaglia in vano
Che vedendone il fin ci avria beato. ——

Cairo il 30 marzo 1830 Romualdo Tecco
(Tecco)

[77r] Zunächst arabische Verszeilen, die dann in italienische Verse übertragen werden.

I soprascritti versi sul fatalismo musulmano traduco debolmente cosi ————

Sugli eventi dell'uom l'affanno è vano,
  Tutto è riposto nella man del fato;
  Dell'avver sa fortuna il cuore umano
  Con un lieto sperar tempri lo stato.
Soventi avvien, che 'l piu difficil piano
  Diventa allora che men fu sperato
  Talvolta oggetto ci travaglia in vano
  Che credendone il fin ci avria beato. –

Romualdo Tecco[189]

Cairo il 30 marzo 1830

Alessandria 2. Maggio 1830 *[78r]*

Caelum non animum mutant qui trans mare currunt
(Horat.[190])

Il Sottoscritto prova una singolar compiacenza nel testificare al Sig. Hessemer la soddisfazione che ho avuto nel fare la sua conoscenza, e lo assicuro del desiderio sincero di coltivare anche lontano la sua corrispondenza ed amicizia.

Acerbi
Console Generale d'Austria
in Egitto[191]

[79r] Cha[rle]s Jos[ep]h LaTrobe[192] is not clever enough to fill the page kindly allotted to him with very brilliant matter & therefore makes no attempt to do so. He confines himself to saying that he shall always recollect the hasard which brought him acquainted with Prof. Hessemer with much pleasure; – thanks him for much friendship & entertainment; – begs him to keep the ceremonial of Egyptian marriages & the story of Ali's battle most particularly in remembrance for his sake, wishes him God's blessing in all his undertakings, & finally with the hope of meeting some future day in Francfort, remains his sincere & obliged Friend.

Rome – 14th July. 1830. –

Heimath und Fremde. *[80r]*
(Florenz, April, 1830.)

Ob mich Fernen treibt zu der Heimath Sehnsucht,
Treibt, zurückzupilgern zum Vaterlande,
Von dem Arnostrand, von des Tuskerlandes
Rebengehängen?

Groß ist, groß, du Land meiner Jugend, deine
Macht, und lang' hast du mich gehalten, eh' ich
Los mich riß von Allem, was werth mir, in der
Letzten Umarmung.

Mir auch hat den Busen der Trennung Leiden
Hat der Gram, um was ich geliebt, und jetzt noch
Treu umfaß' in Wonne der Rückerinnerung
Schmerzlich zerrissen.

Keiner weiß, wie theuer der Ort der Kindheit,
Ort der Sehnsuchttage des Jünglinglebens,
Wie er mächtig kettet das Herz, in ihm einst
Hoffend erschlossen.

Dem das Schicksal Trennung nicht auferlegt, nicht
Hart gebot, zu wandern zu Fremden, wo kein
Freund den Arm ausbreitet zum Freundesgruße,
Keine Geliebte.

Und ich denk' oft, wenn meine Stunden trübe *[80v]*
Einsamkeit mir peinigend will vergiften,
Das Gefühl mich schmerzt des Alleinseins: Wär' ich
Wieder bei ihnen!

Aber wenn ich dann zu dem Himmel blicke,
Dessen Dom das Zelt von Azur ausbreitet,
Wo im West der strahlende Gott des Tages
Glänzend hinabsinkt;

Seh' ich blau mit Purpur gemischt die Berge,
Wolken sich anschließend zum schönen Bunde,
Rings das Land – olivengekränzt, im Schatten
Dunkler Cypressen,

Heimath und Fremde.

(Florenz, April, 1830.)

Ob mich Sinnen treibt zu der Heimath Sehnsucht,
Treibt, zurückzueilen zum Vaterlande,
Von dem Arnostrand, von des Südlandes
Rebengesängen?

Groß ist, groß, du Land meiner Jugend, deine
Macht, und lang' hast du mich gehalten, eh' ich
Los mich riß von Eltern, was werth mir, in der
letzten Umarmung.

Mir auch hat den Busen der Trennung Leiden
Hat der Gram, um was ich geliebt, und jetzt noch
Treu umfass' in Wonne der Rückerinnerung
Schmerzlich zerrissen.

Keiner weiß, wie theuer der Ort der Kindheit,
Ort der Sehnsuchtstage des Jünglingslebens,
Wie so mächtig hältet das Herz, ihm nicht
Verstand verschlossen:

Dem das Schicksal Trennung nicht auferlegt, nicht
Hart gebot, zu wandern zu Fremden, wo kein
Freund den Arm ausbreitet zum Freundesgruße,
Keine Geliebte.

Und

In der Pracht, womit die Natur, die reiche,
Ihre Füll' ihm goß in den Schoos, erröthend,
Wie die Braut bei ihres Geliebten Kusse –
Innig umfangen.

Anderwärts auch findet der Auen Schönheit,
Berg an Thal, und Hügel an Ebne reichend,
Findet Waldungskühle und blauer Fernsicht
Reize der Wanderer:

Aber des italischen Abendhimmels
Dunkler Färbung Pracht, und der Lüfte Balsam,
der umspielt den Busen im Wonnerausche
Findet er nirgend.

Dann besucht mich heilende Tröstung wieder, *[81r]*
Richtend auf den Geist; und ich preis' das Schicksal,
das mich hergeführt an die Hügelreihen
des Apenninus!

Sie haben ein gut Stück Land zweier Welttheile durchwandert, und ferne Meere durchschifft – Sie müssen besser als ich wissen, was und wie die Fremde ist. Nehmen Sie daher die Widmung dieser Zeilen freundlich an.

Florenz, 14. August 1830.

Alfred Reumont
aus Aachen.[193]

Noch wenige Stunden, und Sie Theurster Freund Scheiden – Was soll zum Lebewohl ich Ihnen sagen, als: mögen Sie den Himmel in den Armen finden, die daheim im Theuren Vaterlande mit Liebe Sie umfassen werden. Diss *[sic]* der Herzlichste Wunsch Ihres Freundes der denn *[sic]* Tag Sie wiederzusehn unter die schönsten seines Lebens zählt.

Joseph Büttgen aus Bonn.[194]

Nachruf.
Geden[ken] Sie auch am Tage wo mit der Holden Braut Sie vor dem Altar stehn der Göttlichen *Sposalizia*.[195] –

Mayland 14t Sept. 1830.

Wer nicht für das Höchste mag verbluten,
Wer nicht in des Oeta[196] Opfergluthen
Ein Herakles zu den Sternen ringt,
Wage nicht mit menschlich-eitlem Streben,
Von der Thorheit leichtem Wunsch beschwingt,
Frevelnd zum Olympos aufzuschweben;
Denn des Nektars heilge Labe glüht
Dir nicht eh der Erde Staub versprüht.

Von der Götter Mahle ist ein Funken
In des Menschen kalte Brust gesunken,
Doch ihn hüllt des Staubes Decke ein;
Willst Du ihn der dunklen Haft entwinden,
Willst Du schwelgen in der Götter Reih'n,
Muß zuvor Dein sterblich Aug' erblinden:
Nur des Götterauges Allgewalt
Schaut der Hauptenspross'nen Lichtgestalt.

Darum neige Dich dem Unsichtbaren;
Im Symbol des Schönen und des Wahren
Bot Dir Zeus der Menschheit letztes Ziel.
Doch ihm seine Hülle abzustreifen,
Zu Apollos ewig Saitenspiel
Ungestüm mit frecher Hand zu greifen
Nach der Schöpfung dunkler Harmonie:
Kind des Daseins, das verlange nie. –

So fremd diese Zeilen in einem Buche erscheinen, welches der Freundschaft bestimmt und längst von derselben geweiht ist, so klar wird Dir, mein trefflicher Freund, der Grund sein, weshalb ich grade diese Zeilen hie[r]her setzte, die ich in jener Zeit meines jugendlichen Lebens schrieb, wo ich, wenn auch mit Mühe und Entsagung, es lernte, mein Ideal zu zügeln und in der Schranke des Lebens Befriedigung und Freude zu finden. Jene Worte nehmlich enthalten grade die Andeutung der Berührungspunkte, in welchen wir uns zuerst einig fanden, als wir über Streben, Ziel und Standpunkt unsers Zeitalters in ernstem Zwiegespräche verkehrten; daß dies der Fall sein würde, durfte ich freudig hoffen, da gleiche Ansichten mich mit Deinem Ahlborn[197] zusammengeführt *[88r]* hatten, und wenngleich uns nur wenige Augenblicke wurden, wo die gleichgestimmten Saiten unserer Brust einig neben einander tönen konnten: so werde ich dennoch sicher*[?]* das schöne Gefühl behalten, von Dir nicht mißverstanden zu sein. Gehe denn mit Gott und mit Dir Deinem schönen Berufe entgegen; nicht alle Deine Pläne werden erfüllt werden; selbst das Ideal des Mannes muß dem Leben weichen und Ernten ist ja überhaupt schwerer denn Säen; aber ein großes Ziel ist mehr als halb erreicht, wenn es gestellt und erschaut ist, und die Entsagung wird dem nicht schwer, der von Liebe erfüllt ist. –
Unsere Bahnen gehen jetzt scheinbar weit aus einander, doch trennt das Leben nie die Einigen; darum hörst Du auch von mir keine Freundschaftsversicherung, die überhaupt wo sich die Geister begegnen überflüßig scheint.

Dein *J. Athanasius Ambrosch.*[198]

Es fällt mir wahrlich mein liebster Jussuf Effendi[199] in diesem Augenblicke nichts ein was in Deinem Stammbuche einen Platz verdiente doch – Du weißt mir es am Ende wohl gar Dank wenn ich nicht durch viele tiefsinnige Worte Deinen Kopf beschwere, der so voll sein muß daß mir bange dabei würde wenn ich das alles erlebt hätte was einige flüchtige Blicke in Deine geistvollen Zeichenbücher mir vorgezaubert haben; doch eins, es giebt Augenblicke in unser[em] Leben wo alles was wir erfahren gewirkt und genossen haben nicht hinreicht uns zu befriedigen, zu trösten; in solchen Momenten, wünsche ich, daß Du Dich meiner erinnerst; Warum? [89r]

Rom am 29tn July

Franz Nadorp.[200]

Franz Nadorp von Jakob Felsing, Rom 1831

Es fällt mir wahrlich mein liebster Jussuf
Effendi in diesem Augenblicke nichts ein
was in deinem Stammbuche einen Platz verdiente doch — du weißt mir es am Ende wohl gar
Dank wenn ich nicht durch viele tiefsinnige
Worte deinen Kopf beschwere, der so voll sein
muß daß mir bange dabei würde wenn ich
das alles erlebt hätte was meinen flüchtigen
Blicken in deine geistvollen Zeichenbücher vorgezaubert haben. doch nun es giebt Augenblicke in unserm Leben wo alles was wir erfahren
gewirkt und genossen haben nicht hinreicht
uns zu befriedigen, zu trösten, in solchen
Momenten, wünsche ich, daß du dich meiner
erinnertest; Warum?

Rom am 29ten July
1830 Franz Nadorp

Es rief Dich Wißbegier nach fernen Landen *[90r]*
Zum Urquell aller Kunst, am Vater Nile!
Und Memphis, Theben, alter Städte viele
Erforscht Dein Geist, und faßt mit sichren Banden,

Was jene Völker Künstliches erfanden.
Du hast den Schlüßel jezt und nahst dem Ziele,
Und alles Schwere wird Dir nun zum Spiele:
Nun Max, nun geh dem Vaterland zu Handen!

Sey mir gegrüßt hier auf Hetrusk'scher Erden
Auch sie ernährte gotterfüllte Wesen,
Die My the einst, dann Christenthum begeistert.

Hast Du Dich nun von allem ganz bemeistert
Magst Du in Frankfurt als Professor lesen
Und häuslich glücklich durch die Ehe werden.

Dein Freund
Moritz Steinla.[201]

Florenz am 17ten Aug 30.

Treibt dich Wißbegier nach fernen Landen
Zum Urquell aller Künste, zum Vater Nilus,
Und Memphis, Theben, alter Städte viele
Erforschte Dein Geist, und faßt'st mit sichern Banden
Was jene Völker Künstliches erfanden.
Du hast den Schlüssel jetzt und weißt den Zeilen,
Und alles Schwere wird Dir nun zum Spiele:
Nun warm, nun geh dem Vaterland zu Handen!

Doch nun gereist hin auf Indostaner Boden
Auch sie erwächst gotterfüllte Lehren,
Die Mythe weist, denen Christenthum begeistert.
Hast du dich nun von allem ganz bemeistert
Magst du in Frankfurt als Professor lehren
Und häuslich glücklich durch die Ehe werden.

Dein Freund
Florenz am 17ten Aug. 30. Moritz Steinla.

In das Freundschaftsalbum eingeklebt ein Stückchen Papyrus mit dem Vermerk: *[92v]*

Papiro Siracusano

Giuseppe Politi[202]

Mag[gio] 1829.

[93v] Integer vitae, scelerisque purus
Non eget Mauris jaculis, neque arcu,
Nec venenatis gravida sagittis
– pharetra

Sive per Syrtis iter aestuosas
Sive facturus per inhospitalem
Caucasum, vel quae loca fabulosus
Lambit Hydaspes.

(Horat. I, 22[203])

Auch Ihnen, mein Theurer! werden sich auf der Bahn, die Ihnen Ihr Genius zu gehen heißt, Hindernisse in Menge, vielleicht auch Gefahren entgegen stellen; denn das Ziel, welches der Edele zu erstreben sucht, muß, soll es einen höhern Preis besitzen, mit Kraft errungen werden. Wenn ihm indessen eine Macht zur Seite steht, die nur siegt und nie besiegt worden ist, dann können seine Schritte nicht gelähmt, sein Vorwärtsschreiten nicht gehemmt werden. Von dieser einen Macht spricht schon ein Dichter aus dem Land, wohin sie reisen wollen,[204] zu uns[:] erinnern[,] und ich müßte mich mit dem Ernst, der meine Seele immer erfüllt, wenn ein Freund, den ich liebe und ehre, aus meiner Umgebung scheidet, gleichsam von selbst daran erinnern. Sie [die Macht des Erinnern] sey Ihnen auf dieser letzten Seite der undurchdringliche Schild gegen alle Spitzen von Dolchen, welche auf sie gerichtet werden könnten.

Gott und meine Wünsche begleiten Sie auf Ihrer Reise

Roth[205]

Integer vitae, scelerisque purus
Non eget Mauri jaculis, neque arcu,
Nec venenatis gravida sagittis
— pharetra

Sive per Syrtes iter aestuosas
Sive facturus per inhospitalem
Caucasum, vel quae loca fabulosus
Lambit Hydaspes.
(Horat. I, 22.)

Auch Ihnen, mein Theurer! werden sich auf der Bahn, die Ihnen Ihr Genius zu gehen heißt, Hindernisse in Menge, vielleicht auch Gefahren entgegen stellen; die der Zeit, welcher der Edle zu erstreben sucht, auch, sollte er einen schönen Preis besitzen, [illegible] Wenn ihm indessen eine Macht zur Seite steht, die [illegible] und [illegible] worden ist, da kann seine Schritte nicht ge[illegible], sein Vorwärtsschreiten nicht gehemmt werden. Von dieser [illegible] meine Macht [illegible] ein [illegible] und dem Land, [illegible] zu uns [illegible] und ich müßte mich mit dem Trost, der meine Seele immer erfüllt, wenn ein Freund, den ich liebe und ehre, aus meiner Umgebung scheidet, [illegible] selbst [illegible]. Sie sey Ihnen auf dieser letzten Seite der undurchdringliche Schild gegen alle Spitzen und Waffen, welche auf Sie gerichtet werden könnten.

Gott und meine Wünsche begleiten Sie auf Ihrer Reise.

Roth

Anmerkungen

[1] Das Gedicht von 1819 hat Hessemer vermutlich nach der Rückkehr von seiner Reise nach Italien und Ägypten für seinen Vater in das Album amicorum eingeklebt, um ihm dieses zusammen mit dem Büchlein zum Weihnachtsfest 1830 als Geschenk zu überreichen. (Siehe hierzu den Beitrag von Jörg-Ulrich Fechner, *Abschied und Erinnerung*, unten S. 261f.) Die Blätter (1r – 4r) sind mit einem geprägten Ornamentrahmen verziert und vor die beiden ersten Blätter des Albums geklebt, sie haben das Format 13, 5 x 17, 5 cm. – Das Gedicht besteht aus 18 Strophen in regelmäßigen Stanzen (ottave rime) mit der klassischen italienischen Füllung von fünfhebigen Jamben (endecasillabi) und der verbindlichen Reimstellung abababcc. Nach dem italienischen Vorbild sind alle Reime weiblich. – Die Ottava Rima gilt als die klassische italienische Strophe und wurde seit Boccaccio, Ariost und Tasso eingesetzt.

[1rv leer]
[2rv leer]

[3r – 4r] – Aufforderung von Hessemer

[2] Hessemers Hund; in seinen *Reisebriefen* erwähnt er den Hund des öfteren.
[3] Das &-Zeichen wird stets als `und´ wiedergegeben, während beide Schreibweisen von Hessemer angewandt werden.
[4] Hessemer war als Architekturzeichner von dem englischen Architekturhistoriker Henry Gally Knight (1786 – 1846; *DNB*, Vol. 11, 1917, S. 253f.) beauftragt worden, in Ägypten nach dem Ursprung des Spitzbogens zu suchen und entsprechende Skizzen zu erarbeiten.
[5] Diese Aufforderung an die römischen Freunde ist in kleineren Schriftzügen geschrieben und in den unteren Blattabschnitt eingefügt.

[4v leer]

[5r – 5v] – Eintrag von Johann Philipp Hofmann

[6] Hofkammerrat Johann Philipp Hofmann, * 1776 zu Worms, † 1842; Hofmann unterrichtete zunächst den Sohn des Burggrafen Wallpot von Bassenheim zu Friedberg in Mathematik, war dann in Diensten des Grafen von Bentheim-Steinfurth, kehrte später als Bauverwalter nach Friedberg zurück, wurde hier Kammerassessor, später Kammerrat bei der Burgrentei. Nach der Übergabe der Burg an Hessen-Darmstadt wurde er als Direktor für den Chausseebau in Oberhessen nach Gießen versetzt und mit den Geschäften eines Landbaumeisters beauftragt. Im Jahre 1832 wurde Hofmann zum Provinzialbaumeister von Oberhessen und Kreisbaumeister des Bezirks Gießen bestellt. (Eduard Scriba, *Biographisch-literärisches Lexikon der Schriftsteller des Großherzogthums Hessen*, Abth. 2, 1843, S. 332f.) Bei Hofmann in der Gießener Behörde machte Hessemer als Oberbaukondukteur seine praktischen Erfahrungen. Obwohl Hessemer `seine anstrengenden Amtsgeschäfte zur höchsten Befriedigung seines Chefs´ erledigte, sah er sich ob dieser Tätigkeit zu `mancher unmuthigen Klage veranlaßt´, und die Aussicht, ohne Zukunft im Oberfürstentum bleiben zu müssen, steigerte seine Unzufriedenheit. Es war vor allem Hofmann, der den Plan einer Italienreise Hessemers unterstützte, ihn ermutigte, die italienische Sprache zu erlernen, und ihn ermunterte: »wer kann wissen, in welche Verbindungen Sie kommen, welche neuen Verhältnisse sich Ihnen darbieten werden, und wenn uns hier beim Geschäft ein Tag wie der andere verstrich, so knüpfen und lösen sich doch bei solch einer Reise so unzählige Bande, daß niemand über den Ausgang vorher ein Wort sagen kann«. (*Reisebriefe*, Bd 1, S. 524). – G. G. Gervinus charakterisiert in seiner Autobiographie *Leben von ihm selbst, 1860,* Leipzig 1893, S. 120, Hessemers Chef: »Ungemein freundliche Aufnahme war mir bei Hofkammerrath Hofmann zu Theil geworden, einem Beamten sehr ungewöhnlichen Schlags, einem Lebemann voll natürlichen Humors und humaner Weise, in dessen schönem Familienkreise wir manche anregenden Abende verbrachten«.

[7] Gemeint ist Verputz – Mauerbewurf.

[8] Hofkammerrat Hofmann.

[6r] – Eintrag von W. Hofmann

[9] W. Hofmann, die Frau von Hofkammerrat Hofmann.

[6v leer]

[7r – 7v] – Eintrag von Johannes Heß

[10] Johannes Heß, Architekt und Botaniker, * 1786 zu Holzhausen/Landkreis Marburg als Sohn von Johannes Heß, einem armen Bauern, † 1837 zu Darmstadt. Zunächst unterrichtete der Pfarrer Georg Ludwig Cappe den aufgeweckte Jungen, später Pfarrer Wilhelm Butté. 1801 trat Heß als Gemeiner in das Artilleriekorps in Darmstadt ein, Weiterbildung vor allem durch eifriges Privatstudium, und als 1805 bis 1806 das Artilleriekorps vorübergehend nach Gießen verlegt wurde, hörte er an der dortigen Universität Vorlesungen über Mathematik und Physik. 1807 erhielt er – obwohl er keine praktischen Kenntnisse vom Bauwesen besaß – die Stelle eines Baukonduktors in Darmstadt, 1811 wurde er zum Landesbaumeister, 1815 zum Assessor beim Oberbaukolleg befördert und war im Nebenamt an der Hofbibliothek tätig, 1821 erfolgte seine Ernennung zum Oberfinanzrat und dann 1832 die zum Oberbaurat. Heß regte die Anlage eines botanischen Gartens in Darmstadt an; auf seinen Vorschlag hin wurde zunächst der 1814 trockengelegte Schloßgraben dafür benutzt, jedoch wurde der Garten 1830 in den nördlichen Teil des Herrengartens verlegt. Dem neu gegründeten botanischen Garten galten auch die Veröffentlichungen von Heß, der *Elenchus plantarum horti botanici Darmstadtii* (Darmstadt 1824) und der *Katalog der in dem hiesigen Schloßgraben und den dazu gehörigen botanischen Anlagen enthaltenen Pflanzen für Freunde der Pflanzenkunde* (Darmstadt 1832). Karl Esselborn schreibt über ihn »Er war ein Mann der Wissenschaft, ein guter, edler Mensch und ein tüchtiger, unermüdlicher Staatsdiener«. (Siehe Esselborn, *Hessische Lebensläufe*, neu hrsg. von Friedrich Knöpp, Darmstadt 1979, S. 196 – 199, Zitat S. 199. Weitere Literatur: Heinrich Schenck in: *Hessische Biographien*, Bd 3, S. 120 – 123).

[8rv leer]

[9r – 10v] – Eintrag von Louis Sell

[11] Gervinus schreibt über die `ungemeinen Talente´ seines Freundes: »Er [Hessemer] beherrschte die schöne Literatur

in einem großen Umfange, er war eingeweiht in sämmtliche Künste: in die Baukunst durch seinen Beruf; in die Malerei und Bildhauerkunst durch seinen Umgang mit Schilbach, Lucas, App, Sandhaas, Scholl, den jungen Darmstädter Künstlern dieser Zweige; in das Theater durch fleißigen Besuch und gelegentliche dilettantische Uebung; in die Poesie durch lange Praxis, in der er ganze Bände voll Gedichte niedergeschrieben hatte, die er reimgewandt und formgefällig nur so aus den Aermeln schüttelte; er spielte die Flöte und war der zierlichste Tänzer in der Stadt; in seiner geselligen Weise war er rasch, beweglich, beredtsam, leicht, geistreich witzig, zwanglos frei, für mein schüchternes, eckiges Wesen ein anzustaunendes Wunder. Eine Gesellschaft zu würzen durch Geistesspiele oder Taschenspiele, durch alle die anmuthigen Gaben, die bildenden Künstlern so häufig eigen sind, war er im höchsten Grade geschickt«. (Gervinus, *Leben*, S. 78f.).

[12] Mit Louis Sell aus Darmstadt unterzeichnet Karl Ludwig Friedrich Christian Sell seinen Eintrag in dem Freundschaftsalbum. Er war der jüngste Sohn des Hofrats und Hofgerichtsadvokaten Georg Friedrich Sell (1764 – 1820), wurde 1810 zu Darmstadt geboren und starb 1879 in Bonn. Sell besuchte zunächst das Gymnasium in Darmstadt, später das Gymnasium zu Wetzlar, das von dem Manne seiner Schwester Friderike (1802 – 1856), Dr. Johannes Herbst, geleitet wurde. 1828 – 1832 studierte er Rechtswissenschaften zu Gießen und Heidelberg. Während seines Studiums gehörte er an beiden Universitäten den burschenschaftlichen Kreisen an. In Heidelberg stand er in enger Beziehung zu Gervinus, dem Freund seines älteren Bruders Wilhelm. Bereits 1834 erfolgte seine Berufung als a. o. Professor der Rechte an die Universität Gießen als Nachfolger seines Bruders Wilhelm, seit 1840 lehrte er an der Universität Bonn. In Gießen war Sell u. a. mit dem Hofkammerrat Johann Philipp Hofmann (siehe oben Anm. 6), dem Vorgesetzten und väterlichen Freund Hessemers, befreundet. (Siehe *Hessische Biographien*, Bd 2, S. 243ff., Artikel von Walther Rauschenberger).

[13] Die Verse stammen von dem pommerschen Gymnasiallehrer Karl Gottlieb Lappe, * 1773 in Wusterhusen bei Greifswald, † 1843 in Stralsund (also kein Schweizer Bürger). Das Gedicht wurde sehr oft gedruckt, so sind die Textvarianten entsprechend zahlreich. Der Erstdruck

erschien in der Leipziger *Zeitung für die elegante Welt*, Nr 106 vom 30. 5. 1816. Vertont wurden die Verse von Beethoven (1770 – 1827), Opus: WoO 148 (1817), und von Schumann (1810 – 1856), Opus 59 No 1 (1846). Siehe Beethoven, *Werke*, Abt. 12, Bd 1: *Lieder und Gesänge mit Klavierbegleitung*, Hrsg. von Helga Lühning, *Kritischer Bericht*, München 1990, S. 73f.

14 Wohl Dr. Johannes Herbst, Direktor des Gymnasiums in Wetzlar.

15 Diese Strophe *Knecht oder Herr!* ist nicht in der Beethoven-Vertonung enthalten.

16 Liedvertonung: \`von dem Lebensbaume´.

17 Liedvertonung: \`Schelme´.

18 Liedvertonung: \`zu bald´.

19 Liedvertonung: \`Schade´.

20 Liedvertonung: \`am´.

[11rv leer]

[12r – 13r] – Eintrag von Karl Ludwig Sell

21 Gerwin – Georg Gottfried Gervinus. Siehe den Eintrag Bl. 23v.

22 Karl Ludwig Sell, Sohn des Geheimen Oberforstrats Friedrich Ernst Ludwig Sell zu Darmstadt, * 1804 zu Nidda, ab 1820 kaufmännische Lehre in Regensburg, † 1866 in Wimpfen als Buchhalter der vereinigten Neckar-Salinen zu Wimpfen. Karl Sell, ein Vetter von Georg *Wilhelm* August Sell und Jugendfreund von Gervinus, wird in der Autobiographie (*Leben*) von Gervinus öfters genannt, so S. 68f. »Und an Karl Sell in Regensburg schrieb ich um diese Zeit [während der eigenen Kaufmannslehre]. [...] In dem dauernden Briefwechsel mit diesem Freund fand ich all diese Zeit einigen sympathischen Trost, aber keine Beruhigung. Er war in sehr ähnlicher Lage wie ich; auch in ihm entwickelte sich, vielleicht mehr aus dem Unbehagen, das er unter dem Patronate seines heftigen Oheims und Kaufherrn [Buchner] einsog, eine Abneigung gegen den Kaufmannstand, gegen \`Mercurs saubere Zunft´, die er nicht von der besten Seite kennen lernte. Er fand, daß er gefehlt, daß er zu bereuen habe, nicht ein Theologe geworden zu sein«. (Zu den Sells siehe Karl Sell (Stadtpfarrer in Erbach), *Zur Geschichte der hessischen Familie Sell*, in: *Hessische Chronik*, Bd 5, 1916, besonders S. 134ff.)

[23] Friedrich Schiller, *Braut von Messina*, 4. Aufzug, letzter Auftritt.

[13v leer]

[14r – 14v] – Eintrag von Eduard Röth

[24] Sprüche Salomos, Kap. 1, Vers 10: »Mein Kind, wenn dich die bösen Buben locken, so folge nicht«.

[25] miserere – lat. »erbarme dich«, Anfangsworte von Psalm 51 (50), der als Teil der Karwochenliturgie in den Vertonungen von Gregorio Allegri (1582 – 1652; seit 1629 päpstlicher Kapellsänger), Tommaso Baj und Giuseppe Baini (1775 – 1844) in der Cappella Sistina von der päpstlichen Kapelle aufgeführt wurde. Hessemer schildert in seinen *Reisebriefen* vom 6. und 7. April 1828 seinen Besuch der Feierlichkeiten in der Sistina und den Eindruck, den das Miserere bei ihm hinterlassen hat (Bd 1, S. 272 – 275).

[26] Vielleicht ein Versehen des Schreibers anstelle von italienisch: tenebra, pl. tenebre – Finsternis, Nacht, Reich der Finsternis.

[27] Eduard Maximilian Röth, ein Jugendfreund von Gervinus. Röth wurde 1807 zu Hanau als Sohn eines Volksschullehrers geboren, besuchte später das Gymnasium zu Wetzlar und dann die Universität Gießen, danach widmete er sich Studien über rabbinische Literatur in Frankfurt. 1835 veröffentlichte Röth seine *Untersuchung über den Verfasser und die Adressaten des Hebräerbriefes*. 1836 ging er nach Paris, um orientalische Sprachen zu studieren, 1840 habilitierte er sich als Privatdozent in Heidelberg, 1850 wurde er zum ordentlichen Professor der Philosophie und des Sanskrits ernannt. 1846 und 1858 erschien seine *Geschichte der Philosophie* in 2 Bänden. Röth starb im Sommer 1858. (*ADB*, Bd 29, 1889, S. 348). – Der Eintrag von Röth in dem Freundschaftsalbum weist viele Abkürzungen auf, die hier ergänzt worden sind, ohne sie durch Klammern kenntlich zu machen –

[28] Anspielung auf Gotthold Ephraim Lessings Ringparabel in dem Drama *Nathan der Weise*, 3. Aufzug, 7. Auftritt. (Erstaufführung am Hoftheater in Darmstadt 1812).

[15rv leer]

[16r] – Eintrag von Johanna Strack

[29] Belriguardo, ein Lustschloß, ist der Schauplatz von Goethes Schauspiel *Torquato Tasso.* Von dem Landgut Belriguardo bei Ferrara ist heute so gut wie nichts mehr zu sehen.

[30] Johanna Strack, eine Freundin von Hessemers Schwester Ernestine Bünger in Marburg. Die Familie Strack aus Großen-Buseck scheint früher weit verbreitet gewesen zu sein. Johanna Strack konnte nicht ausfindig gemacht werden. In seinen *Reisebriefen* erwähnt Hessemer diese Freundin einige Male, so am 1. Mai 1828 (Bd 1, S. 307): »Voriges Jahr um diese Stunde gieng ich mit Bünger und Ernestine nach dem Spiegelberge bei Marburg, dort trafen wir mit Hannchen Strack und Kreisraths Helene [Hille] zusammen«. (Die Mutter von Helene ist die in Groß-Buseck geborene Caroline Follenius.) – In Rom z. B. zeichnete Hessemer eine Ansicht des Klosters S. Onofrio, des Begräbnisortes von Tasso, für Hannchen Strack (Bd 1, S. 210), und in Sorrent, der Stadt des Tasso, notiert er: »Der Hannchen Strack hab ich versprochen, ihrer hier zu gedenken«. (Bd 1, S. 605).

[16v leer]

[17r – 17v] – Einträge von Meta und Johanne Hofmann

[31] Meta Hofmann, von anderer Hand eine `Tochter von Hofkammerrat´ – J. Ph. Hofmann in Gießen.

[32] Johanne Hofmann `in Gießen´ (von anderer Hand), wohl keine Tochter von J.Ph. Hofmann.

[18r leer]

[18v] – Eintrag von Johannette Hofmann

[33] Johannette Hofmann, eine `Tochter von Hofkammerrat´ Hofmann in Gießen, für die Hessemer offenbar viel Sympathie, ja Zuneigung zeigte. – Siehe Gervinus *Leben*, S. 111: »Es war noch während meiner Kaufmannszeit [1824] gewesen, daß er mir aus Gießen Andeutungen über ein Mädchen aus seinen dortigen Kreisen schrieb, die ihm nicht gleichgültig schien, der Er nicht gleichgültig war; er lag mit sich selber im Streite, er schrieb leidend und gedrückt: er

wolle dieser Liebe nicht nachhängen, weil er seine erste der Muse gewidmet habe, die er durch jene gefährdet finde«. In seinen *Briefen* an Hessemer kommt Gervinus immer wieder auf Hannchen, die Tochter von Hessemers Chef, zu sprechen; so warnt er seinen Freund (*Briefwechsel Gervinus-Hessemer*, Gießen, 30. 7. 1825): »Dein Benehmen! in wieviel Unannehmlichkeiten wird es Dich noch bringen! Sei da vorsichtig, und noch einmal: vernichte H. H. nicht; ich weiß nicht wie es kommt, woher es kommt, aber das ganze Wesen kommt mir so vor, vernichtet! [...] Prüfe Du selbst, Du hast mehr und beste Gelegenheit dazu. Ist es nichts, gut so bist Du ja eo ipso frei; ist es, so muß Dir eine Zuneigung, die sich eine Täuschung so sehr zu Gemüte zieht, sie muß Dich bestechen und anziehen«; und am 3. Juni 1826: »Dein Betragen gegen Hofk. H. habe diesen in einer gewissen Hoffnung ja festen Überzeugung getäuscht. [...] – kannst Du mir mit ruhiger Hand auf ruhigem Herzen schwören, daß Du unschuldig bist an der Liebe, die sie zu Dir hegt?«, des weiteren am 6. Juni 1826: »mir soll lieb sein, wenn in der Sache zwischen Dir und HH noch nichts zu Sprache kam. In jedem Fall raff Dich auf um eine vernünftige Antwort, wenn er [Hofk. H.] Dir seinen Antrag macht, was er gewiß tut«.

[19rv leer]

[20r – 20v] – Eintrag von Georg Friedrich Sonneman

[34] Georg Friedrich Sonnemann, am 22. 4. 1823 zum Baukonduktor für die Provinz Oberhessen bestellt (*Regierungsblatt* 1823, Nr 14, S. 159; † 18. 8. 1857). Die weiteren Angaben nach Marie Frölich/Hans-Günther Sperlich, *Georg Moller Baumeister der Romantik*, Darmstadt 1959, und in Hessemers *Reisebriefen*, Bd 1, S. 135, Anm. 4, beziehen sich wohl eher auf Friedrich Ludwig Sonnemann, * 1782, † 1845. – Katharina Bott, *Das Freundschaftsbuch – Begegnungen einer großen Reise*, in: *Friedrich Maximilian Hessemer (1800 – 1860). Ein Frankfurter Baumeister in Ägypten*, Ausstellung Frankfurt 2001, S. 143: L. Sonnemann (Friedrich Ludwig Sonnemann, Landbaumeister in Gießen und später Baurat in Darmstadt). – Hessemer erinnert sich an den `Grz. Conduc[teur] Sonnemann´ u. a. in seinem Brief vom 10. 4. 1828 (*Reisebriefe*, Bd 1, S. 287), wie dieser »mit der eifrigsten Hitze in

Strumpf, Stiefel und Hose einen deutschen Floh verfolgte, den ihm mein [Hund] Bran abgegeben hatte«. In anderen Briefen geht es um Geldangelegenheiten, die der Vater gemeinsam mit Sonnemann regeln soll.

[21rv leer]

[22r leer]

[22v] – Eintrag von Carl Fischer

[35] Erste Strophe des Gedichts *Mit den Wanderjahren* von Johann Wolfgang von Goethe (1749 – 1832). Dieses Mottogedicht findet sich nur in der Erstausgabe des Romans *Wilhelm Meisters Wanderjahre* (1821). Goethe ließ es in der Zweitausgabe von 1829 weg. Statt dessen hatte er es in Band 3 der sogenannten »Ausgabe letzter Hand« in der Rubrik »Epigrammatisch« unter dem Titel *Wandersegen* wiederabgedruckt. Dieser dritte Band erschien in Stuttgart und Tübingen bei Cotta 1827.

[36] Carl Fischer, * 1787 zu Hannover als Sohn des Musikdirektors Johann Heinrich Fischer, † zu Darmstadt am 24. März 1853. Fischer kam 1808 als jugendlicher Liebhaber zu der Theatergesellschaft des Direktors Xaver Krebs nach Darmstadt, aus der 1810 das Hoftheater hervorging. Er heiratete die Sängerin und Schauspielerin Kathinka Krebs. Fischer war als Schauspieler und Spielleiter von 1808 – 1851 tätig und trat 1851 in den Ruhestand. Seine große Beliebtheit als Schauspieler beruhte auf der Wahrhaftigkeit seiner Darstellung. (*Unter der Diltheykastanie*, Hrsg. von Karl Esselborn, Darmstadt 1929, S. 516). Gervinus schildert Fischer als einen `der eingebürgertsten Günstlinge des Darmstädter Publicums´. »Er war ein liebenswürdiger Gesellschafter, ein vielbelesener Mann, der Besitzer einer auserlesenen Bibliothek; auf der Bühne spielte er vorzugsweise den Humoristen und schulte sich dazu an Jean Paul, der sein Lieblingsschriftsteller war«. (*Leben*, S. 94). Und Heinrich Karl Hofman gesteht in seinen *Gymnasialerinnerungen aus der Rheinbundzeit* (*Unter der Diltheykastanie*, S 51): »In seinem [Fischers] Spiel – er war damals ein Mann in voller Jugendkraft – lag etwas so Edles, Freies, Reines, daß ich auch wenn es nicht gerade Schillers, ja wenn es Kotzebues Helden waren, die

er darstellte, doch immer mehr erbaut aus dem Schauspiel kam, als aus der Kirche«.

[23r leer]

[23v] – Eintrag von Georg Gottfried Gervinus

[37] Georg Gottfried Gervinus, Sohn des Weißgerbermeisters und Gastwirtes `Zur Bockshaut´ in Darmstadt, * 1805, † 1870 in Heidelberg. 1814 – 1819 Besuch des Darmstädter Gymnasiums, zunächst Kaufmannslehre, da ihn diese Tätigkeit jedoch auf die Dauer nicht befriedigte, bereitete er sich 1824 auf das Maturitätsexamen in Gießen vor und begann Ostern 1825 das Studium der Philologie und Geschichte in Gießen. Im SS 1826 wechselte er nach Heidelberg, »wo er mit dem renommierten Historiker Friedrich Christoph Schlosser (1776 – 1861) einen akademischen Lehrer fand, der ihn in starkem Maße prägte und dafür verantwortlich war, daß sich Gervinus' Interessen allmählich von der Philologie zur Geschichtsschreibung verlagerten«. (Siehe Frank Engehausen, *Georg Gottfried Gervinus – Der politische Lebensweg eines liberalen Außenseiters*, in dem Ausstellungskatalog *Georg Gottfried Gervinus 1805 – 1871, Gelehrter, Politiker, Publizist,* Heidelberg 2005, S. 10.) Im Herbst 1827 nahm Gervinus eine Stelle als Lehrer an einer Privatschule in Frankfurt an, 1829 kehrte er jedoch nach einem Zerwürfnis mit dem Institutsvorsteher Gutermann nach Heidelberg zurück. 1830 wurde er Privatdozent der Geschichte in Heidelberg, 1835 zum außerordentlichen Professor in Heidelberg ernannt und erhielt im folgenden Jahr einen Ruf auf den Lehrstuhl für Geschichte und Literaturgeschichte an der Universität Göttingen, den er inne hatte, bis er im Dezember 1837 mit sechs weiteren Professoren wegen seiner Haltung in der Verfassungsfrage (Protest der Göttinger Sieben nach Aufhebung der Verfassung von 1833 durch König Ernst August II. von Hannover) seines Amtes enthoben und des Landes verwiesen wurde. Er lebte dann in Darmstadt, Italien und Heidelberg. – (Siehe allgemein die Autobiographie von Gervinus, *Leben von ihm selbst,* und den Ausstellungskatalog der Universität Heidelberg: *Georg Gottfried Gervinus 1805 – 1871*). Gervinus und Hessemer waren von Jugend an befreundet, Gervinus war fünf Jahre jünger als Hessemer, gemeinsam durchleb-

ten sie die Verehrung für Jean Paul und seine Werke. »Wir lasen uns dann so in seine Werke und Weise ein, daß wir ihn gleichsam nachlebten, so ganz realistisch, [...] uns selbst fanden wir in Vult und Walt, den Helden der Flegeljahre, aufs sprechendste abkonterfeit«. (*Leben*, S. 82.). – Während des Heidelberger Studiums von Gervinus wurde diese Freundschaft distanzierter. Gervinus brach mit der Schwärmerei im »Reich der Ideale« und dem Poetisieren seiner Jugend. »Wahrheit, Bescheidenheit, Maß, Fleiß, das waren die Grundlagen, auf die ich mein neues Leben aufbauen wollte«, schreibt er (S. 127) und (S. 131): »Der Ernst dieses großen inneren Umschlags konnte sich kaum wohl anders erprüfen: war es mir in Wahrheit um die Wahrheit zu thun, die ich nun zu meinem Loosruf genommen, so mußte ich den Freund in meine Verwandlung mitherüberziehen«. Des weiteren (S. 133): »[...] ich rief ihm wie mir selbst mein *Dreimal Unselig* zu über die kindische Vergeudung unseres Jugendlebens. [...] Er verstand mich nicht; er widerstand mir, so weit er mich verstand«. Dann (S. 134): »Er war eben ein Künstler, der die Wege des kalten Historikers nicht gehen konnte«. Der Zwist der Freunde wurde auch nicht durch Hessemers Reiseantritt behoben; und Gervinus gesteht: »[...] ja daß ich während seiner dreijährigen Reise, ohne mit ihm irgend gebrochen zu haben, den Briefwechsel mit ihm aussetzte und nur durch seinen Vater in mittelbarem Verkehr mit ihm blieb« (S. 138). – Die Aussage von K. Bott (*Freundschaftsbuch*, S. 144), Gervinus habe Hessemer »ausführlich nach Rom« geschrieben, kann nicht bestätigt werden. Nur gelegentliche, kurze Beilagen in den Briefen des Vaters erwähnt Hessemer. Erst ein Brief von Gervinus vom 17. 6. 1830 zur Rückkehr des Freundes aus Ägypten ist erhalten: »Theurer! Langersehnter! Endlich, endlich erhalte ich Deine eine Nachricht, die mich freut aus Aegypten. Du lebst, Du bist da! Du bist unser! [...] wie soll man nur an Dich schreiben, der Du die halbe Erde durchreist hast, jetzt wieder kommst zu uns Stubenhockern ein unruhiger, bewegter, ein Ausgebildeter, ein Welterfahrener, zu uns, Schneckenblutigen, starren, in Büchern elenden Trost suchenden Einsassen! Nun eins haben wir Dir wohl zu bieten; was nur Ruhe und feste Sitze liebt, die Freundschaft!« (*Briefwechsel Gervinus-Hessemer*). – Diese Freundschaft hielt die beiden durch das ganze Leben verbunden, wozu wohl auch die herzliche Zuneigung von Gervinus Ehefrau Victorie (1820 – 1893) zu Emilie, der mütterlichen Frau Hessemers (1812 – 1899), beitrug.

[24r – 24v] – Eintrag von dem Vater Bernhard Hessemer

[38] Hamlet-Zitat – Polonius gibt seinem Sohn Laertes seinen Segen und einige Verhaltensregeln mit auf die Reise nach Frankreich; diese erreichen ihren Höhepunkt in der Ermahnung: »This above all: to thine ownself be true« (Shakespeare, *Hamlet*, I. Akt, Szene 3, Vers 58.) Siehe dazu Vello Helk und Jörg-Ulrich Fechner, *`Bleib dir selbst getreu!´ Norwegischer Besuch bei Goethe im Frühjahr 1775*, in: *Philobiblon* 37, 1993, S. 126ff.

[39] Und F. M. Hessemer schrieb, schrieb unter dem Datum des Reisetages, einem Tagebuch gleich, briefähnliche Mitteilungen, die er regelmäßig an seinen Vater in Darmstadt schickte. Hessemer war ein eifriger Briefschreiber, über 500 Briefe richtet er an seinen Vater. Die Originalbriefe werden heute in der Bibliothek des Städels in Frankfurt am Main aufbewahrt. Die Wiederentdeckung des umfangreichen Briefwerks ist der italienischen Philologin Maria Teresa Morreale zu verdanken, die auf die lange unbeachtete Korrespondenz aufmerksam machte und Auszüge daraus mit Abbildungen von Hessemers Zeichnungen publizierte. Die Maximilian-Gesellschaft veröffentlichte erst kürzlich das Brieftagebuch, das unter Verwendung der Vorarbeiten von Frau Morreale von Christa Staub herausgegeben und mit Anmerkungen versehen wurde: *Friedrich Maximilian Hessemer, Briefe seiner Reise nach Italien, Malta und Ägypten 1827 – 1830*; Band 1: *Italien und Malta* (Hamburg; Darmstadt 2002); Band 2: *Ägypten und Italien* (Hamburg, Darmstadt 2003).

[40] Johann Valentin Hessemer, * 1734 in Darmstadt, † 1813 in Darmstadt; er erlernte bei seinem Vater das Bierbrauer-Gewerbe zu Darmstadt, wurde Meister des Küfer-Handwerks, hatte neben seinem Beruf viele Ehrenämter, war lange Ratsverwandter in der Verwaltung der Stadt Darmstadt, führte 1791 – 1808 den Vorsitz des Rats als Oberbürgermeister. Im August 1796 hatte der französische General Marceau der Stadt Darmstadt eine ungeheure Kriegsschatzung von Geld und Lebensmitteln auferlegt und zur Sicherstellung eine Gruppe Darmstädter Bürger – darunter auch Rat Hessemer – als Geiseln genommen, die man nach Wies-

baden, Koblenz und Trier führte und dort erst Anfang 1797 wieder freisetzte. – In `Großvater Heßemers´ wohlversorgtem Hause am Ballonplatz, in einem der Schweifgiebelhäuser der alten Vorstadt, brachten Friedrich Max und seine 2 Jahre ältere Schwester Ernestine nach dem Tode ihrer Mutter die meiste Zeit zu. In diesem Hause lebten die beiden Tanten, Suß und Male (Susette Gladbach und Amalie Moller), und versorgten den Haushalt. (Siehe Emilie Hessemer, *Aufzeichnungen für meine Kinder aus dem Leben ihres Vaters und unserem Zusammenleben 1833 bis 1860*, Rüsselsheim 1879, Bl. 3f.)

41 Diese Verse sind die zweite und teilweise die dritte Strophe des Gedichtes *Vom Tode* von Christian Fürchtegott Gellert (1715 – 1769). Die dritte Strophe lautet: »Nur ein Herz, das Gutes liebt, / Nur ein ruhiges Gewissen, / Das vor Gott dir Zeugniß giebt, / Wird dir deinen Tod versüßen; / Dieses Herz, von Gott erneut, / Ist des Todes Freudigkeit«.

42 Bernhard Hessemer, * 17. 6. 1769 in Darmstadt, † 28. 9.1831 in Darmstadt; er besuchte das Pädagogium, wurde 1790 fürstlicher Kammersekretariats-Accessist, 1795 Praktikant beim Baukolleg und 1811 Rat des Ober-Bau-Kollegs zu Darmstadt. Bernhard Hessemer war zweimal verheiratet, in 1. Ehe mit Sophie Flor (1775 – 1808), der Mutter von F. M. Hessemer, und in 2. Ehe mit Meta Moller (1786 – 1847), der Schwester des späteren Großherzoglich Hessischen Hof- und Oberbaudirektors Georg Moller (1784 – 1852). – Das Familienwappen von Bernhard Hessemer ist abgebildet bei Viktor Wirth, *Wappen blühender hessischer Bürgergeschlechter*, 64: Heßemer. Das Siegel bezieht sich auf die 1797 vollzogene Eheverbindung zwischen Bernhard Heßemer zu Darmstadt und Sophie Flor, der Tochter des Subrektors Flor am Darmstädter Pädagog (*Hessische Chronik*, 5, 1916, S. 287f.). – Bernhard Hessemer war Mitglied der Freimaurer-Loge St. Johann der Evangelist zur Eintracht, wie auch sein Schwager Georg Moller, der den klassizistischen Tempelbau für die Loge in Darmstadt errichtet hat. Hessemers Freund Georg Kriegk beschreibt den Vater Hessemers: »[Er] war ein braver, etwas spießbürgerlicher Mann, der sich gern auf einfache Weise des Lebens freute und sein größtes Vergnügen an spaßigen Anekdoten fand. Als ich ihn kennen lernte und öfter besuchte, war er bereits Podagrist. Er saß auf seinem Lehnstuhl, las die Zeitung oder Pfeffel [Gottlieb Konrad Pfeffel, 1736 – 1809], seinen

Lieblingsschriftsteller, und unterhielt sich mit dem Besuchenden über Stadtgeschichte oder so, daß er seine lustigen Anekdoten auskramte«. (Georg Kriegk, *Im Schatten des Pädagogs*, in: *Unter der Diltheykastnie*, S. 125).

[25r] – Eintrag von Ernestine Bünger / Christian Heinrich Bünger

[43] Johannette Margarete *Ernestine* Bünger, geb. Hessemer; * zu Darmstadt am 18. 5. 1798, † in Marburg in Hessen am 12. 2. 1879. Ernestine, Hessemers einziger Schwester, ist ein Brief anläßlich ihres Geburtstages am 18. Mai 1830 in den *Reisebriefen* (Bd 2, S. 325f.) gewidmet. Auch in Rom (16. Mai 1828, Bd 1, S. 312ff.) und in Paestum gedenkt Hessemer seiner Schwester. »Im Neptuntempel zu Pesto standen wir gestern, Ahlborn und ich und obwohl sie nicht klangen stießen wir mit unseren überflochtenen Reiseflaschen auf diese Gesundheit an, die ich ins hellglänzende Meer hinaus rief: meine Schwester soll hochleben, ihr Geburtstag ist heute!« (Amalfi, 19. Mai 1929, Bd 1, S. 599f.). Bei einem abendlichen Zusammensein der Gäste im Garten der Familie Zanetti in Perugia erzählte Hessemer ein reizendes Geschichtchen aus seiner Kindheit: «Ich hab eine Schwester, Ernestine ist ihr Name, mit der hab ich als Kind immer gespielt [...]«. (Bd 1, S. 406.) So erinnert sich Hessemer immer wieder während seiner Reise an seine geliebte Schwester.

[44] Christian Heinrich Bünger, * 1782, † in Marburg in Hessen 1842, Geheimer Medizinalrat, Direktor des Anatomischen Instituts der Universität Marburg. – In seinen *Reisebriefen* erwähnt Hessemer des öfteren seinen Schwager Bünger, so z. B. (Bd 1, S. 211f.) anläßlich seines Besuches der Specula, eines für Naturkunde angelegten Institutes in Florenz, in dem Hessemer die `weltberühmten´ anatomischen Wachsmodelle bewunderte, leider konnte er keines der Präparate gemäß Büngers Auftrag und Wünschen für ihn erwerben (Bd 1, S. 251), jedoch konserviert Hessemer für seinen Schwager Skorpione und andere seltene Tiere in Spiritus.

[25v] – Eintrag von Amalie Müller

45 Amalie Müller, geb. Follenius, eine Cousine von Hessemer, * 1797 zu Groß-Buseck, † 1872 in Darmstadt. Ihr Vater war der Kreisrat in Romrod, Friedrich Ludwig Follenius; seit 1818 war Amalie verheiratet mit Wilhelm Müller, Ober-Appellations-Gerichtsrat (* 1791, † 1844). – In einem Brief aus Perugia schickt Hessemer `besonders an die ehrliche Malchen Müller´ seine Grüße (*Reisebriefe*, Bd 1, S. 431).

[26r] – Eintrag von Caroline Hille

46 Friedrich Ludwig Follenius, Kreisrat in Romrod in Oberhessen, * 1763, † am 18. 7. 1827 in Romrod. Follenius war verheiratet mit Marie Friederike (1770 – 1822), der Tochter des Ratsherrn und Oberbürgermeisters zu Darmstadt, Johann Valentin Hessemer, des Großvaters von F. M. Hessemer. – In seinem Brief vom vom 1. 9. 1828 (*Reisebriefe*, Bd 1. S. 394) gesteht Hessemer seinem Vater: »Sonderbar ists, wie oft gerade in den Momenten, wo es die unauslöschlichsten Eindrücke empfängt, das Gefühl dann stumpf und ohne Leben, ohne Regung in uns liegt. Bei mir ist dies vielleicht mehr als bei anderen der Fall, und hat sich Dir gewiß schon gezeigt, vielleicht bei dem Tode des Onkel Friedrich, ich stand starr wie eine Maschine dabei, nur darauf bedacht, was zu thun, wie zu helfen sei und nur nachher erst nach einigen Stunden fühlte ich das Fürchterliche dieser Erscheinung, die drückende Last auf der Brust, einen Menschen sterben zu sehen«.

47 Caroline Hille, geb. Follenius, * 1791 zu Groß-Buseck, † 1856 in Marburg in Hessen, verheiratet mit dem Landes-Gerichtsrat in Marburg und Friedensrichter zu Caldern, Friedrich Wilhelm Hille (*1783, † 1854). Das Ehepaar Hille hatte zahlreiche Kinder, darunter die Tochter Helene, die Georg Moller in seinem 55. Lebensjahr nach dem Tode seiner ersten Frau Amalie, geb. Hessemer, am 18. Juli 1839 heiratete.

[26v] – Eintrag von Friedrich Wilhelm Hille

48 Zu Friedich Wilhelm Hille siehe die vorige Fußnote.

[27r] – Eintrag von Johann Valentin Adrian

[49] Johann Valentin Adrian, Schriftsteller und Bibliothekar, * 1793 in Klingenberg am Main, † 1864 in Gießen. Adrian studierte an den Universitäten von Aschaffenburg und Würzburg. Nach Reisen durch die Schweiz und Italien, nach Paris und London folgte er einem Ruf als a. o. Professor der neueren Sprachen und Literaturen an die Universität Gießen, 1830 wude er leitender Universitätsbibliothekar. Neben Übersetzungen veröffentlichte Adrian Erzählungen sowie Reiseskizzen. (*ADB*, Bd 1, 1875, S. 123f.).

[27v] – Eintrag von Susette Gladbach

[50] Von anderer Hand `Susette Heßemer, verheir. Gladbach´, außerdem kaum lesbar `Tante Suß´. – Marie Susanne Philippine *Susette*, Tochter des Johann Valentin Hessemer und seiner Frau Marie Friederike Dorothea Bernhard, ist eine Schwester von F. M. Hessemers Vater, * 1778 in Darmstadt, verheiratet seit 1809 mit dem Vetter Mollers, Friedrich Chr. Gladbach, Legationsrat im Darmstädter Außenministerium; einem `sonderbaren Kauz´. »Er war eine quecksilberartig lebendige Natur und behandelte alles, namentlich auch die Erziehung seiner beiden Knaben, mit der größten Unruhe und wahrhaft stürmisch; das Gegenteil von ihm war seine Frau, die Tante meines Freundes Hessemer«. (Georg Kriegk, *Im Schatten des Pädagogs*, in: *Unter der Diltheykastanie*, S. 125.)
Georg Moller schildert die Tante in seinen *Lebenserinnerungen*: »Diese meine Schwägerin Susanne war die liebevollste, gütigste, sanfteste Frau und Mutter. Ihr Andenken ist ihren Freunden und Kindern heilig; sie starb nach langen Leiden im Herbst 1838«. (Siehe die Auszüge aus den im Jahre 1842/1843 aufgezeichneten `Familien-Nachrichten´ von Moller für seinen Sohn Friedrich Moller, die u. d. T.: *Aus den Lebenserinnerungen des Großherzoglich Hessischen Oberbaudirektors Dr. Georg Moller*, in der *Merckschen Familien-Zeitschrift* 10, 1926, S. 35ff. erschienen sind, Zitat S. 39.) In seinen *Reisebriefen* erwähnt Hessemer die `Tante Suß´ stets mit warmherzigen Worten und läßt sie und `Tante Moller´, Amalie Moller, die Frau von Georg Moller, oft grüßen. – Nicht immer war diese »mütterliche Tante« mit ihrem Neffen einverstanden. Sie

tadelte, so Gervinus (*Briefwechsel Gervinus-Hessemer*, 1. 4. 1826): »Du [Hessemer] schriebest ihr so unschreibbare Dinge, worauf sie durchaus nichts zu antworten wisse; sie klagte, Du machtest ihr so jeanpaulische Schnörkel und Ausschweifungen (`Das kann ich nicht leiden´ fügte sie so siegreich zu, daß ich nicht einmal Jean Paul verteidigen konnte, geschweige Dich)«. Die Familie Gladbach bewohnte mit den Söhnen Georg, Ernst und Adolph das Haus Nr 51 in der Rheinstraße, das 1817/18 von Moller erbaut worden war. Hessemer läßt diese Familie, die `Rheinthorcolonie´, grüßen. (*Reisebriefe*, Bd 1, S. 228.) Georg Gladbach (1811 – 1883) immigrierte in die Schweiz, da er von 1833 – 1839 wegen Teilnahme an einem hochverräterischen Komplott in Untersuchungehaft gesessen hatte; er lehrte als Professor der Geschichte in Aarau. Ernst Gladbach (1812 – 1896) lebte später ebenfalls in der Schweiz, er war Professor für Architektur in Zürich. Adolph Gladbach (1822 – ?) wanderte in jungen Jahren nach Amerika aus. Die Tochter Amalie, * 1816, starb bereits 1817. (Zu Friedrich Chr. Gladbach und seinen beiden Söhnen Georg und Ernst siehe Herman Haupt in: *Hessische Biographien*, Bd 1, S. 219 – 228).

[28r] – Eintrag von Sophie Decher

[51] Sophie Decher, jüngste Tochter des Friedrich Ludwig Follenius und und seiner Frau Marie Friederike, geb. Hessemer, * 1799 in Groß-Buseck, † 1872 in Pfungstadt. Diese Cousine war verheiratet mit dem Pfarrer Christian Decher. (Siehe folgende Anmerkung).

[28v – 29r] – Eintrag von Christian Decher

[52] Christian Decher, * 1793 in Groß-Buseck bei Gießen, † 1869 als Pfarrer in Pfungstadt. Während seines Studiums in Gießen gehörte er den Gießener Rhenanen an, 1815 übernahm er eine Pfarrstelle in dem oberhessischen Landenhausen. Decher gehörte zu dem Kreis um Heinrich Karl Hofmann. (Siehe auch den Eintrag Bl. 48v).

[29v leer]
[30rv leer]

[31r] – Figur einer Bewaffneten

[53] K. Bott bemerkt dazu (*Freundschaftsbuch*, S. 140): »Ein tugendhaftes Sinnbild, zum Frieden gewillt, zum Kampf bereit, zeigt sich in der Darstellung dieser geharnischten Frau. Wohl sollte Hessemer unter dem Schutz ihrer Symbole – entweder Schwert oder Schild – seine Reise fortsetzen. Diesem Sinngehalt entspricht das ruhende Tier, auf dem die Bewaffnete sitzt«.

[31v leer]

[32r – 32v] – Eintrag von Caroline Heinzerling

[54] Jean Paul (eigentlich Johann Paul Friedrich Richter, 1763 – 1825). Die folgenden Zeilen sind dem Roman *Blumen- Frucht- und Dornenstücke oder Ehestand und Hochzeit des Armenadvokaten F. St. Siebenkäs im Reichsmarktflecken Kuhschnabel*, Bändchen 3 (der ersten Aufl., Berlin 1796 [– 1797]), Manipel 15, S. 106/107, entnommen. – Siehe hierzu die kritische Ausgabe von Klaus Pauler: Jean Paul, *Siebenkäs*, München 1991, S. 390/391.

[55] Korrektur nach `nah´.

[56] Caroline Heinzerling, geb. Sell (1797 – 1832), älteste Tochter des Hofrats und Hofgerichtsadvokaten Georg Friedrich Sell zu Darmstadt. Nach dem frühen Tode des Vaters (1820) sorgte Caroline – »ein Wesen, das [...] von Anmuth und Herzensgüte beseelt, Jedermann Ehrfurcht und unbedingtes Vertrauen einflößte« (Gervinus, *Leben*, S. 143) – für die Weiterbildung der jüngeren Geschwister. Seit 1824 war sie verheiratet mit dem Landrichter Georg Heinzerling (1794 – 1843); ab 1823 war Heinzerling Landrichter in Großbuseck, 1827 bis 1832 Landrichter in Friedberg und später in Hirschhorn.

[33r] – Eintrag von Georg Heinzerling

[57] Georg Heinzerling, der Sohn eines Kaufmanns in Biedenkopf, trat im September 1811 mit 17 Jahren in das Gymnasium in Darmstadt ein. Hier gehörte er zu dem kleineren Kreis um den glühenden Patrioten Karl Christian Wilhelm Sartorius und dessen Vetter Karl Ludwig Wilhelm Gottlieb Kraus, die später beide zu den Gießener Schwarzen zählten.

In der Darmstädter Zeit bereiteten sie sich mit weiteren Gesinnungsgenossen in den Jahren 1811 – 1813 durch Schießübungen und Fußmärsche auf den erhofften Freiheitskampf vor. (Siehe K. Chr. W. Sartorius, *Vor dem Sturm*, in: *Unter der Diltheykastanie*, S. 56 – 66, hierzu S. 65).

[33v leer]

[34r – 34v] – Eintrag von Wilhelm Sell

[58] Johann Wolfgang von Goethe, *Gesang der Geister über den Wassern*. (Goethe, *Werke in zwei Bänden*, Hrsg.: Richard Friedenthal, München: Droemer 1953, Bd 1, S. 104f.).

[59] Zitat aus Goethes Schauspiel *Torquato Tasso*, 4. Aufzug, 2. Auftritt, Leonore Sanvitale zu Tasso.

[60] Georg *Wilhelm* August Sell, * 1804 in Darmstadt als erster Sohn des Hofrats und Hofgerichtsadvokaten Georg Friedrich Sell, † 1846 daselbst; Jurist, Studium in Gießen und Heidelberg, Examen 1826 in Gießen, 1830 Habilitation in Gießen, 1834 Ruf als ordentlicher Professor an die Hochschule Zürich, 1841 ordentlicher Professor in Gießen. (*Hessische Biographien*, Bd 2, S. 241ff.) – Wilhelm Sell – wie auch sein Vetter Karl Sell, beide aus `zwei hochachtbaren gebildeten Familien´ – war von Jugend an mit Gervinus befreundet. In seiner Selbstbiographie (*Leben*) erwähnt Gervinus Wilhelm oft, so S. 143f.: »Viele seiner Freunde, die ihn fast alle mehr verehrten als liebten, rügten an ihm die schneidende Schärfe seiner Urtheile über Anderer Werth und Unwerth; er selbst sprach sich von einer gewissen Ueberhebung über Andere nicht frei; [...] in seinem Charakter, schrieb er mir einmal, liege viel Liebe zu den Menschen, aber es fehle ihm oft eine gewisse Wärme, die er mit seinem Wesen nicht zu vereinigen wisse. [...] Er war ganz darauf gestellt, sich selbst in jeder Lage von allen seinen Handlungen strenge Rechenschaft zu geben, und er rief auch andere, auch mich überall dazu auf. [...] Ein Mann des kalten Verstandes war Sell einer der Wenigen unter meinen Genossen, der sich von der poetischen Wuth der Zeit nicht hinreißen ließ, der sich selbst das manum de tabula zurief, wo er sich nicht berufen fühlte«.

[35r leer]

[35v] – Eintrag von Theodora Dieffenbach

61 Theodora Dieffenbach, geb. Schefer (1798 – 1876), Tochter des Botenmeisters Ludwig Schefer (1762 – 1821) aus Gießen und seiner Frau Maria Christina, geb. Weidig (1778 – 1862). – Theodora war seit 1816 mit Philipp Dieffenbach verheiratet; zusammen hatten sie 14 Kinder.

[35v – 36v] – Eintrag von Philipp Dieffenbach

62 Matthias Claudius (1740 – 1815); vgl. Claudius, *Werke*, München, Bd 5, 1984, S. 248: *Der Mensch.*

63 Bei Claudius: etc.

64 In seinem Brief vom 23. September 1829 aus Alexandria (*Reisebriefe*, Bd 2, S. 47) berichtet Hessemer: »Für den Dieffenbach hab ich einige Kupfermünzen von Tunis in Canea aufgefunden, Kupfermünzen hat man hier nicht. Für den Dieffenbach hab ich außerdem einen ganzen Beutel voll geprägten Kupferblechs, er wird sich recht darüber freuen«. In dem Verzeichnis der Bestände der Archäologischen Sammlungen des Großherzoglich Hessischen Museums aus dem Jahre 1897 wird auf S. 14 »eine kleine Anzahl von Altertümern« aus der Sammlung Dieffenbach genannt, »die dieser von [...] Hessemer bei seiner Rückkehr aus Ägypten im Jahre 1830 erhielt«.

65 Hessemer wohnte in Rom in der Via Felice – heute Via Sistina, nach Papst Sisto V., Felice Peretti (1521 – 1590) genannt – an der Ecke der Piazza Barberini. – (Siehe seine *Reisebriefe* Bd 1, S. 248).

66 Der Heidelberger Maler Carl Philipp Fohr (* 1795) war im Sommer 1818 vor den Augen seiner Freunde Johann Anton Ramboux, Johann Carl Barth und Samuel Amsler beim Baden im Tiber in Rom ertrunken. – 1812 hatte Fohr durch die Vermittlung des Darmstädter Kammersekretärs und Malers Georg Wilhelm Issel (1785 – 1870) den damaligen Erzieher des Erbprinzen von Hessen, Philipp Dieffenbach, in Darmstadt kennengelernt. Dieffenbach förderte den jungen Fohr und interessierte ihn für die deutsche Geschichte und Sagenwelt. Im Sommer 1814 unternahm Dieffenbach gemeinsam mit Fohr Schwarzwald-Wanderungen. Es war das Jahr, in dem Fohr auf Empfehlung Dieffenbachs der Erbprinzessin Wilhelmine von Hessen vorgestellt wurde; später (1816) ermöglichte diese Erbprinzessin durch finan-

zielle Unterstützung Fohr den längeren Aufenthalt in Rom.

[67] Fohrs Grab befindet sich auf dem Protestantischen Friedhof in der Nähe der Porta S. Paolo bei der Cestius-Pyramide. Der Orientierungsplan für den `Protestantischen Friedhof´ verzeichnet unter der Nr 9 (Parte antica) das Grab von Carl Fohr. (Siehe Johan Beck-Friis, *Der `Protestantische Friedhof´ in Rom, Friedhof der Dichter, Denker und Künstler*, Malmö 1982). – »Denken Sie sich, mein Freund Karl Fohr ist den 29ten Juny, Abends um 7 1/2 Uhr hier ertrunken. Er badete sich mit drei Andern in der Tiber, ging etwas zu weit hinein und verlor plötzlich den Grund. [...] Natürlich ließen seine drei Badegesellschafter sogleich alle Anordnungen treffen zur Aufsuchung und vielleicht noch möglichen Wiederbelebung seines Körpers, aber alle Bemühungen blieben fruchtlos. Sein Leichnam wurde erst am 3ten July ... gefunden. Wir besorgten sogleich alle Anstalten zur Beerdigung, und so wurde er auch an demselben Abend mit aller nur möglichen Feierlichkeit begraben. Alle deutschen Künstler nebst dem preußischen, hannövrischen und würt[t]embergischen Gesandten waren auf dem Kirchhofe gegenwärtig«, schrieb der Architekt Heinrich Hübsch an den Heidelberger Pfarrer Kilian, Brief vom 4. Juli 1818. (Zit. nach *Carl Philipp Fohr, Romantik – Landschaft und Historie*, Katalog des Hessischen Landesmuseums Darmstadt, Bearb. von Peter Märker, Heidelberg 1995, S. 26; – Zu Fohr siehe auch Philipp Dieffenbach, *Das Leben des Malers Karl Fohr, zunächst für dessen Freunde und Bekannte geschrieben*, Darmstadt 1823; Neuausgabe mit einer Einleitung von Paul Ferdinand Schmidt, Frankfurt am Main 1918).

[68] Adolf Ludwig Balthasar *Maximilian* Dieffenbach, * 1826 zu Friedberg, † 1894 als Ghzgl.Hess. Oberleutnant in Darmstadt. Max war ein Patenkind von Hessemer.

[69] Der Zusatz vom 11. Sept. 1832 bezieht sich auf die drei Kinder Karoline (*1828), Albrecht (*1829) und Amalie (*1831).

[70] An der Nordseite der Friedberger Stadtkirche befand sich das Gebäude der ehemaligen Augustiner-Schule, deren Rektor Dieffenbach von 1818 – 1837 war. Die gotische Liebfrauen-(Stadt-)Kirche in Friedberg wurde um 1250 als Basilika auf den Fundamenten einer romanischen Anlage begonnen und 1350 vollendet; sie steht in der Nachfolge der gotischen Elisabethkirche zu Marburg und »bringt den

Typus der hessischen Hallenkirche zur Reife und zum Abschluß«. Vgl. *Das malerische Friedberg*, Bleistiftskizzen von Fritz Max Hessemer, Zur Erinnerung an das 700jährige Bestehen der einst Freien Reichsstadt Friedberg in der Wetterau, hrsg. von Ferdinand Dreher, Friedberg in Hessen 1919, S. 21 f. und Taf. 6, 7, 8.

[71] Dieffenbach berichtet in seiner *Geschichte der Stadt und Burg Friedberg in der Wetterau*, Darmstadt 1857, S. 281: »Gleich über dem südlichen Eingangsthor [dem südlichen Burgtor] bemerkt man einen Stein mit der den Burgfrieden schwörenden Hand und der Umschrift: Frid sy mit üch. 1493. ([Hierzu die Fußnote von Dieffenbach:] `Dieser Stein rührte vom Gewölbe des Kaisersaales auf dem vordersten Burgthurme, der da stand, wo jetzt die Kellerthür des Schullehrer-Seminars ist. Der Thurm stürzte 1684 ein´.) Ueber derselben befindet sich der kaiserliche Doppeladler, auf dessen Brust das Wappen der mittelrheinischen Reichsritterschaft. An dem Kanzleibau links (jetzt Schullehrer-Seminar-Gebäude) vermerkt man nach Süden die Jahreszahl 1704. Ueber der Thür sieht man die Justitia nebst dem Virgilschen Verse: Discite justitiam moniti et non temnere divos [P. Vergilius Maro, *Aeneis*, VI, 620]. MDCCV« . – Die einstige Burgkanzlei und ihre Nachbargebäude gehörten seit 1817 zum Lehrerseminar.

[72] Dr. phil. h. c. Professor Johann *Philipp* Dieffenbach, Schulmann und Historiker, * 2. 6. 1786 in Dietzenbach bei Offenbach, † 25. 10. 1860. Studium der Theologie in Gießen, 1806 – 1811 Aufenthalte in Köln, Krefeld und Gießen, ab 1812 Erzieher des Erbprinzen von Hessen zu Darmstadt, ab 1818 Rektor der Augustiner-Schule zu Friedberg, später ab 1837 Rektor der neugegründeten Musterschule zu Friedberg, 1850 Direktor der neuerrichteten Realschule zu Friedberg. – Siehe Ferdinand Dreher, *Professor Dr. Johann Philipp Dieffenbach, 1786 – 1860, Sein Leben und Wirken*, Friedberg 1911; und Hans Luthmer in *Hessische Biographien*, Bd 3, S. 267 – 272.

[37r – 37v] – Eintrag von Cramer

[73] `Das Land, wo die Zitronen blühen´, nach dem Lied von Mignon: »Kennst du das Land, wo die Zitronen blühen« aus dem Roman *Wilhelm Meisters Lehrjahre* von J. W. v. Goethe.

[74] Cramer gehörte offensichtlich zu den `Herrn des Kränzchens´ in Friedberg, das Hessemer in seinen *Reisebriefen*, Bd 1, S. 224, grüßen läßt. – Cramer schreibt stets die Anredepronomina klein; in der Transkription ist das beibehalten worden.

[38r] – Eintrag von Georg Ludwig Kriegk

[75] Johann Gottfried Herder (1744 – 1803). Zu dem Doppeldistichon siehe Jörg-Ulrich Fechner in seinem Beitrag *Abschied und Erinnerung*, S. 273 mit Anm. 23.

[76] Siehe Anm. 38 zu dem Eintrag Bl. 24r.

[77] Karl Friedrich Wilhelm Wander, *Deutsches Sprichwörter-Lexikon, Ein Hausschatz für das deutsche Volk*, unveränd. fotomechan. Nachdruck der Ausgabe Leipzig 1867 – 1880, Darmstadt 1964, Bd 4, Sp. 1738.

[78] Georg Ludwig Kriegk, * 1805 zu Darmstadt, † 1878 in Frankfurt; Kriegk besuchte das Darmstädter Gymnasium von 1814 – 1823, es folgte das Studium der Philologie und Geschichte in Heidelberg, vornehmlich unter der Leitung von Friedrich Christoph Schlosser, dessen *Weltgeschichte* in den Jahren 1844 bis 1856 in Kriegks Bearbeitung als Volksausgabe erschien. Im Sommersemester 1825 studierte er an der Universität Gießen, danach nahm er zunächst eine Stelle als Hauslehrer in Frankfurt an und 1834 erwarb er die philosophische Doktorwürde in Marburg. Ab 1838 war Kriegk als Professor der Geographie und Geschichte am Frankfurter Gymnasium und ab 1863 als Leiter des dortigen Stadtarchivs tätig. Zahlreiche Veröffentlichungen vor allem zur Geschichte Frankfurts enstanden während seiner Zeit als Archivdirektor. 1844 hatte Kriegk Mathilde Schüttenheim in Frankfurt geheiratet. (Kriegk, *Im Schatten des Pädagogs*, in: *Unter der Diltheykastanie*, S. 94 – 130). – Gervinus schreibt über seinen Freund Kriegk in *Leben*, S. 141: »Er hatte in seiner Knabenzeit ein innerlich sehr tief bewegtes Leben durchgemacht; [...] Er war damals sehr religiös gewesen; nach seiner Mutter Tode war er dagegen in eine Periode der Zweifel und des Verzweifelns gefallen, wo sich sein Verstand, alle andern Geisteskräfte unterdrückend, gewöhnte, Alles zu anatomiren und zu analysiren, die lebendigen, bindenden, geistigen Mittelpuncte in Betrachtung der Dinge ganz aus den Augen zu verlieren. Dann war er, unter Voß' und Schlossers Leitung innerlich

erstarkt, in ein Stadium strengeren Religionsglaubens zurückgekehrt, nicht ohne die Zuwirkung eines hypochondrischen Leidens, das ihn lange mit Todeserwartung, Lebensüberdruß und Menschenhaß peinigte«. – In seiner handschriftlichen Selbstbiographie *Geschichte meines Lebens* schildert Kriegk auch die Jahre, die er und sein Freund Hessemer in Frankfurt verlebten, so berichtet er über ihre Zeit als Freimaurer in der Frankfurter Loge zur Einigkeit: »Heßemer hielt eine Menge poetischer Vorträge, ich brachte philosophische und historische. Wir ergriffen die Sache als ein zu verwirklichendes Ideal der Menschenliebe und rein menschlicher Tätigkeit, ließen uns keine Mühe für dieselbe verdrießen und fanden in dem maurischen Zusammenleben auch eine heitere stets frische Unterhaltung«. Kriegk war im Kreise der Familie Hessemer und ihrer Kinderschar gern gesehen, und zum Tode von Hessemer (1. Dezember 1860) vermerkt Kriegk: »Mit Heßemer starb mir der älteste und herzlichste Freund, den ich in Frankfurt hatte. Gott lohne ihm jenseits sein unablässig edles Streben, seine innige Menschenliebe und seine stete Bereitwilligkeit, sich für andere aufzuopfern!«. (Siehe die Abschrift Hessemer betreffend in Emilie Hessemer, *Aufzeichnungen für meine Kinder*, Bl. 115ff.).

[38v] – Eintrag von Ernst Dürr

79 Ernst Dürr, Hofmeister der Herrn von Bodeck, im Jahre 1817 wohl 65 Jahre alt, starb am 15. August 1828. (Meldebogen im Stadtarchiv Darmstadt.) – In seinen *Reisebriefen* erwähnt Hessemer `den alten ehrlichen Doctor´ des öfteren, und am 3. Oktober 1828 (*Reisebriefe*, Bd 1, S. 430) schreibt er: »So ist denn der alte ehrliche Doctor gestorben – es thut mir leid für ihn, denn er war mir so herzlich gut und er war Dir auch so oft eine wahre Tröstung in mancher trüben Stunde, er hat viel gelitten von Welt und Menschen und so drückend auch zuletzt seine Lage war, so konnte er sich doch sorgenfrei der Gegenwart überlassen und so empfand er gewiß die manchen Kränkungen, die er früher dulden mußte, weniger«.

[39r – 39v] – Eintrag von Karl Lanz

[80] Karl Lanz, * 1805 zu Wolfskehlen, Philologe, von 1831 – 1835 Hilfslehrer am Gymnasium zu Darmstadt, dann bis 1852 Lehrer am Gymnasium zu Gießen, † 1874. Siehe *Unter der Diltheykastanie*, S. 157. Lanz war ein Jugendfreund von Gervinus, während der Studienjahre in Gießen lasen die beiden »den ganzen Herodot zusammen, den ganzen Aristophanes mit alten und neuen Scholien, auch den Sophokles, [...] sämmtliche Stücke, den Terenz und von Cicero eine Anzahl Briefe, Reden und Abhandlungen. Diese Stunden allein waren es, die meiner Lust am Alterthum frische Nahrung gaben« schreibt Gervinus (*Leben*, S. 119). Aus der gemeinsamen Studienzeit in Heidelberg berichtet Gervinus, wie Professor Schlosser den Lanz »bös abgefertigt« habe mit seiner Übersetzung des Ossian. »Parteilichkeit muß man dem Sch[losser] auch vorwerfen, aber dem Lanz geschieht es recht, daß er einmal von seinem Dünkel ein wenig geheilt ist«. (*Briefwechsel Gervinus-Hessemer*, Brief vom 23. Juni 1826).

[40r leer]

[40v – 41r] – Eintrag von Alexander Flegler

[81] Neologismus, nicht im Deutschen Wörterbuch.
[82] Maeonides, Akk. en – der Lydier, vorz. als Name Homers, weil er nach einigen in Kolophon, nach anderen in Smyrna geboren sein soll. (Karl Ernst Georges, *Ausführliches lateinisch-deutsches Handwörterbuch*, 13. Aufl., Hannover 1972).
[83] Vermutlich eine spontane »Wortschöpfung« um des Reimes willen.
[84] Alexander Flegler, ältester Sohn des Großherzoglichen Oberschultheißen Flegler zu Großzimmern, * 1804, † 1892, besuchte das Gymnasium zu Darmstadt und die Universität Gießen, war hierauf Hofmeister bei dem Gesandten am Großh. Hess. Hofe, dem Grafen Salignac de Fénelon, lebte dann abwechselnd in der Schweiz und in Italien, war an der Kantonsschule zu Winterthur angestellt. Flegler veröffentlichte 1831 die Schrift *Ueber das Wesen der Historie und die Behandlung derselben*. (H. E. Scriba, *Biographisch-literärisches Lexikon der Schriftsteller des Großherzog-*

thums Hessen, Abth. 2, Darmstadt 1843, S. 226). Flegler war besonders mit G. L. Kriegk und G. G. Gervinus befreundet, er hatte von Jugend auf mit harten Schicksalen zu ringen gehabt und war 1825 von einem neuen Ereigniß niedergeworfen worden, »das ihn an Gott und Ewigkeit, an allem Hohen und Edlen verzweifeln ließ«. (Gervinus, *Leben*, S. 116). In einem Brief an Hessemer (*Briefwechsel Gervinus-Hessemer*, [Gießen im Juni 1825] – wohl eher im July 1825) schreibt Gervinus über Flegler: »Mich hat er mit dem Geständnis, er glaube an nichts mehr, nicht an Gott, Unsterblichkeit und alles Hohe[,] erschreckt, erschüttert. Er ist derselbe Mensch, der mir vor 6 Monaten gestand, daß er mit einem Menschen von diesem Unglauben durchaus nicht Freund sein könne. Sonderbar und schrecklich, höchst schrecklich! [...] Ich gestehe Dir, daß mich des Flegler's Schwäche ganz niedergedrückt hat«. –

[85] Auf seiner Rückreise nach Deutschland notiert Hessemer aus Genua: »Den Alexander Flegler wollte ich hier suchen, er ist in der Schweiz, seine Mutter ist auf dem Lande, hält Sommeraufenthalt da«. (Brief vom 6. September 1830, *Reisebriefe*, Bd 2, S. 446).

[41v leer]

[42r] – Eintrag von Peter App

[86] Variation zum Schlußsatz des Prologs: »Ernst ist das Leben, heiter ist die Kunst« in Friedrich Schillers *Wallensteins Lager*.

[87] *Peter* Wilhelm App, Maler, * 1803 in Darmstadt, † 1855 daselbst; Lehre bei dem Galeriedirektor Franz Hubert Müller, dem Vorsteher der Museumszeichenschule in Darmstadt, 1819 Schüler von Peter Cornelius in Düsseldorf, 1825/26 Münchner Akademie, Herbst 1828 mit einem Stipendium des Großherzogs Ludwig I. von Hessen-Darmstadt zusammen mit Wilhelm Noack Studienreise nach Rom, Aufnahme in die Ponte-Molle-Gesellschaft, 1833 wieder in Darmstadt, 1844 Hofmaler in Darmstadt. (*Hessische Biographien*, Bd 2, S. 459/460, Artikel von Bernhard Lade). – Hessemer freut sich in Italien auf App: »[...] mir ist es sehr lieb, daß wieder ein Darmstädter hierherkommt«. (Brief vom 3. September 1828, *Reisebriefe*, Bd 1, S. 404).

[88] Neben seinen Namen setzt Lucas sein Monogramm AL. – August Lucas, Maler und Graphiker, * 1803 zu Darmstadt als Sohn des Schneidermeisters Georg Friedrich August Lucas, † 1863 daselbst. Lucas besuchte, von dem Kandidaten Rosenstiel vorgebildet, seit September 1813 das Gymnasium; 1824 Unterricht in der Museumszeichenschule bei Franz Hubert Müller in Darmstadt, 1825 – 1826 in München bei Peter Cornelius. – Hessemer wartet in Italien ungeduldig auf den Freund aus Darmstadt: »Warum kommt denn aber um aller Heiligen willen der Lukas nicht her?« (4. Sept. 1828, *Reisebriefe*, Bd 1, S. 404) und: »[...] ich wollte Lukas käme auch hierher« (15. Nov. 1828, *Reisebriefe*, Bd 1, S. 451). 1829 konnte Lucas endlich mit einem großherzoglichen Stipendium die Reise nach Rom antreten und wurde dort gemeinsam mit Peter App in die Ponte-Molle-Gesellschaft aufgenommen, Hessemer jedoch traf er erst nach dessen Ägyptenreise im Juli 1830 in Rom. Als Lucas in Rom schwer erkrankte und verschuldet war, setzte sich Georg Moller beim Großherzog dafür ein, zu helfen, so daß Lucas 1834 nach Darmstadt zurückkehren konnte. Seit 1841 war Lucas Zeichenlehrer an der Real- und Gewerbeschule in Darmstadt, 1850 unternahm er eine weitere Romreise. (Siehe Bernhard Lade, *August Lucas, Sein Leben und seine Werke*, Darmstadt 1924; und *August Lucas, Ausstellung zum 150. Geburtsjahr*, Katalog, Darmstadt 1953). – Der Darmstädter Kunstmaler Karl Raupp schildert seinen Lehrer: »Lucas, hauptsächlich Landschaftsmaler, war ein sehr begabter Mann und ein reiches Talent. Massen prachtvoller Studien füllten seine Mappen, und eine Reihe von Bildern, Motive aus dem Odenwald wie aus Italien, entstanden in der ersten Zeit seines künstlerischen Schaffens in der Heimat. [...] Alle jungen Leute der Gewerbeschule [...] schwärmten für Lucas, und wenn er mit ihnen Studienausflüge zu zeichnerischen Aufnahmen unternahm, blieb keiner zu Hause. Es war die künstlerische Natur, die zu den jungen Leuten sprach und die auf diese anregend, fast faszinierend wirkte. Lucas erzählte lebhaft, besonders gern von Italien, und wußte, fern von aller Pedanterie, die Jugend zu fesseln«. (Raupp, *Mein Weg zur Kunst*, in: *Unter der Diltheykastanie*, S. 270).

[43r] – Eintrag von Johannes Kreß

89 Nach `Du´ – `Dir´ durchgestrichen.

90 `nicht vergessen´ als Korrektur über nicht lesbare Buchstaben geschrieben.

91 Wohl Johannes Kreß, später Bauaufseher in Friedberg. Am 16. 2. 1880 wird dem Bauaufseher Johannes Kreß in Friedberg in Anerkennung seiner 50jährigen treu geleisteten Dienste das Silberne Kreuz des Verdienstordens verliehen (*Regierungsblatt des Großherzogthums Hessen* 1880, Beil. 11, S. 87). Kreß stirbt am 2. März 1896 (*Regierungsblatt* 1896, Beil. 12, S. 100). – Die *Adress-Bücher von Darmstadt* 1838/40 und 1843 verzeichnen einen J. Kreß, Steinhauergeselle, wohnhaft in der Großen Caplaneigassse (1838/40) und in der Runden Thurmgasse (1843).

[43v leer]

[44r] – Eintrag von Adolf Zimmermann

92 Adolf Zimmermann, Maler, * 1799 in Lodenau (Oberlausitz), † 1859 in Breslau; studierte ab 1818 an der Dresdner Akademie, ging 1825 nach Rom, schloß sich dort dem Kreis der Nazarener an, war mit Ludwig Richter und Joseph Führich befreundet. (*Thieme/Becker*, Bd 36, 1947, S. 504f.) Im Sommer 1828 wohnte er ebenso wie Hessemer zusammen mit weiteren deutschen Künstlern in der Casa Zanetti in Perugia; gemeinsam unternahmen diese `ernsten Künstler´ und `fröhlichen Menschen´, Zimmermann, Wilhelm Ahlborn, Adolf Lösser, Friedrich Karl Joseph Simmler und Hessemer, mit ihren Wirtsleuten, der Signora Margarita Zanetti und ihrer umschwärmten Tochter Elisabetta, im August einen Ausflug zum Trasimenischen See (*Reisebriefe*, Bd 1, S. 372 – 380). 1829 reiste Zimmermann mit Joseph Führich (1800 – 1876) nach Neapel und Capri. Führich berichtete seinen Eltern: »Ich werde die Reise mit einem meiner Freunde machen, einem eben so braven Mann wie tüchtigen und das Beste wollenden Künstler«. (Führich, *Briefe aus Italien an seine Eltern, (1827 – 1829)*, Freiburg/Br. 1883, S. 139). 1830 kehrte Zimmermann nach Dresden zurück, trat 1837 in die von Wilhelm von Schadow geleiteten Akademie ein und übersiedelte 1846 nach Breslau.

[44v leer]
[45r leer]

[45v] – Eintrag von Peter Friedrich Martenstein

[93] Zunächst `lieber´, darübergeschrieben `also´.

[94] Peter Friedrich Martenstein, * 1805 zu Darmstadt als Sohn des Hofuhrmachers Lorenz Martenstein, trat, vorgebildet durch den Freiprediger Graul, am 22. September 1813 in das Gymnasium ein. Martenstein gehörte dem von Gervinus veranlaßten Schülerbund der Philareten an, wie auch Karl Ludwig Noack, Wilhelm Niebergall, Johann Jakob Kaup, Georg Geilfuß, Georg Friedrich Lange und August Nodnagel. Die Verbündeten dieses `Dichterbundes´, lauter Knaben von elf bis vierzehn Jahren, »hielten ihre Zusammenkünfte und machten Gedichte, die dann auch zur Kenntnis der anderen kamen«. Gervinus schildert diesen Bund in einem Brief an Georg Kriegk 1827: »Eine eigentliche Tendenz lag dem Ding nicht zugrunde, es war nur das Gefühl des Vorzuges vor anderen, ein Ausscheiden und Trennen, ein dunkles Streben nach etwas Besserem. Ich bin weit entfernt, die Sache in ihrer Wirkung eine Kinderei zu nennen, noch auch in ihrem Zweck. Alle Mitglieder sind, glaube ich, bis auf diesen Tag originelle Käuze geblieben, sogar der [Karl L.] Noack«. (Zitat bei Kriegk, *Im Schatten des Pädagogs*, in: *Unter der Diltheykastanie*, S. 114f.; Gervinus selbst über diesen Schülerbund in *Leben*, S. 41ff. und August Nodnagel, *Die Philareten*, in: *Unter der Diltheykastanie*, S. 132ff.) – Martenstein starb am 1. September 1833 als Kandidat der Medizin.

[46r] – Eintrag von Adam Fritz

[95] Dante Alighieri, *La divina Commedia, Purgatorio*, I, 71 – 72: – »Freiheit sucht er, die so teuer ist, wie der es weiß, / der für sie das Leben verweigert« in der Übersetzung von Walter Naumann, Darmstadt 1997. – Die beiden Fragezeichen, die Fritz in der Klammer hinter *Libertà* setzt, nehmen wahrscheinlich Bezug auf die politische Situation des Vormärzes. Zwar herrschte äußerer Friede und innere Ruhe, die jedoch gewaltsam erzwungen wurde, da die nationalen und liberalen Bewegungen unterdrückt wurden.

[96] Wohl Johann Adam Fritz, Professor der Rechte in Freiburg

in Breisgau, * 1799 zu Lindenfels im Odenwald, † 1878. Fritz studierte in Gießen, promovierte 1821 zum Doktor der Rechte und wurde bereits im Herbst 1827 ordentlicher Professor in Freiburg. Die schnelle akademische Laufbahn wurde durch seine einnehmenden persönlichen Eigenschaften und durch seine große Lehrbefähigung, bei gediegener wissenschaftlicher Tätigkeit, möglich. In seiner Studienzeit war er eng befreundet mit dem Philosophen und Mathematiker Karl Seebold (1794 – 1807). Neben Karl Follen spielte Seebold eine führende Rolle bei den Gießener Schwarzen, so war er an der Abfassung des sogenannten `Ehrenspiegels´ beteiligt, wandte sich aber bald von der radikalen Richtung Follens ab. Der obige Eintrag (4 Distichen) von Fritz zeigt den Einfluß von Seebold, der sich um eine Definition der Irrationalzahl bemühte. (Herman Haupt, *Karl Seebold*, in: *Hessische Biographien*, Bd 1, S. 349). – Zu Fritz siehe *ADB*, Bd 49 (*Nachträge bis 1899*), 1904, S. 156).

[46v leer]

[47r] – Eintrag von Ernst Rauch

97 Ernst Rauch, * 1797 zu Darmstadt, † 1877 ebenda. Sein Vater war der Registrator Christian Rauch. Von 1806 – 1810 besuchte Ernst Rauch das Gymnasium in Darmstadt, erlernte dann die Kupferstechkunst bei Ludwig Portmann (*1772 in Darmstadt, † 1813 in Amsterdam), 1816 – 1818 bildete er sich weiter in der Schweiz, und dann mit Unterstützung des Großherzogs in Holland und in Paris. Neben seiner künstlerischen Tätigkeit erteilte er später auch Zeichenunterricht am Gymnasium in Darmstadt. (*Unter der Diltheykastanie*, S. 566). – Von der tätigen Verwirklichung des Freundschaftsideals der Romantik beeinflußt, hat Hessemer offensichtlich auch Ernst Rauch mit Geldmitteln unterstützt ebenso wie den Maler Carl Sandhaas, der zu dem Freundeskreis der Darmstädter Schwarzen gehörte. Rolf Haaser berichtet in *Spätaufklärung und Gegenaufklärung* in dem Kapitel: *Der Porträtist der Gießener und Darmstädter Schwarzen; Momentaufnahmen der gescheiterten Karriere des spätromantischen Kunstmalers Carl Sandhaas (1801 – 1859)*, S. 269: »Man war sich einig darüber, daß die allzu freigebige Art der Unterstützung, wie sie

Hessemer von Gießen aus praktizierte, für Sandhaas nur nachteilige Folgen hatte«. Sicher spielte Hessemer für den künstlerischen Werdegang des talentvollen Sandhaas eine wichtige Rolle.

[47v] – Eintrag von Carl Rauch

[98] Christoph Martin Wieland (1733 – 1813): *Oberon, Ein romantisches Heldengedicht in zwölf Gesängen*, VII, 596 – 600. – Dort lautet Zeile 596 jedoch: »Die Hand, die uns durch dieses Dunkel führt«. Das Versepos erschien 1780, eine Neuausgabe 1784.

[99] Carl Rauch, der jüngere Bruder von Ernst Rauch, (* 1806 zu Darmstadt, † 1884 ebenda) war ebenfalls Kupferstecher. Ab 1839 wurde er einige Jahre in England ausgebildet. Er war wie sein Bruder Ernst mit Arbeiten an dem 2. Band der *Denkmäler der deutschen Baukunst* von Georg Moller beteiligt. Ab 1861 war Carl Rauch – als Nachfolger seines Bruders Ernst – Zeichenlehrer am Darmstädter Pägagog. Arthur Hoffmann nennt Carl Rauch, »eine feine Künstlernatur« in seinem Beitrag *Usque ad almam matrem 1865 – 1872*, in: *Unter der Diltheykastanie*, S. 294.

[48r] – Eintrag von Heinrich Felsing

[100] »Thue recht und scheue niemand« (Wander, *Deutsches Sprichwörter-Lexikon*, Bd 3, Sp. 1450f. unter dem Stichwort `recht´, Nr 64 und 68).

[101] Johann *Heinrich* Felsing, Kupferstecher und Kupferdrukker zu Darmstadt, (* 1800 , † 1875) war ein Sohn des Hofkupferstechers Konrad Felsing (1766 – 1819) und seiner Ehefrau Dorothea, geb. Jost (1766 – 1834). Das Felsingsche Elternhaus scheint `ein Mittelpunkt des geselligen Verkehrs der jungen Leute´ gewesen zu sein. »Es war eine der im damaligen Darmstadt seltenen Stätten künstlerischer Interessen und Tradition«. (Siehe Gisela Bergsträsser, *Johann Heinrich Schilbach, Ein Darmstädter Maler der Romantik*, Darmstadt 1959, S. 14.) Der frühzeitige Tod des Vaters veranlaßte Heinrich nach Paris zu gehen, um sich dort weiter auszubilden. Heinrich ist der ältere Bruder von Georg *Jakob* Felsing (1802 – 1883), des berühmtesten der Kupferstecherfamilie in Darmstadt. Jakob Felsing hielt sich zur Zeit dieses Eintrags in Florenz auf, um sich bei

Raffaello Morghan [*Thieme/Becker*, Bd 25, 1931] als Stecher zu vervollkommnen. Auf seiner Reise nach Rom traf Hessemer Jakob Felsing in Florenz, und während seines mehrwöchigen Aufentalts unternahmen sie gemeinsam mit den Künstlern Franz Nadorp und Moritz Steinla-Müller, einem Dr. Phil. Haag und dem italienischen Abate Dr. Eustachio Bertocchi Ausflüge, so z. B. nach Fiesole oder S. Miniato. – Heinrich Felsing, der `Darmstädter Turnvater´, gründete 1846 die Turngemeinde in Darmstadt, nachdem die 1843 eingerichtete private Turnanstalt gescheitert war. Da man sich jedoch politisch verdächtig gemacht hatte, mußte der Verein bereits 1847 wieder aufgelöst werden. Anläßlich des Wett- und Schauturnens bei den Feierlichkeiten zur Enthüllung des Monuments für Ludewig I. am 27. August 1844 hatte Felsing die Turnfahne mit den vier in Kreuzform neben- und untereinander gestellten F entworfen; später wurde dieses Zeichen zum Symbol der gesamten deutschen Turnbewegung, es stand für den alten Wahlspruch: Frisch – Frei – Fröhlich – Fromm.

[48v] – Eintrag von Heinrich Karl Hofmann

102 H. K. Hofmann spielt hier wohl auf Cato den Jüngeren, M. Porcius Cato Uticensis (95 – 46 v. Chr.) an, der ein Gegner Caesars und begeisterter Anhänger der Republik war. Man rühmte seine Gerechtigkeit und seine Freiheitsliebe; nach Caesars Sieg bei Thapsus 46 stürzte er sich in Utica ins Schwert. Später galt Cato allen Gegnern der Alleinherrschaft als Vorbild.

103 Der Landschaftsmaler, Zeichner und Kupferstecher Johann Heinrich Schilbach (1798 – 1851), ein Schüler Johann Georg Primavesis (1774 – 1855) in Darmstadt, war 1823 mit einer Unterstützung des Großherzogs von Hessen zusammen mit dem Heidelberger Maler Ernst Fries (1801 – 1833) nach Italien gewandert und traf Mitte November 1823 in Rom ein, wo er die nächsten fünf Jahre zumeist verbrachte. Im Frühjahr 1825 gewann er die Anerkennung in den römischen Künstlerkreisen, da der dänische Bildhauer Bertel Thorvaldsen Schilbachs Bild *Ansicht des Forums mit Blick auf das Capitol* gekauft und noch ein Gegenstück dazu bestellt hatte. Die Aussicht auf weitere Erfolge machten es Schilbach finanziell möglich, die Region Neapel und die Küste von Salerno zu bereisen.

»So hat sich der Maler, der unbekannt nach Rom kam, in den ersten drei Jahren seines Aufenthaltes eine angesehene Stellung errungen, wie sie seiner Begabung und seinem Fleiß entsprach«. (Bergsträsser, *Schilbach*, S. 43f.). Im Frühjahr 1828 unternahm Schilbach zusammen mit Wilhelm Ahlborn eine letzte Reise nach Frascati, Ariccia und Marino in den Sabinerbergen; Anfang Juni begab er sich auf die Heimreise nach Darmstadt. Hier konnte Schilbach die Nachfolge des Darmstädter Theatermalers Joseph Sandhaas (1747 – 1827) antreten. 1837 wurde Schilbach in den Vorstand des 1833 gegründeten Darmstädter Kunstvereins gewählt. Dem Verein gehörten außerdem der Kupferstecher Jakob Felsing – Schilbachs intimer Freund – die Maler Wilhelm von Harnier, Ernst Rauch und August Lucas sowie der Architekt Georg Moller an.

[104] Carl Philipp Fohr war im Juni 1818 im Tiber ertrunken. (Siehe oben Anm. 66 u. 67, Eintrag Bl. 36v von Johann Philipp Dieffenbach).

[105] Heinrich Karl Hofmann, * 1795 in Neckarsteinach, † 1845 in Darmstadt. Hofmann war Schüler des Darmstädter Pädagogs, studierte seit 1812 in Gießen und ab 1814 in Heidelberg Jura, wo er großen Einfluß auf die `Teutonen´ ausübte. 1816 nach Beendigung seines Studiums wurde Hofmann Akzessist bei dem Hofgericht zu Darmstadt, 1817 Hofgerichtsadvokat in Darmstadt. Ein Aquarell des Kunstmalers Carl Sandhaas (1801 – 1859) im Hessischen Landesmuseum in Darmstadt (Hz 2568) zeigt die `Darmstädter Schwarzen´ und ihre Freunde um 1818: Die zentrale Person an einem Tisch ist Hofmann, um den die Freunde gruppiert sind. »Man traf sich zunächst gesellig, befaßte sich mit historisch-kulturellen Themen wie `altdeutsche Poesie´, trug [...] die von den Gießener Burschenschaften gepflegte `altdeutsche Tracht´, die auch der Darmstädter Gruppe die Bezeichnung `Schwarze´ eintrug, obwohl sie mit der radikal-aktionistischen Richtung dieses Kreises um die Brüder Follen trotz der zumindest zeitweiligen Mitwirkung des Follen-Freundes Sartorius nicht übereinstimmten«, Eckhart G. Franz in: *Das Wartburgfest und die oppositionelle Bewegung in Hessen*, Marburg 1994, S. 143 – 160, hier S. 147. – G. Bergsträsser zu diesem Bild (*Schilbach*, S. 17): »Unter den Bäumen auf einer Anhöhe ist eine Schar von Freunden versammelt. [...] Neben die Dargestellten und auf der Rückseite des Blattes

sind Namen [allerdings nachtraglich von fremder Hand] geschrieben, die sich wenigstens zum Teil noch lesen lassen. Da finden sich außer den Künstlern Hessemer, [Heinrich] Felsing, [August] Lucas und [J. H.] Schilbach die Namen [Philipp] Bopp, [J. N.] Leidecker [Leydecker], Filchner, [Karl Fr.] Jäger, [Georg] Rühl, [Heinrich] Ritsert, [Christian] Sartorius, [Heinrich] Schmitz, [Wilhelm] Schulz, [J. W. Chr. T.] Stahl, Namen, die in den Listen der Burschenschafter, vor allem auf der `Freiburger Adressenliste´ aus dem Spätsommer 1818, vorkommen«. (Abb. S.66/67.) 1819 wurde Hofmann als `Demagoge´ von der Mainzer Zentral-Untersuchungs-Kommission in Untersuchungshaft genommen, vom Darmstädter Hofgericht vom Vorwurf des Hochverrats freigesprochen, jedoch geriet er später in die Mühlen der berüchtigten preußischen `Demagogenverfolgung´ und verbrachte 1824 – 1826 als angebliches Mitglied des `Männerbundes´ eine Gefängnishaft in Köpenick. Hofmann war ein Vorkämpfer des deutschen Einheitsgedankens. »Innerhalb der demokratischen, liberalen und nationalen Bewegungen des Vormärz vertrat er die Richtung, die glaubte, die Einheit des Bürgers durch Berufung auf das Recht, durch Einberufung von Volksvertretungen erreichen zu können. Auch er hat dabei, wie manche seiner Mitstreiter, trotz allen Enttäuschungen auf Preußen gesetzt, weil er nur dadurch einen kraftvollen deutschen Staat für erreichbar hielt«. Siehe Erich Zimmermann, *Heinrich Karl Hofmann (1795 – 1845), Ein Darmstädter Liberaler des Vormärz*, in: *Archiv für hessische Geschichte und Altertumskunde*, N. F. 38, 1980, S. 339 – 379, Zitat S. 367f. – Ebenfalls von E. Zimmermann *Für Freiheit und Recht! Der Kampf der Darmstädter Demokraten im Vormärz (1815 – 1848)*, Darmstadt 1987, hier vor allem S. 20ff. u. S. 71ff. – Zu Hofmanns Jugend- und Studienzeit bis Herbst 1815 siehe auch Herman Haupt, *Heinrich Karl Hofmann, ein süddeutscher Vorkämpfer des deutschen Einheitsgedankens*, Abschnitt I – IV, in: *Quellen und Darstellungen zur Geschichte der Burschenschaft und der deutschen Einheitsbewegung*, Bd 3, 1912, S. 327 – 404 [bricht unvollendet ab].

[49r leer]

[49v] – Eintrag von Johannes Scholl

[106] Bertel Thorvaldsen, dänischer Bildhauer, * 1770 in Kopenhagen, † 1844 ebenda; bedeutendster Klassizist der skandinavischen Bildhauerkunst. Nach dem Studium an der Kunstakademie in Kopenhagen erhielt er ein Stipendium für einen Aufenthalt in Italien; 1797 – 1842 lebte er (mit Unterbrechungen) in Rom, wo ihn die Antike stark beeinflußte. Er schuf zahlreiche meist harmonische und anmutige Figuren.

[107] Wohl kaum – wie K. Bott, *Freundschaftsbuch*, S. 147, angibt – Johann Baptist Scholl d. Ä. (1784 – 1854). J. B. Scholl d. Ä. hatte 1817 vom Großherzog Ludewig I. von Hessen eine Berufung als Hofbildhauer nach Darmstadt erhalten und übersiedelte von Mainz nach Darmstadt. Er war 1822 (siehe oben den Eintrag 1827 `vor 5 Jahren´) bereits ein erfolgreicher gestandener Mann und sicher kein `schüchterner Fremdling´. Bei dem Eintrag hier handelt es sich um den jungen hochbegabten Johannes Scholl aus Bremen (1805 – 1861), Sohn des Bildhauers Peter Ignatius Scholl (1780 – 1821). Nach dem Tode seines Vaters und seiner Geschwister 1821 trat Johannes Scholl zunächst zur weiteren Ausbildung in das Darmstädter Atelier seines Onkels Johann Baptist d. Ä. ein. In dieser Zeit schuf Johannes Scholl die beiden liegenden Sphingen an den Treppenwangen der Freimaurerloge in Darmstadt. 1829 wurde Scholl dann Schüler von Professor Konrad Eberhard (1768 – 1859) in München, 1834 konnte er eine Bildungsreise nach Rom antreten und arbeitete dort unter Thorvaldsen. Ab 1840 lebte Johannes Scholl in Kopenhagen, in späteren Lebensjahren wechselte er den Aufenthalt zwischen Bremen und Kopenhagen. (Siehe Ottilie Thiemann-Stoedtner, *Johann Baptist Scholl d. J.* [Sohn Johann Bapt. Scholls d. Ä.], *ein hessischer Bildhauer, Zeichner und Maler der Spätromantik*, Darmstadt, 1965, S. 11f. und S. 96f.; und Gerhard Bott, *Ein Tagebuch aus Italien und Werknotizen des Thorvaldsen-Mitarbeiters Johannes Scholl*, in: *Künstlerleben in Rom, Bertel Thorvaldsen (1770 – 1844), Der dänische Bildhauer und seine deutschen Freunde*, Germanisches Nationalmuseum in Nürnberg, Katalog bearb. von Ursula Peters, Nürnberg 1991, S. 143 – 155). – G. G. Gervinus erwähnt in seiner Autobiographie *Leben* [in den Jahren um 1822], S. 79, Scholl, der zu dem Kreis junger Darmstädter Künstler gehörte, und S. 83 den `jungen Bildhauer Scholl´; bei diesem jungen

Mann kann es sich ebenfalls kaum um Johann Baptist Scholl d. J. (1818 – 1881), den Sohn Johann Baptist d. Ä., handeln.

[50r] – Eintrag von Wilhelm Ahlborn

108 Wilhelm Ahlborn, Landschaftsmaler, * 1796 in Hannover, † 1857 in Rom; Ausbildung 1819 in der Berliner Akademie, 1827 – 1831 in Italien, vor allem in Rom, 1838 Konversion zur katholischen Kirche, 1841 – 1844 und 1848 – 1857 wiederum in Rom, mehrfach auch in Florenz. Sein Grab ist auf dem Campo Santo Teutonico neben St. Peter in Rom. – Im Sommer 1828 hatte Hessemer gemeinsam mit Ahlborn einen Ausflug von Perugia aus nach Assisi, Loreto, Urbino und Gubbio unternommen. Ahlborn (Ingeborg Magnussen, *Des Malers Wilhelm Ahlborn Lebensschicksale, von ihm selbst erzählt*, Vechta in Oldenburg 1935, S. 59) schreibt: »In Perugia fand ich einen Freund wieder, mit dem ich schon in Rom täglich gegangen war, den Architekten Hessemer aus Darmstadt, der wie ich Empfehlungen an [August] Kestner [siehe von ihm den Eintrag Bl. 57r u. 57v] hatte und von diesem in jeder Weise ausgezeichnet wurde. Er war eine poetische Natur, mir ungewöhnlich anziehend, und in unverkennbarem Wohlwollen zugetan. Wir waren einander Bedürfnis geworden«. (Zu Ahlborn siehe auch seinen zweiten Eintrag Bl. 58r u. 58v).

[50v] – Eintrag von Jakob Felsing

109 Georg *Jakob* Felsing, Kupferstecher, * 1802 in Darmstadt, † 1883 ebenda; Felsing lernte bei seinem Vater, übte sich unter Georg Moller für die Bearbeitung von architektonischen Darstellungen, die Felsing mit mehreren jungen Kupferstechern für Mollers architektonische Werke auszuführen hatte. Er besuchte die Zeichenschule in Darmstadt unter Franz Hubert Müller und arbeitete dann 10 Jahre in Italien: 1822 bei Giuseppe Longhi in Mailand [*Thieme/Becker*, Bd 23, 1929, S. 356], 1827 – 1828 bei Raffaello Morghen in Florenz [*Thieme/Becker*, Bd 25, 1931, 150], Herbst 1828 bis Februar 1832 war er in Rom, er ist Mitbegründer des römischen Kunstvereins. 1832 kehrte er nach Darmstadt zurück und wurde 1833 Hof-

kupferstecher. (Siehe auch den Eintrag von seinem Bruder Heinrich Bl. 48r). – Hessemer schildert in seinen *Reisebriefen*, Bd 1, S. 436f. (Brief vom 12. Nov. 1828) die Ankunft Felsings in Rom: »Wie man draußen im Reich etwa einem Verstorbenen die letzte Ehre anthut, daß man ihn zur Ruhe begleitet, so thut man durch Begleitung hier einem Neuen die erste Ehre an. So lief ich denn nun mit Felsing herum, bis ich ihn zur Ruhe, d. h. in ein passendes Logis brachte, er wohnt in *via tritone*, mir etwas schräg gegenüber. [...] Ich fand mich lebhaft in der Zeit wieder, als ich zum erstenmal von Schilbach geführt, diese heiligen Räume durchschritt. Die Verschiedenheit des ersten Eindrucks ist gewiß so groß, wie die Zahl der Beschauer selbst. [...] Felsing, der durch einen längeren Aufenthalt in Italien schon mehr heimisch ist in diesem Lande, [...] faßte alles ganz anders auf; wenn sich mein Auge mehr ins Detail verlor, wenn mich jede Pastetenkirche, jeder Perückenpalast anwiderte, so faßte er nur die großen Räume, die ewig langen Straßen und dergl. ins Auge«.

[51r] – Eintrag von Wilhelm Noack

[110] Friedenstempel – Bis zu Beginn des 19. Jahrhunderts wurden die gewaltigen Ruinen der dreischiffigen Maxentius-Basilika auf dem Forum Romanum mit dem nördlicher gelegenen Tempel des Friedens (Templum Pacis und Aedes Pacis) verwechselt, den Vespasian in dieser Gegend gebaut hatte; er war jedoch unter Commodus (reg. 180 – 192 n. Chr.) abgebrannt. Die Basilika wurde 306 – 310 n. Chr. von Kaiser Maxentius als Geschäftsgebäude östlich an der Via Sacra begonnen. Nach dessen Sturz vollendete Kaiser Konstantin das Gebäude, das später Basilica di Constantino genannt wurde. (Siehe hierzu *Roma Antica, Römische Ruinen in der italienischen Kunst des 18. Jahrhunderts*, Ausstellungskatalog Stadt Dortmund, München 1994, S. 174ff.).

[111] Am 26. Februar 1829 erhielt Hessemer von seinem Vater einen Brief mit der Mitteilung, daß der Vater von Wilhelm Noack, der landgräfliche Hofgärtner Ludwig Noack (* 1763, † 1829), gestorben war. Die beiden Freunde, Felsing und Hessemer, überbrachten Wilhelm Noack diese traurige Nachricht. (*Reisebriefe*, Bd 1, S. 518).

[112] Johann Adam *Wilhelm* Noack, Kupferstecher, * 1800 in Bessungen bei Darmstadt, † im September 1833 an einer Lungenentzündung in Rom; er ist an der Cestiuspyramide auf dem Cimitero degli stranieri acattolici, in dem im Schatten der Stadtmauer gelegenen Friedhof, begraben. Noack lernte zunächst bei Konrad Felsing in Darmstadt, dann bei dem Galeriedirektor Karl Frommel in Karlsruhe, von 1823 – 1828 bei dem Kupferstecher Christian Haldenwang in Karlsruhe. Für Georg Mollers *Denkmäler der deutschen Baukunst* hat Noack eine Ansicht der Katharinenkirche zu Oppenheim und das Innere der Elisabethkirche zu Marburg gestochen. Im Februar 1828 kehrte Noack von Karlsruhe nach Darmstadt zurück und erlangte durch Empfehlung Mollers vom Großherzog eine Unterstützung zu einer Studienreise nach Rom, das er im Dezember 1828 zusammen mit Peter App und Rudolf Wiegmann erreichte. Er wohnte Piazza Barberini und fungierte als Vorstandsmitglied der Künstlerhilfskasse. Sein Hauptwerk `Panorama der ewigen Stadt´ konnte Noack nicht vollenden, der Tod beendete sein hoffnungsvolles Schaffen. An seinem Sterbebett nahm der Freund August Lucas bewegten Abschied. (Siehe *Hessische Biographien*, Bd 3, S. 375 – 377, Artikel von Karl Noack).

[51v] – Eintrag von Elisabetta Zanetti

[113] »padre pietoso« war der nicht ganz ernst gemeinte »Ehrentitel« Hessemers in der Casa Zanetti. – Siehe den Brief vom 12. September 1828 (*Reisebriefe*, Bd 1, S. 410).

[114] Korrekt: Massimiliano, die italienische Namensform von Maximilian, dem 2. Vornamen Hessemers.

[115] affettuosa / affezionata.

[116] Elisabetta Zanetti war die älteste Tochter im Hause Zanetti in Perugia. Sie half ihrer Mutter, Margherita Zanetti, die zahlreichen, vorzugsweise deutschen Künstler zu bewirten, die für Tage oder Wochen, vor allem in den heißen Sommermonaten, hier in der Casa Zanetti Erholung suchten oder auf ihrem Weg von oder nach Rom bei der gastlichen Familie stets herzliche Aufnahme fanden. Während seines Sommeraufenthaltes 1828 in Perugia verliebte sich Hessemer `aufs aller herzhafteste´ in die `liebe gute Betta´ und sie sich in ihn, doch schreckte er vor einer festen Bindung zurück. (Siehe besonders den Brief vom 2. Oktober 1828,

in dem er seinen Vater beruhigte, daß er keine Heiratsabsichten hätte, *Reisebriefe*, Bd 1, S. 428ff.) – Im März 1829 reiste Elisabetta mit ihrer Mutter nach Rom. Anlaß ihres Aufenthaltes war ein Prozeß um den Besitz ihres Anwesens (Haus und Garten) in Perugia gegen den Kirchenstaat. Aus diesen Tagen stammt der obige Eintrag. – Elisabetta heiratete später den Maler Adolf Lößer (* um 1804, Sterbedatum unbekannt), lebte 1856 mit zahlreicher Familie noch in Perugia. (Geller, *Ernste Künstler, fröhliche Menschen*, München 1947, S. 196). »Er [Lößer] zog nach Perugia, half mit dem eigenen Vermögen der Frau Zanetti und heiratete später die älteste Tochter, die zufrieden war, unter allen deutschen Gästen des Hauses den bekommen zu haben, der am kirchlichsten war«. (Magnussen, *Ahlborn*, S. 179f.).

[117] Perugina – die Frau, das Mädchen, aus Pergugia.

[52r – 52v] – Eintrag von Rudolf Wiegmann

[118] vor `vermag´ ein Wort durchgestrichen.

[119] Rudolf Wiegmann, Baumeister und Vedutenmaler, Graphiker und Kunstschriftsteller, * 1804 in Adensen bei Hannover, † 1865 in Düsseldorf; Wiegmann studierte in Göttingen, war 1828 – 1832 in Rom, ab 1835 wieder in Düsseldorf und wurde 1838 dort zum Professor für Baukunst an der Akademie ernannt. (*Thieme/Becker*, Bd 35, 1942, S. 531). Sein Buch *Über den Ursprung des Spitzbogenstils*, Düsseldorf 1842, gehört auch zu dem Themenbereich Hessemers, der 1829/30 von dem begüterten Engländer Henry Gally Knight (1786 – 1846) auf eine Reise nach Ägypten geschickt wurde, auf der Suche nach dem Spitzbogen an frühen Moscheen. Der Architekturforscher Gally Knight war bemüht, die Herkunft des Spitzbogens und das Ursprungsland der Gotik zu finden, eine kunstgeschichtliche Frage, der in jenen Tagen viel Aufmerksamkeit geschenkt wurde. – 1853 wird Hessemer in einem Vortrag über maurische Kunst auf der Versammlung der deutschen Architekten und Ingenieure in Köln ausführen: »Daß die Araber vom Spitzbogen mit der Zeit zum Rundbogen übergegangen seien; wir dagegen, zu einer Zeit, wo das ganze Abendland gleichsam orientalisirt gewesen, den umgekehrten Weg der rundbogenförmigen Ueberdeckung zur spitzbogenförmigen genommen hätten«. Und weiter: »Es

könne nicht bestritten werden, daß der Spitzbogen ein Kind des Orients sei, doch wie kein Volk die Formen eines andern annähme, ohne sie nach seinem individuellen geistigen Leben zu verarbeiten, so sei das bei uns besonders mit dem Spitzbogen geschehen«. (Siehe den Bericht über den Vortrag von Hessemer in der *Zeitschrift für Bauwesen*, Jg. 4, 1854, Sp. 84f.) Gemeinsam mit Hessemer und Vogell las Wiegmann die 1828 erschienene Schrift von Heinrich Hübsch: *In welchem Style sollen wir bauen?* – Kritisch zu dieser Studie äußerte sich Wiegmann, *Bemerkungen über die Schrift `In welchem Style sollen wir bauen? von H. Hübsch´* im *Kunstblatt* 10, 1829. – Siehe Hessemers Brief vom 22. April 1829 (*Reisebriefe*, Bd 1, S. 570ff.).

[53r leer]

[53v] – Eintrag von A. Vogell

[120] Wahrscheinlich Vogell, Zeichner und Architekt zu Hannover, bekleidete daselbst die Stelle eines Hofbau-Inspektors, veröffentlichte 1845 in Hannover *Kunstarbeiten aus Niedersachsen*. (Georg Kaspar Nagler, *Neues allgemeines Künstlerlexikon*, Bd 20, 1850).

[54r leer]

[54v – 55r] – Eintrag von Jacob Götzenberger

[121] Diese Zeilen stehen neben der Zeichnung am unteren Rand der beiden Albumblätter von 54v und 55r. – Jacob Götzenberger, Historienmaler, * 1800 in Heidelberg, † 1866 in Darmstadt; 1828 bis 1831 in Rom, nochmals 1846. 1833 wird er badischer Hofmaler und Galerie-Inspektor in Mannheim und dann 1845 Direktor (*Thieme/Becker*, Bd 14, 1921, S. 327). Zusammen mit Madame Lauska war Götzenberger nach Rom gekommen; da ihm das italienische Klima zu schaffen machte, lag er zunächst einmal krank zu Bett. – Siehe den Brief von Hessemer vom 14. 11. 1828 (*Reisebriefe*, Bd 1, S. 444). Der Eintrag im Freundschaftsalbum ist nicht datiert, da sich Götzenberger jedoch eine Rohrflöte aus Sizilien wünscht, müssen die Verse vor Hessemers Sizilienreise geschrieben sein, wohl im März 1829. – Nach seiner Ägyptenreise hielt Hessemer in Rom

in der Wohnung von Götzenberger seine letzte Vorlesung über Ägypten; um diese Berichte, seine Erfahrungen in dem muslimischen Lande, hatten ihn seine römischen Freunde gebeten, vor allem aber wollten sie seine mitgebrachten Zeichnungen sehen.

[55v] – Eintrag von Caroline Lauska

[122] Caroline Lauska, geb. Ermeler, Malerin; * 1794 in Berlin, † nach 1843. Sie war die Frau des böhmischen Musikers Franz Ignatz Lauska. Caroline Lauska hatte 1812 bei Carl Kretschmar, später bei Wilhelm Schadow in Berlin gelernt, war 1821 – 1822, November 1828 – Ende Juli 1830 und 1842 – 1843 in Rom. (Hans Geller, *Die Bildnisse der deutschen Künstler in Rom, 1800 – 1830*, Berlin, 1952, S. 76). – Bald nach ihrer Ankunft im November 1828 berichtet Hessemer: »Bei dieser Mad. Lauska wird sich zuweilen Abends ein kleiner Kreis von Gleichgesinnten [...] zusammenfinden [...]; ich freue mich sehr, in diesen Kreis zu gehören, denn ein für allemal verträgt sich meine Natur nicht mit einer Art Ausgelassenheit, die eben so leer und nichtsbedeutend ist, als sie mir entwürdigend und fern von der geistigen Bildung erscheint [...]. Dagegen weiß nun so eine Frau gar herrlich den Schirm zu halten; ich hab es ja schon lang gesagt, die Männer wären Bestien geworden, wenn sie die Frauen nicht leise lenkend auf der Bahn der Sitte hielten«. (*Reisebriefe*, Bd 1, S. 444f.) – In seinem Brief vom 27. Januar 1829 schreibt er über Madame Lauska: »Sie ist Witwe, ohngefähr 36 Jahre alt, eine geistreiche Dame. [...] Nicht allein, daß sie sich für Malerei und Kunst sehr interesssirt, malt und zeichnet sie sehr schön. Sie hat viel gelesen, aber alles mit Sinn und sehr schöner richtiger Wahl. Jean Paul ist ihr Lieblingsdichter, Goethes Tasso weiß sie fast ganz auswendig. Thorwaldsen und andere ausgezeichnete Geister hier sind sehr gern in ihrer Gesellschaft; sie ist so einfach und natürlich in ihrem Wesen, so ganz weit entfernt von aller schöngeistigen Ziererei, daß man sich angenehm in ihrer Gesellschaft angeregt fühlen muß«. (*Reisebriefe*, Bd 1, S. 496f.) – Caroline Lauska wohnte Via Sistina 48/51 in der Casa Butti, die von der Witwe Anna Maria Butti, der `Hausmutter der Deutschen´, geführt wurde. Hessemer traf Frau Lauska noch in `der heiligen Roma´ an, als er am 3. Juli 1830 von seiner Ägyptenreise zurückkam.

[56r] – Eintrag von Johann Heinrich Westphal

[123] Neilos – Nil.

[124] Achaia – Griechenland.

[125] Dante Alighieri, *La divina Commedia, Inferno*, XVIII, 1 – 3: »Einen Ort gibt es in der Hölle, Malebolge genannt, / ganz aus Gestein von der Farbe des Eisens, / ebenso wie die Rundung, die ihn rings einschließt« in der Übersetzung von Walter Naumann, Darmstadt 1997.

[126] Professor Johann Heinrich Westphal, Astronom und Geograph. * 1794 zu Schwerin, † im September 1831 auf der Insel Sizilien, begraben in Termini Imerese. – 1813 hatte er sich dem Lützow'schen Freicorps angeschlossen, nach dem endgültigen Friedensschluß absolvierte er ein Studium in Göttingen, war später am Gymnasium in Danzig als Professor der Mathematik tätig, 1822 unternahm er eine Reise nach Ägypten; es folgte ein Aufenthalt in Neapel und ab 1825 lebte er einige Jahre in Rom. 1830 reiste Westphal ein zweites Mal an den Nil und drang den Ufern entlang bis nach Nubien vor. Hessemer berichtet in seinen *Reisebriefen*, Bd 1, S. 539 (Brief vom 18. 3. 1829): »Professor Westphal [...] hat mir einen umständlichen Auszug, den er selbst aus allen möglichen Schriftstellern über Aegypten gemacht hat, gegeben, [...] die herrlichsten Notizen über alte Kultur, Kunst und Geschichte sind darinnen, es ist mir dies ein wahrer Gewinnst, und ein Freundschaftsstück von ihm, das ich mir kaum erwartet hätte«. – Westphal ist Verfasser von zahlreichen Schriften, u. a. *Die römische Kampagne in topographischer und antiquarischer Hinsicht. Nebst einer Karte der römischen Kampagne und einer Wegkarte des alten Lazium*, Berlin, Stettin 1829, unter dem Pseudonym Justus Tommasini gab er *Spatziergang durch Calabrien und Apulien (im September und Oktober 1825)*, Konstanz 1828, heraus. (*ADB*, Bd 42, 1897, S. 202f.).

[56v] – Eintrag von August Hopfgarten

[127] Gemeint ist August Kestner. Der Eintrag von Hopfgarten steht auf der gegenüberliegenden Seite der Zeilen von Kestner, unten rechts, ist mit Bleistift geschrieben und enthält kein Datum.

[128] August Ferdinand Hopfgarten, Maler, * 1807 in Berlin, † 1896 daselbst. Hopfgarten besuchte seit 1820 die Ber-

liner Akademie, ging 1827 nach Rom, war Mitbegründer des römischen Kunstvereins, kehrte 1833 nach Berlin zurück. Er ist der Neffe des Bronzegießers Wilhelm Hopfgarten (1779 – 1860), der seit 1805 in Rom lebte und zusammen mit Benjamin Ludwig Jollage (1781 – 1837) eine Erzgießerei begründete (Geller, *Bildnisse*, S. 65).

[57r – 57v] – Eintrag von August Kestner

[129] Freude – in den *Reisebriefen*, Bd 2, S. 392 lautet die Transkription `Freunde´, ebenso bei K. Bott, *Freundschaftsbuch*, S. 159.

[130] Georg *August* Christian Kestner, * 1777 in Hannover, † März 1853 in Rom (begraben auf dem protestantischen Friedhof an der Cestiuspyramide); sein Vater war der Archivar Johannn Christian Kestner, seine Mutter Charlotte, geb. Buff aus Wetzlar (Goethes Lotte). Neben seinem Jura-Studium interessierte sich Kestner von Jugend auf für Kunstgeschichte und Musik und übte sich im Zeichnen. Weihnachten 1808 bis August 1809 war er erstmalig in Rom und befreundete sich mit Joseph Anton Koch, den Brüdern Riepenhausen und Bertel Thorvaldsen. 1817 kam Kestner als hannöverscher Legationssekretär wieder nach Rom, wurde 1825 Geschäftsträger, später Ministerresident und blieb zuletzt als Privatmann dort. Er war Mitglied der Akademie S. Luca und des Deutschen Künstlervereins, gehörte der von dem preußischen Gesandten Christian Carl Josias Freiherr von Bunsen begründeten evangelischen Gemeinde an und war Mitbegründer der `Bibliothek der Deutschen´. Auch literarisch war Kestner tätig, so veröffentlichte er kleinere Schriften über die neudeutsche Kunst in Rom. »Kestner war geradezu prädestiniert, der verständnisvoll teilnehmende Berater, Beschützer und Freund der Deutschen in Rom zu sein«. (Siehe *Auch ich in Arcadien, Kunstreisen nach Italien 1600 – 1900*, Marbach am Neckar 1966, S. 183.) Der Politiker und Publizist Arnold Ruge (1802 – 1880) charakterisiert am 23. 11. 1832 den hannöverschen Gesandten Kestner: »[...] ein einfacher höchst umgänglicher und liebenswürdiger Mann, ein wenig künstlerisch enragirt, der höchst charakterisch, auch schön porträtirt und ganz in Kunst und Alterthum vergraben, fortwährend mit dem Pinsel in der Hand getroffen wird«. (Ebendort S. 183). – Hessemer selbst vermerkt: »Kestner

ist sehr freundschaftlich gegen mich und ist mir in allen Fällen die höchste Instanz«. (*Reisebriefe*, Bd 1, S. 472.) – Kestner hatte seinem Bruder Theodor (1779 – 1847), als einem der Administratoren des Städelschen Kunstinstituts, Hessemer als Nachfolger für Heinrich Hübsch empfohlen; und Kestner hatte auch dazu beigetragen, daß der wohlhabende Henry Gally Knight (1786 – 1846) den begabten Architekturzeichner Hessemer, »der mit Leichtigkeit Bauwerke, Straßen und Plätze in Zeichnungen und Aquarellen erfaßte«, auf die Reise nach Ägypten schickte. – In den Tagen seiner Rückkehr aus Ägypten nach Rom entwickelte sich eine innige vertraute Freundschaft zwischen Kestner und Hessemer. In einem Brief vom 1. September 1830 schreibt Kestner an seine Schwester Charlotte: »Einen sehr ausgezeichneten jungen Mann habe ich im Monath July, wo ich ihn ganz besaß, näher kennen gelernt, und wieder ist ein Liebesverhältniß mit ihm entwickelt. Er heißt Hessemer, Architekt, Neffe von Moller dem Oberbaurath und von diesem mir früher empfohlen. Mein stetes Gewirre verhinderte Jahre lang, daß ich ihn für so viel erkannte, wie er ist, obwohl seine Bestimmtheit, sein helles Auge und ernstes anmuthiges Erscheinen mir sehr anziehend war und seine Arbeiten mich ergötzten.[...] Nebst seinem Busenfreunde, dem ich auch sehr gut bin, dem Landschaftsmaler Ahlborn, [...] kam er den Monath, den er vor seiner Reise nach Deutschland durch Italien noch hier zubrachte, täglich zu mir, und wir besuchten täglich interessante Orte zusammen, unter Erzählungen aus Ägypten, wovon ich schon manches kannte und besitze. Auch theilten wir uns zu wechselseitigem Genuß viel Gedichte mit«. (Siehe *August Kestner und seine Zeit, 1777 – 1853, Das glückliche Leben des Diplomaten, Kunstsammlers und Mäzens in Hannover und Rom*, Aus Briefen und Tagebüchern zusammengestellt von Marie Jorns, Hannover 1964, S. 212.) – Hessemer selbst äußert: »Meine schönsten Stunden sind die bei Kestner, er fährt uns überall herum; wir haben Gespräche von tiefem ernstem Sinn und dann treiben wir wieder recht kindliche Spielereien und bei allem sind wir froh und glücklich und wechselseitig liebevoll. [...] Ich weiß nicht leicht Jemanden, mit dem man den richtigen Faden eines fortlaufenden Gespräches schöner verfolgen könnte, als gerade mit Kestner; er geht auf alle Ideen ein und sucht sie nicht von seinem sondern von dem Standpunkte des anderen aufzufassen und dann zu berichtigen; und wir beide begegnen uns sehr freundlich in diesem löblichen Verfahren, so daß das Gespräch beide belehrt und zugleich erfreut«. (14. Juli 1830, *Reisebriefe*, Bd 2, S. 369f.).

[58r – 58v] – Eintrag von Wilhelm Ahlborn

131 Von anderer Hand der Zusatz `Ahlborn´. Zu Wilhelm Ahlborn siehe auch den Eintrag Bl. 50v. – Nach seiner Abreise aus Rom verbrachte Ahlborn zusammen mit Hessemer eindrucksvolle Tage am Golf von Neapel: sie durchstreiften den Hügel von Cumae, waren Gast im Hause des Notars Giuseppe Pagano auf Capri und erforschten die zauberisch und feenhaft anmutende Blaue Grotte, deren klares Wasser zum Bade einlud, sie besuchten die Tempel von Paestum, überquerten die Sorrentiner Halbinsel, erklommen gemeinsam mit August Kopisch, Karl Blechen und Leopold Schlosser den Vesuv. Entlang der Nordküste Siziliens wanderten die beiden Freunde bis Palermo, dann zogen sie durch dieses Land mit Pepe, dem Mauleseltreiber aus Monreale. Von Ahlborn stammt die aquarellierte Zeichnung seines Begleiters: *Der Wanderer auf Sizilien,* mit Wanderstab, Rucksack und dem großen Strohhut. Wenige Tage vor dem Abschied in Messina hat Ahlborn noch einmal den Freund porträtiert: *Friedrich Maximilian Hessemer mit Lorbeerkranz* (beide in Privatbesitz). – Nach Hessemers Rückkehr aus Ägypten wohnten die beiden Freunde zusammen in Ahlborns Wohnung in Rom und unternahmen zahlreiche Ausflüge mit August Kestner durch Rom und in die nähere Umgebung. Ahlborn begleitete Hessemer auf seiner Heimreise nach Norden, in Casteggio trennten sich die Wege der Freunde, Ahlborn reiste über Piacenza nach Rom zurück, und Hessemer begab sich über Mailand und die Alpen nach Darmstadt. – Diese Freundschaft währte jedoch nicht lange. Bereits 1834 [?] notiert Ahlborn in Berlin (Magnussen, S. 155): »Ich hatte schon früher bei aller Freude an seinem geistigen Reichtum und seiner herrlichen Freundschaft einen heimlichen Gram gehabt: des Freundes Stellung zum christlichen Glauben, seine übertriebene Hochschätzung des Heidentums gegenüber der Kirche, selbst in den Monumenten, darin sie so Überragendes geschaffen – und daß ich zu schwach war, ihn zu überführen. Mich schmerzte seine Freimaurerei. [...] Ich sah die

ganz verschiedene Entwicklung in uns. Es war mir weh – ich liebte ihn. [...] Es wäre nicht mehr gegangen«. – Und Hessemer schreibt am 7. April 1839 aus Frankfurt an Gervinus: »Ahlborn in Berlin ist mit seiner Frau katholisch geworden; unsere frühere Freundschaft war schon längst geknickt, wenn nicht gar abgebrochen; das Weiche, Zerfließende in seinem Wesen war früher nicht so stark als es nachher wurde, aber er hatte es mir verborgen; [...] So wenig ich zuletzt auch von ihm erwartete, so wenig Hoffnungen sich mir an ihn anknüpften, muß ich doch gestehen, daß es mir herzlich weh getan hat«. (*Briefwechsel Gervinus-Hessemer*).

[59r] – Eintrag von Lambert Christian Stallforth

132 In den Zivilstandsregistern der Stadt Bremen und dem Taufbuch des St. Petri-Doms (6, 18/20-14) konnte ermittelt werden, daß der Kaufmann Lambert Christian Stallforth, Sohn des Kaufmanns Christian Friedrich Stallforth und der Sophia Beate Elisabeth, geb. Lambertz, am 29. 03. 1798 in Bremen geboren wurde. Er heiratete am 02. 12. 1831 die Marianne Adele Luise Haase. In den Bremer Adreßbüchern wird L. C. Stallforth 1839 letzmalig genannt. Ein Sterbeeintrag konnte nicht ermittelt werden. (Freundliche Auskunft von Frau Marietta Schiele-Veltl, Staatsarchiv Bremen.) – In seinen *Reisebriefen*, Bd 1, S. 680, erwähnt Hessemer L. C. Stallforth aus Bremen. Stallforth hatte sich eine Abschrift von Hessemers Gedicht *Meinem Vater zum Geburtstag: Dies sind Siciliens wunderschöne Küsten [....]* angefertigt, um diese Verse in die Heimat zu tragen; »alle, die es noch sahen, sagten mir, daß in diesen Zeilen sich der Charakter der sicilianischen Reise ganz erstaunlich lebendig ausspreche«, führt Hessemer in seinem Brief vom 24. Juli 1829 aus.

[59v leer]

[60r] – Eintrag von Adolph Siebert

133 Adolph Siebert aus Berlin, Maler, * 1806 in Brandenburg (oder Halberstadt ?), Schüler der Berliner Akademie, seit Herbst 1829 in Rom. Siebert war taubstumm, er starb im Mai 1832 in Rom. (*Thieme/Becker*, Bd 30, 1936, S. 593). –

Neben seinen Namen malt Siebert sein Künstlerzeichen: in einem Kreis ein Ohr, das mit zwei Strichen durchgeixt ist.

[60v leer]

[61r] – Eintrag von Immanuel Illmoni

134 Von anderer Hand: `Immanuel Ilmoni, Dr. aus Helsingfors in Finnland´. Illmoni (1797 – 1856), schwedischer Naturheilkundiger und Arzt; Illmoni studierte in Abo, Stockholm und Uppsala, in den Jahren 1828 bis 1830 besuchte er Deutschland, Frankreich, Italien und England, wurde 1834 Professor der praktischen Medizin an den Universitäten Uppsala und Stockholm, er ist Autor zahlreicher wissenschaftlicher Werke, deren bekanntestes wohl *Analecta clinica iconibus illustrata,* Helsinki 1851 – 1854, ist. (*Biographisches Lexikon der hervorragenden Ärzte*, Bd 3, 3. Aufl., München, Berlin 1962, S. 370). In seinen *Reisebriefen*, Bd 1, S. 658 (Brief vom 4. Juli 1829), erwähnt Hessemer, daß Illmoni im Begriff sei, wieder abzureisen, um an der Zusammenkunft deutscher Naturforscher im September 1829 in Heidelberg teilnehmen zu können. Auch Illmoni schrieb sich Hessemer Verse *Dies sind Siciliens wunderschöne Küsten* ab, das Original hat Hessemer Ahlborn geschenkt.

[61v leer]

[62r] – Porträt von Peter Cornelius

135 Peter Cornelius (1783 – 1867). Die Zeichnung macht keine Angabe, wer das Portrait fertigte, noch wann es entstand. In den *Reisebriefen* von Hessemer wird Cornelius nicht genannt. In den Jahren 1811 – 1819, 1830/1831, 1833 – 1835, 1843/1844, 1845/1846, 1853 – 1861 war Cornelius in Italien, eine Begegnung während Hessemers Reise wäre im Jahre 1830 möglich gewesen. In der Städtischen Kunsthalle in Mannheim befindet sich ein Portrait von Peter Cornelius, eine Bleistiftzeichnung (21 x 15 cm) von August Lucas, signiert: `zum Geschenk für meinen guten Hessemer AL 1826´ (siehe K. Bott, *Freundschaftbuch*, S. 151). Hans Geller zeigt in seinem Buch *Bildnisse der deutschen Künstler in Rom 1800 – 1830* zwei ähnliche Portraits von

Peter Cornelius während seiner italienischen Jahre: Abb. 58, Nr 171 eine Zeichnung von Friedrich Olivier (20, 3 x 13, 1 cm Frankfurt a. M., Städelsches Kunstinstitut; hiernach ein Holzschnitt von unbekannter Hand in München, Staatliche Graphische Sammlung) und Abb. 64, Nr 168 eine Zeichnung von Theodor Rehbenitz (17, 5 x 19, 5 cm; Bez.: T R –Monogr.– 1819, Lübeck, Behn-Haus). Der Maler Friedrich Olivier (1791 – 1859) hielt sich in den Jahren 1818 – 1822 in Rom auf, Theodor Rehbenitz (1791 – 1861) in den Jahren 1816 – 1824, dann wieder 1829 – 1832. Mit ihm, dem Sekretär des preußischen Geschäftsträgers beim Vatikan Freiherrn Chr. C. J. von Bunsen, traf Hessemer vor allem vor seiner Reise nach Ägypten öfters zusammen.

[62v leer]
[63r leer]

[63v] – Eintrag von Amalie Moller

[136] Diese Zeilen – ein reimloser Fünfzeiler mit wechselnder Hebungszahl – tragen keinen unterzeichnenden Namen und auch kein Datum. Der Inhalt deutet auf einen Bekannten aus dem familiären Kreise. – Im Merckschen Familien-Archiv befindet sich ein dünnes Heftchen mit Aufzeichnungen von Amalie Hessemer aus den Jahren 1796 und 1797. Sie sind mit viel Sorgfalt von der jugendlichen Amalie geschrieben, die Schriftzüge hier im Freundschaftsalbum sind eher flüchtig. Die große Ähnlichkeit z. B. mit dem ungewöhnlichen Majuskel W läßt jedoch die Vermutung zu, daß obiger Eintrag von Amalie Moller, der Frau von Georg Moller (*1784 in Diepholz, † 1852 in Darmstadt), stammt. – In Mailand bittet Hessemer seinen Vater: »[...] gieb es [das Stammbuch, das er bereits am ersten Reisetag nach Darmstadt zurückgeschickt hatte] Tante Moller, die hat versprochen, mir was hinein zu schreiben« (*Reisebriefe* Bd 1, S. 90). Hier könnte es sich um diesen versprochenen Eintrag handeln. – 1811 hatte Moller in erster Ehe Katharina *Amalie* Philippine Hessemer (* 1780 in Darmstadt, † 1839 ebd.), die Witwe des hessen-darmstädtischen Hauptmanns Ludwig Heinrich Leopold Karl Merck (* 1777 in Alsfeld, † 1809 an seiner Verwundung nach der Schlacht bei Wagram), geheiratet. Moller wohnte seit seiner Heirat zunächst im Hause seines Schwiegervaters

Johann Valentin Hessemer, Ballonplatz 7; als dieses Haus 1813 verkauft wurde, baute er sich 1819 sein eigenes Haus in der unteren Rheinstraße 47. – Die Nichte und spätere Frau von F. M. Hessemer Emilie beschreibt die »strenge und heikle Tante Moller« in ihren Erinnerungen: »An der Seite eines bedeutenden Mannes, aber kinderlos, und in guten Verhältnissen, hatte sie sich gewöhnt mit Rat und Tat in der Familie zu dominieren, und die große Anzahl von Nichten, Großnichten und Neffen mußten gern oder ungern, sich viel nach ihr richten, wodurch dann die verschiedene Beurteilung ihres Wesens entstand«. (E. Hessemer, *Aufzeichnungen für meine Kinder*, Bl. 43 u. 44.) In seinen *Reisebriefen* vergißt F. M. Hessemer nie, die Tante Moller zu grüßen. In seinem Bericht über das unsinnige Gewühl, das Drunter und Drüber von Menschen, Kutschen und Pferden, die sich den Platz streitig machen, um beim Pferderennen, das den Karnevalstag in Rom beschloß, dabeizusein, denkt Hessemer an die Tante. »Für die Tante Moller wäre wenig Vergnügen hierbei anzusehen, selbst wenn sie in der Kutsche säß, hätte sie doch keinen ruhigen Augenblick, weil man nur gar zu leicht zum Glauben verleitet wird, über all den unzähligen Menschen schwebe die augenblicklichste Lebensgefahr«. (*Reisebriefe*, Bd 1, S. 238). Bereits in Florenz hatte sich Hessemer bei der Rücksichtslosigkeit, mit der durch die mit Menschen angefüllten Straßen im stärksten Trab gefahren wurde, an die Tante erinnert: »Ich denke manchesmal hierbei an die Tante Moller und an die früheren Lebensgefahren, die ich mit ihr überstand, wenn ich sie etwa aus dem Theater nach Hause brachte, wirklich so gern ich sie hier und in der Gegend herum führen möchte, durch die Stadt müßte sie einen Wagen miethen, sonst wäre nicht fortzukommen«. (Bd 1, S. 192.) – Jahre später in einem Brief aus Frankfurt vom 11. April 1839 an Gervinus klagt Hessemer: »Der Tante Gladbach [† Herbst 1838] ist die Tante Moller schnell gefolgt († 7. März). Der Halt und Mittelpunkt der Familie ist nun in Darmstadt verloren, und das eigene Heimweh, das ich sonst wohl in meiner hiesigen ermüdeten und erschöpften Umgebung verspürte, hört nach dorthin auf«. (*Briefwechsel Gervinus-Hessemer*).

[64rv leer]

[65r] – Eintrag von Elise Morell

[137] Dieses Blatt ist in den Buchblock eingeklebt; das Papier ist feiner und zeigt ein anderes Wasserzeichen.

[138] Ausgabe: `kömmt´.

[139] Diese Zeilen sind entnommen dem 1795 erschienenen Roman von Jean Paul, *Hesperus oder 45 Hundposttage, Eine Lebensbeschreibung*, 19. Hundposttag, Gartenkonzert von Stamitz. – In der historisch-kritischen Ausgabe *Hesperus*, hrsg. von Hans Bach und Eduard Berend, Weimar 1929 (*Sämtliche Werke*, Abt. 1, Bd 3), S. 292, 31f.: »Theurer Viktor! im Menschen ist ein großer Wunsch [...] «.

[140] Elise Morell, geb. von Greyerz, ist die Frau des Architekten Bernhard-Rudolf Morell (1785 – 1859). Morell, ein Freund von Georg Moller, war mit diesem zusammen bei Friedrich Weinbrenner in Karlsruhe während der Ausbildung und hat gemeinsam mit ihm die Studienreise nach Rom unternommen. Später war Morell lange im Dienste der bayrischen Regierung in München und kehrte dann als Baurat nach Bern, seiner Heimatstadt, zurück. (*Schweizerisches Künstler-Lexikon*, Bd 2, 1908 (Repr. 1967), S. 424). – In seinen *Reisebriefen*, Bd 2, S. 354 (Brief vom 27. Juni 1830), schildert Hessemer diese »geistreiche liebenswürdige Frau«, die Hand anlegte, »den starren Barbaren wieder zu Zucht und Ordnung zu bringen, so nach Art einer Tante äußerte sie einen sehr wohltätigen Einfluß auf mich«.

[65v leer]

[66r] – Eintrag von Adolfine Moller

[141] Die Verse sind von Christoph August Tiedge (1752 – 1841) und stammen aus seinem Lehrgedicht *Urania, über Gott, Unsterblichkeit und Freiheit, ein lyrisch-didactisches Gedicht in sechs Gesängen*, Halle 1801, S. 199f. (aus dem 6. Gesang: *Freiheit, Wiedersehn*).

[142] Dorothea Charlotte Emilie *Adolfine* Moller, Schwester von Georg Moller aus der ersten Ehe seines Vaters Adolf Levin Moller, die Mutter war Sophie von Castelmur, die 1795 starb. Adolfine wurde um Weihnachten 1794 in Diepholz geboren, sie war ab 1821 Chanoinesse im evangelisch-lutherischen Damenstift Wienhausen im Hannoverschen

und ist dort 1857 gestorben. – Siehe Georg Moller *Aus den Lebenserinnerungen*, in: *Mercksche Familien-Zeitschrift*, Bd 10, 1926, S. 35ff.

[66v leer]

[67r] – Eintrag von Konsul Nott

143 Von anderer Hand: `Nott, Consul in Kairo´. Gemeinsam mit dem Engländer, Fregattenkapitän William Henvey (fl. 1840; *The Army Officers listed in the Naval and Military Almanac*), hatte Hessemer die Nilfahrt in einer Barke bis Oberägypten nach Assuan mit den beiden Inseln Philae und Elefantine bei dem ersten Katarakt unternommen. Durch Henvey (`Henvey hat mir einen Namen gemacht bei den Engländern´) wurde Hessemer mit weiteren Engländern in Kairo bekannt, so mit James (Hali) Burton (1788 – 1862), `a zealous investigator in Egypt of its Languages and Antiquities´ (*DNB*, Vol. 8. 1917, S 917), und mit Sir John Gardner Wilkinson (1797 – 1875), dem Begründer der Ägyptologie in Großbritannien (*DNB*, Vol. 21, 1917, S. 274ff.). – (»Ich bin gern in ihrer Gesellschaft ich meine Burton und Wilkenson«, *Reisebriefe*, Bd 2, S. 245). Den Altertumskundler Robert Hay of Linplum (1799 – 1863; Dawson / Uphill: *Who was Who in Egyptology*, 1995, S. 194) und seine griechische Frau Kalitza Psaraki aus Kreta hatte Hessemer bereits während der Schiffsreise nach Ägypten kennengelernt. Bei dem englischen Ingenieur John Galloway (1804 – 1894) war er zum Mittagessen eingeladen, `eine langweilige Geschichte bis tief in die Nacht: die Engländer im Türkenkostüm Karten spielend´ (*Reisebriefe*, Bd 2, S. 147). Über einen Ausflug zu den Pyramiden von Gizeh in Gesellschaft vieler Engländer berichtet Hessemer in seinem Brief vom 12. Januar 1830 (*Reisebriefe*, Bd 2, S. 232ff.). Den Konsul Nott nennt er in seinen *Reisebriefen* nicht. Über diesen Konsul konnten keine näheren Angaben ermittelt werden, auch das von ihm eingetragene englische Sonett war nicht nachzuweisen, es wurde wohl nie veröffentlicht.

[67v leer]

[68r] – Eintrag von Carl Goetzloff

[144] Carl Wilhelm Götzloff, Landschaftsmaler, * 1799 in Dresden, † 1866 in Neapel. Goetzloff absolvierte ab 1814 ein Studium an der Dresdner Akademie, wurde stark von Caspar David Friedrich beeinflußt, war dann 1821 mit einem königlichen Stipendium nach Italien gekommen und lebte bis 1825 vorwiegend in Rom, wo er im Kreise von Julius Schnorr von Carolsfeld verkehrte, dann auch zu Joseph Anton Koch und Ludwig Richter Beziehungen knüpfte. 1825 ließ sich Götzloff in Neapel nieder und wurde 1835 (bis 1838) zum Hofmaler von Ferdinand II., dem König beider Sizilien, ernannt. 1835 hatte Götzloff Louisa Chentrens geheiratet, deren liebenswürdige Art viele Freunde und Künstler, die Gäste im Götzloffschen Hause waren, priesen. Das Ehepaar hatte drei Söhne; begeistert schreibt Adolf Stahr (*Ein Jahr in Italien*, Bd 2, Oldenburg 1848, S. 201): »Mutter und Kinder sprechen das Deutsche, Italienische und Französische zugleich als ihre Muttersprache. Der Verkehr des Hauses besteht fast ausschließlich aus Fremden, meist deutschen Landsleuten, besonders Künstlern, und man ist sicher, dort Abends immer um den gastlichen runden Marmortisch, einen Kreis derselben anzutreffen«. – Götzloff widmete sich in seiner umfangreichen Bildproduktion besonders der Darstellung gefälliger touristischer Veduten der malerischen Gegend vom Golf von Neapel und dem Volksleben Süditaliens. Auf den Verkauf seiner Bilder war er angewiesen. Ernst-Alfred Lentes zieht in der Monographie *Carl Wilhelm Götzloff, Ein Dredner Romantiker mit neapolitanischer Heimat*, Stuttgart u. Zürich 1996, S. 131, diese Bilanz: »Ewig talentiert, aber dennoch ohne den richtigen Durchbruch endete an einem kalten Januartag 1866 ein deutsch-italienisches Künstlerleben des 19. Jahrhunderts. Die der Nachwelt hinterlassenen Werke fügen sich für den heutigen Betrachter in den Kanon romantischer Landschaftsmalerei ein – eine Malerei, der Carl Wilhelm Götzloff zeit seines Lebens verhaftet blieb«. – Hessemer berichtet von zwei Begegnungen mit Götzloff im Hafen von Neapel. Im Mai 1829 hielt sich Götzloff in Capri auf; Hessemer notiert in seinem Brief vom 30. Mai 1829 (*Reisebriefe*, Bd 1, S. 612): »Götzlow trafen wir da, der uns [d. i. August Kopisch, Ahlborn, Frederik Thöming und Hessemer bei dem Capreser Notar Giuseppe Pagano] sehr gut Quartier gemacht hatte. Es waren schöne Tage, die wir dort miteinander verlebten und die

Gesellschaft war recht geeignet, durch Theilnahme und reges Interesse dem Genusse dieser mannichfachen Schönheiten noch eine gebührende Würze zu geben«. – Götzloff hat Hessemer porträtiert; die Bleistiftskizze ist 1945 verbrannt. (Abb. 165, Nr 503 Geller, *Bildnisse*). –

[68v leer]

[69r – 72v] – Eintrag von August Kopisch (Archimedes Grab)

145 Das sog. Grab des Archimedes in den Necrópoli delle Grotticelle, einer Grabstätte mit griechisch-römischen und byzantinischen Gräber, von denen eines ohne jeden Anhaltspunkt als Grab des Archimedes bezeichnet wird. – Archimedes, * um 287 in Syrakus, † 212 v. Chr., bedeutendster Mathematiker und Physiker der Antike; er leistete bei der Verteidigung der Stadt Syrakus gegen die Römer im 2. Punischen Krieg wesentliche Hilfe durch Konstruktionen von Kriegsmaschinen.

146 August Kopisch (* 1799 in Breslau, † 1853 in Berlin) hatte an den Akademien von Prag und Wien (1818 – 1819) und Dresden (1821 – 1824) Malerei und Kunstgeschichte studiert, dann folgte ein fünfjähriger Aufenthalt in Italien. Dort erhoffte sich Kopisch Heilung für seine durch einen Unfall gelähmte Hand, die ihm beim Malen Schmerzen bereitete; da er keine Besserung fand, wandte er sich mehr der Dichtkunst zu, widmete sich außerdem besonders der Archäologie und Kunstgeschichte, beschäftigte sich mit der italienischen Dichtung, übersetzte und lieferte eigene literarische Arbeiten. Während seines dreijährigen Aufenthaltes in Neapel interessierte er sich für das italienische Volksleben, die italienische Volksmusik und Volkspoesie. Kopisch veröffentlichte 1838 in Berlin seine gesammelten und übersetzten *Agrumi, Volkstümliche Poesien aus allen Mundarten Italiens und seiner Inseln.* In der ersten Zeit seines neapolitanischen Standortes \`entdeckte´ er zusammen mit dem Heidelberger Maler Ernst Fries (1801 – 1833) und unter Mitwirkung des Notars Giuseppe Pagano aus Capri und des Fischers Angelo Ferraro 1826 die in römischer Zeit als Meeresnymphäum benutzte Grotte auf Capri wieder. Er gab ihr den Namen *Grotta Azzura* (im Band 1, 1838 des Almanachs *Italia*, hrsg von Alfred

Reumont, von Kopisch die Schilderung der *Entdeckung der Blauen Grotte auf der Insel Capri*). Im Frühjahr 1827 unternahm er eine Reise nach Sizilien, und im Sommer desselben Jahres machte Kopisch in Neapel die Bekanntschaft mit August Graf von Platen-Hallermünde (1796 – 1835). Diese Begegnung führte Kopisch zu intensiver Hinwendung zur Antike. Platen vermerkt in seinem Tagebuch: »Mein Verhältnis zu Kopisch hat sich auf das schönste und freundschaftlichste entwickelt. Er ist einer der edelsten und liebenswürdigsten Charaktere, die mir jemals vorgekommen, voll mannigfaltiger Talente, äußerst unterhaltend im Gespräch und immer heiter scheinend«. (Platen, *Memorandum meines Lebens*, hrsg. von Gert Mattenklott und Hansgeorg Schmidt-Bergmann, Frankfurt am Main, 1988, S. 164.) Diese Beziehung währte jedoch nicht lange. Paul Bornefeld notiert in seiner Dissertation *August Kopisch, Sein Leben und seine Werke*, Münster 1912, S. 7: »Wir dürfen wohl den Anlaß zur Trübung des Verhältnisses in der unnatürlichen Veranlagung Platens suchen, dessen immer wieder aufquellende Leidenschaft ihn selbst reizbar machte und gegen Kopisch ungerecht erscheinen ließ«. Von dem preußischen Legationsrat in Neapel, Herrn von Arnim, wurde Kopisch als Gutachter bei Ankäufen für die königliche Galerie in Berlin herangezogen, im November 1828 dann dem preußischen Kronprinzen, dem späteren König Wilhelm IV., in Neapel vorgestellt. Kopisch gewann die Gunst des Fürsten; 1833 wurde er als Kunstsachverständiger mit dem Titel eines Hofmarschalls nach Berlin berufen; 1844 wurde ihm der Professorentitel verliehen. Im Auftrag des Königs beschrieb er *Die Königlichen Schlösser und Gärten zu Potsdam* (1854); *Berlin und Potsdams Urzeit* (1844). Bekannt sind am ehesten seine Gedichtsammlungen: *Gedichte* (1836) und *Allerlei Geister* (1848) mit den Schnurren von Zwergen und Poltergeistern. Kopischs *Gesammelte Werke*, Bd 1 – 5, Berlin 1856, hat Carl Bötticher geordnet und bald nach Kopischs Tode herausgegeben; die beiden Erzählgedichte aus dem Freundschaftsbuch sind darin jedoch nicht abgedruckt. – In dem hier im Freundschaftsalbum für Hessemer aufgeschriebenen Zwiegespräch zwischen Maler und Dichter am Grabe des Archimedes versucht Kopisch, die unterschiedliche Sicht der beiden Künste, der Malerei und der Dichtkunst, aufzuzeigen, – das festgehaltene Bild eines Augenblicks und die Darstellung des Geschehens durch das Wort –, so schwankte Kopisch ja selbst zwischen seiner Vorliebe zur bildenden Kunst und zur Literatur und Wissenschaft. – In seinem Gedicht *An August Kopisch* dichtet Platen (Strophe 8): »Zweifach haben begabt schützende Geister dich: / Lehrling bist du der Kunst, welche das Auge lockt / Durch farbigen Reiz, und fügst auch / In den rhythmischen Gang das Wort«.

[147] Hier von Kopisch eine Spontankorrektur: das ursprüngliche Wort ist überschrieben und getilgt, dann durch `tief´ über der Zeile ersetzt, das Adjektiv `lärmende´ zu dem Substantiv `die Lärmenden´ verbessert. Der Text lautete zunächst `lärmende Schaar´ [?].

[148] Onda (ital.) – Welle, Woge, Flut.

[149] Sike, ein nördlich von Temenites (dem späteren Stadtteil Neapolis von Syrakus) auf dem südlichen Plateaurand von Epipolai gelegener Hang, der nach seinem Feigenbaumbestand den Flurnamen Συκη trug. Syke war eine der acht Töchter des Oxylos, deren Namen die Benennung ebensovieler Bäume waren, Syke = Feigenbaum.

[150] Marcus Claudius Marcellus, Konsul 222, 215, 214, 210, 208 v. Chr., gefallen 208 bei Petelia in der Nähe von Venusia. Im 2. Punischen Krieg belagerte er das mit Karthago verbündete Syrakus erfolgreich (213 – 212).– Zu Marcellus siehe die Biographie von Plutarch (Plut., *Marcellus*) mit einer ausführlichen Schilderung der Eroberung von Syrakus, ebenso berichtet Livius (*Ab urbe condita* XXIV, 33f.) von der Belagerung von Syrakus und XXV, 23-31 und 40 über die Einnahme der Stadt. Kopisch muß die entsprechenden Stellen gekannt haben, seine Darstellung übernimmt viele Beschreibungen des Geschehens.

[151] Cicero beschreibt in den *Gesprächen in Tusculum* (*Tusculanen*, Lat. – dt. mit ausführlichen Anmerkungen von Olof Gigon, 2. Aufl., München 1970), 5, 64 – 66, wie er 75 v. Chr. das Grab des Archimedes bei dem Argentinischen Tor entdeckte, eine kleine Säule mit der Gestalt der Kugel und des Zylinders (»ego autem cum omnia conlustratem oculis [...] animum adverti columellam non multum e dumis eminentem, in qua inerat sphaerae figura et cylindri [...]«). – Nach Plutarch (*Marc.* 17, 12) soll Archimedes seine Freunde und Verwandten gebeten haben, nach seinem Tode ihm auf sein Grab den die Kugel einschließenden Zylinder zu setzen und darauf die Formel über das

Verhältnis des umschließenden zu dem umschlossenen Körper zu schreiben.

[152] Cicero berichtet weiter, ebenda »apparebat epigramma exesis posterioribus partibus versiculorum dimidiatum fere«. Der Text des Grabepigramms, von dem Cicero sich leiten ließ, ist nicht erhalten. (Siehe ebenda, Anm. S. 570).

[153] Unter Hieron II., König von Syrakus, (269 – 215 v. Chr.), der sich mit Rom verbündet hatte, herrschte 54 Jahre Frieden. Archimedes war mit ihm und seinem Sohn Gelon befreundet.

[154] Hippokrates, * in Karthago, Sohn einer Punierin, Enkel eines syrakusanischen Verbannten, † 212. Als Gesandter Hannibals drängte Hippokrates den König Hieronymos von Syrakus zum Abfall von Rom. Nach dessen Ermordung wurde Hippokrates zum Feldherrn gewählt, er gewann das Heer für sich und mit dem aufgehetzten Volk die Herrschaft in Syrakus.

[155] Bereits Dionysios I. begann 402 v. Chr. mit der fortifikatorischen Sicherung von Syrakus durch den Mauerbau am Nordrand von Epipolai von der Euryalos-Flur bis zur Scala Greca. Später wurde eine Südmauer vom höchsten Punkt des Euryalos bis zur Portella Fusco errichtet und die Nordmauer (mit der Toranlage Hexapylon) am Nordost-Rand des Plateaus weitergeführt. Der Raum der so entstandenen `Landschaftsfestung´ blieb weitgehend unbesiedelt. Im 3. Jh. wurde an der strategisch günstigen Stelle das Fort Euryalos erbaut. (*Der Kleine Pauly*, Bd 5: Lemma Syrakus.) Hieron hatte Archimedes bewogen, für die Abwehr und zum Angriff Kriegsmaschinen für einen Belagerungskrieg zu konstruieren und die Mauern der Befestigung damit zu bestücken. Berühmt wurden sein Wasserheber, die archimedische Schnecke (ägyptische Schraube zur Ent- bzw. Bewässerung), seine Winden, Flaschenzug- und Hebelwerke.

[156] Von Ortygia aus wurden im 5. – 2. Jahrhundert die drei Stadtteile auf dem Plateau des Festlandes angelegt: Akradina, Tyche und Neapolis.

[157] Wohl Trogilos, ein Küstenstück bei Syrakus. Trogilos »muß identisch sein mit dem am östlichen Rand von Epipolai gelegenen 1 km langen, grottenreichen Mazzarona-Kap zwischen der Cappuccini-Küste und dem Scoglio Due Fratelli« (*Der Kleine Pauly*).

[158] Tyche, nördlicher Vorort von Syrakus, benannt nach einem dort gelegenen Heiligtum der Glücksgöttin.

[159] Epipolai, eine Hochfläche über Syrakus, die wegen des völligen Fehlens jeglicher Besiedlungsspuren sich auch nicht teilweise dem bebauten Stadtareal irgeneiner Epoche zuordnen läßt. Der Südostrand des Plateaus mit den Latomien bildete zu allen Zeiten die äußerste Nordgrenze der Stadt. (*Der Kleine Pauly*).

[160] Anapos, ein kleiner Fluß, der am Monte Lauro bei Akrai entspringt und in den Großen Hafen von Syrakus mündet, das Mündungsgebiet ist sumpfig.

[161] Labdalon, am äußersten Nordrand des Epipolai-Plateaus gelegen.

[162] Der Stadtteil Neapolis ist Akradina westlich vorgelagert und reicht bis zum Großen Hafen.

[163] Korrektur: `das´ durchgestrichen.

[164] Kopisch meint hiermit die `Sambyke´, eine im Belagerungswesen verwendete Fallbrücke, die, hochgezogen, eine dem Musikinstrument (nämlich der Sambyke, ein harfenähnliches Instrument) ähnliche Form aufwies.

[165] Tyrrhenoi ist der griechische Name für die Etrusker. – Tyrrhenos, Sohn des Herakles und der Omphale, soll Auswanderer nach Italien geführt, dort Caere gegründet und die Trompete erfunden haben.

[166] Diana, der griechischen Göttin Artemis gleichgesetzt, war Herrin und Schützerin des Wildes, Göttin der Jagd, der Hirsch ist besonders eng mit ihr verbunden. – Der alte Inselname Ortygia weist den Ort als eine seit alters der Artemis heilige Stätte aus. Der Sage nach war Arethusa, eine Jägerin aus dem Kreise der Artemis, vor dem Flußgott Alpheios geflohen und von Artemis in die einzige Süßwasserquelle auf der Insel Ortygia verwandelt worden. Der Gott folgte ihr unter dem Jonischen Meer hin und vereinte seine Fluten mit dem Quellwasser der Nymphe. »Dem Mythos liegt die Sage der Artemis Alpheiaia zugrunde, deren Kultus griechische Siedler aus der Gegend von Olympia nach Ortygia brachten. Fern von den Ufern des von der Göttin geliebten heiligen peloponnesischen Stromes erwuchs aus dem Wunsch nach einer örtlichen Verbindung beider Gottheiten der Glaube an ein Hervortreten der Alpheiosgewässer in dem fischreichen Becken der Quelle«. (Siehe Heinrich M. Schwarz, *Sizilien, Kunst – Kultur – Landschaft*, 3. Aufl. Wien, München 1961, 195).

Der Kopf der Arethusa (zugleich als Artemis verstanden) ist ein beliebtes Münzbild von Syrakus (*Der Kleine Pauly*, Bd 1, Sp. 531).

167 Nach Valerius Maximus, *Exempla mirabilia* (VII, 7), soll Archimedes bei der Eroberung von Syrakus einem Soldaten, bevor er von ihm getötet wurde, die Worte »Noli turbare circulos meos« zugerufen haben.

168 \`All die´ auf der folgenden Zeile zunächst wiederholt, dann jedoch durchgestrichen und fortgeführt: »Fernhinleuchtende ....«

169 Hyblahonig – Hybla: »Name dreier Städte Siziliens, nicht immer mit Sicherheit zu unterscheiden, hier handelt es sich um das \`große´ oder \`größere´ Hybla, es war wohl die Siculerstadt, deren König Hyblon um 728 den Megarern das Land zur Gründung von Megareis Hyblaioi anwies, daher nicht fern von diesem zu suchen, berühmt für seinen Honig (Strabon 6, 267)« , siehe *Der Kleine Pauly,* Bd 2, Sp. 1256f. – Die Ruinen der griechischen Koloniestadt Megara Hyblaea liegen etwa 20 km nördlich von Syrakus. – Hessemer schreibt in seinem Brief vom 11. August 1829 (*Reisebriefe*, Bd 1, S. 707): »[...] ich frühstückte [...], bei dieser Gelegenheit kam denn auch Hyblahonig vor, dessen eigene Blumensüße mir sehr behagte«.

170 Theokrit, 1. Hälfte des 3. Jh. v. Chr., hellenistischer Dichter aus Syrakus. Mit seinen *Idyllen* begründete er die bukolische Poesie (Hirtendichtung). Hessemer erwähnt (27. Juli 1829, *Reisebriefe*, Bd 1, S. 686) »Vossens Übersetzung der Theokritischen Idillen«. (Johann Heinrich Voß veröffentlichte 1808 bei Cotta in Tübingen eine Übersetzung der Idyllen Theokrits).

171 Von anderer Hand: \`Geschrieben von August Kopisch´.

[73r – 74r] – Eintrag von August Kopisch (Zum Abschied)

172 Zunächst gibt Kopisch das Metrum für die folgenden Verszeilen an, nämlich das antike Odenmaß, eine vierzeilige sapphische Strophe, die sich aus drei sapphischen Elfsilbler und einem Adonéus zusammensetzt, und beginnt dann mit der Ode. – August Graf von Platen, weckte Kopischs Sinn für die Dichtung des Altertums, seinem belehrenden Umgange hatte er viel zu verdanken. Platen beriet den Freund bei der Form seiner Gedichte und korrigierte das Versmaß.

[173] Diese Strophe ist eine Zusatzstrophe, die nachträglich am Rande der Seite querstehend hinzugefügt wurde.

[174] Timoleon, Führer des korinthischen Heeres, das 344 v. Chr. auf Wunsch einiger Exil-Syrakusaner in Sizilien landete und den Tyrannen Dionysios II. und die Karthager (341) von der Insel vertrieb. Im Friedensschluß (339) mußte Karthago die Unabhängigkeit der sizilischen Griechenstädte anerkennen. Die Griechen feierten Timoleon als Befreier und Retter Siziliens.

[175] Timophanes, er hatte 365 in Korinth eine auf Söldner gestützte Tyrannis errichtet. Als sein jüngerer Bruder Timoleon ihn nicht gütlich zur Niederlegung der Herrschaft bewegen konnte, wurde er auf dessen Veranlassung getötet.

[176] Die Verszeile »Führt sie trauernd tief Dich hinab zum« durchgestrichen und ersetzt durch die Zeile »Zeigt sie klagend Dir ....«.

[177] Kopisch erinnert hier an den Griechischen Unabhängigkeitskrieg, in dem Europa die Griechen in ihrem Unabhängigkeitswillen gegen die türkische Herrschaft unterstützte.

[178] Neilos – Nil.

[179] Hyakinthos in der griechischen Sage ein schöner Jüngling, der von Apollo geliebt, aber durch einen unglücklichen Wurf von ihm getötet wurde. Zephyros (Westwind) hatte aus Eifersucht den Diskus Apollons an den Kopf des Knaben getrieben, der blutüberströmt zusammenbrach und starb. Apollo ließ aus dessen Blute die Blume Hyazinthe entsprießen. (Ovid, *Metamorphosen* 10, 184-215).

[180] Hessemer hatte zusammen mit Kopisch, Ahlborn, Karl Blechen (* 1798, † 1840) und Leopold Schlosser († 1836) den Vesuv erstiegen; siehe den Brief vom 6. Juni 1829 (*Reisebriefe*, Bd 1, S. 618ff.). – \`Freund´ Kopisch verfaßte später in Berlin das Gedicht *\`Eile mit Weile´* [*Arabisches Mährchen*, in: Kopisch, *Gedichte*, Berlin 1836, S. 322 – 325] \`zu Ehren´ von Hessemer, dem \`deutschen Architekten, der unter dem Namen Jussuff Effendi Egypten´ bereist hat. (Siehe Emilie Hessemer, *Aufzeichnungen für meine Kinder,* Bl. 64).

[74v] – Zwei eingeklebte Zettel mit arabischen Einträgen

[181] Auf der Rückseite der beiden Zettel: \`Omar 19. Mz 30´. – Gami del Omar = Gami Amr Ibn el-Âs im Stadtteil von Alt Kairo; diese Moschee gilt als die älteste Ägyptens. Von

dem ursprünglichen Bau, der 642 von Amr Ibn el-Âs, dem Feldherrn des Kalifen Omar, errichtet wurde, steht nichts mehr. Die Moschee wurde mehrmals umgebaut und erweitert und stand in hohem Ansehen und wurde bei feierlichen Anlässen selbst vom Pascha besucht.

182 Für die Übersetzung danke ich Herrn Rachid Habbaz, Gutenberg-Museum Mainz.

183 Es handelt sich hierbei um Bettelbriefe von Derwischen, die besonders während des Ramadân in den Moscheen durch die Reihen der auf dem Boden sitzenden Andächtigen zogen und vor jedem solch ein Zettelchen niederlegten und um Mildtätigkeit baten. Hessemer hatte am sogenannten Freitag des Pascha, dem letzten Freitag des Fastenmonats Ramadân (19. März 1830), in der alten Amr Moschee an den Feierlichkeiten teilgenommen und diese Bettelbriefe zusammen mit seinem Diener Hadgieh »erobert, jedes etwa des Inhalts `ein kleines Allmosen fernt oft eine große Gefahr´ oder `die Wohlthaten des Himmels gewinnst du dir durch Wohlthaten an die Nächsten´ pp [Romualdo] Tecco hat sie mir so übersetzt«. (Hessemer, *Reisebriefe*, Bd 2, S. 281ff., zu den Bettelbriefen S. 283).

[75r] – Eintrag von Wilhelm Kruse

184 Jesus überträgt Petrus das oberste Hirtenamt.

185 Wilhelm Kruse aus Elberfeld (Rheinprovinz, Preußen) wurde am 25. März 1799 geboren. Sein früherer Beruf war Schuhmacher. Eintritt ins Missionshaus Basel am 26. Januar 1821, 1824 wurde er in Stuttgart ordiniert. Im Oktober 1826 traf Kruse in Kairo ein, wo er in Diensten der Church Mission Society (CMS), einer englischen Missionsgesellschaft, stand. Ein Jahr zuvor hatte er Elise von Kenngott aus Nürtingen geheiratet, die jedoch 1842 in Kairo starb. 1843 heiratete Kruse Marra Stone. Im Jahre 1853 ging er nach Haifa und kehrte 1861 nach England zurück; dort ist seine Frau Marra am 13 Februar 1885, Wilhelm Kruse am 16. Februar 1885 in London gestorben. (Für die Information danke ich Herrn Dr. Jakob Eisler, Landeskirchliches Archiv der Evangelischen Landeskirche in Württemberg, Stuttgart, und Herrn Archivassistent Reto Bieri, mission 21, Basel).- Der Gesandtschaftsprediger in Rom, Richard Rothe (1799 – 1867), hatte Hessemer ein Empfehlungsschreiben an die `Missionarien des protestan-

tischen Evangeliums in Kairo´ mitgegeben, die er am 29. 12. 1829 besuchte (*Reisebriefe,* Bd 2, S. 206f.). Eine weitere Erwähnung der evangelischen Missionare findet sich im Brief vom 1. 1. 1830 (S. 213): »Bei den protestantischen Geistlichen rauchte ich eine Pfeife und trank ein Glas Zyperwein«. Der Eintrag von Kruse entstand kurz vor Hessemers Abreise aus Kairo. (Siehe auch den Eintrag Bl. 76r von Johann Rudolph Theophilus Lieder).

[75v] – Eingeklebter Zetter mit arabischem Eintrag

[186] Siehe den Eintrag von Bl. 74v.

[76r] – Eintrag von Rudolpf Theophilus Lieder

[187] Ein gleichstrophisches Gedicht im Kirchenliedton. In den Missionsliederbüchern des Archivs der mission 21 in Basel konnte das Lied nicht ausfindig gemacht werden. Auch in Lieders Personalfaszikel ist es nicht vorhanden, allerdings ist auffällig, daß Lieder einige seiner Briefe mit Gedichten beendete. (Freundliche Auskunft von Frau Archivassistentin Kirstin Bentley).

[188] Johann Rudolph Theophilus Lieder wurde am 30. Mai 1798 in Erfurt geboren. Auch bei ihm wird als früherer Beruf Schuhmacher angegeben. Die Missionare hatten zumeist eine handwerkliche Tätigkeit erlernt, um sich in dem fremden Lande als Helfer nützlich machen und sich gegebenenfalls auch selbst ernähren zu können. Lieder war evangelischer Prediger, der zwar aus Deutschland stammte, aber nicht im Dienste einer deutschen Gesellschaft nach Ägypten gesandt worden war, sondern von England aus. Er war Zögling der 1815 gegründeten Basler Missionsgesellschaft, der Basler Mission, die über nationale und konfessionelle Grenzen hinweg zum Pionier der neuen evangelischen Missionsbewegung auf dem europäischen Kontinent wurde. Die Missionsschule in Basel bildete Missionare für andere Gesellschaften aus. Lieder wurde 1824 in Stuttgart ordiniert und gehörte seit 1825 der Church Missionary Society (CMS) an. Er war einer der ersten Missionare, die nach Ägypten gesandt wurden (Ankunft in Kairo im September 1826), er starb dort am 6. Juli 1865 an Cholera. Im Jahre 1838 hatte er Alice Holliday aus Scarborough, North Riding, Yorkshire,

geheiratet. Sie starb 1868 in Kairo. (Auch für diese Auskunft danke ich Herrn Dr. Eisler und Herrn Bieri. – Vgl. den Eintrag Bl. 75r und die Anm. 185). – Lieder war offenbar auch ein Gelehrter, er überarbeitete das Neue Testament in Koptisch und Arabisch und übersetzte ins Arabische die Homilien des Chrysostomus und andere Werke. Seit 1836 war er Mitglied der Egyptian Society of Cairo und sammelte ägyptische Antiquitäten; seine Sammlung erwarb 1861 Lord Amherst. (Dawson/Uphill, *Who was who in Egyptology*, London 1972).

[76v leer]

[77r] – Eintrag von Romualdo Tecco

[189] Romualdo Tecco, 1802 – 1867 (*Archivio Biografico Italiano*). Der gebürtige Turiner reiste mit einem Freund durch Ägypten. In seinem Brief vom 22. 11. 1829 (*Reisebriefe*, Bd 2, 132f.) schildert Hessemer den Besuch der beiden auf Philae: »[...] zwei Leute von der sardinischen Gesandtschaft in Constantinopel, welche die Reise hierher eigentlich für ihr Studium der orientalischen Sprachen machten, und dabei sich auch für Alterthum und Kunst interessiren, der ältere namens Tecco, aus Turin gebürtig, ist ein sehr gebildeter Mann und die Gespräche mit ihm waren mir wahrhaft Wohlthat nach so langer Entbehrung dergleichen«. – Mit Tecco unternahm Hessemer manch einen Streifzug durch Kairo; so besuchten sie gemeinsam das Lustschloß des Pascha Mohammed Ali in Schubra mit seinen weiten Gartenanlagen, und gegen Ende des Ramadân suchten sie die Moschee Saijidna el Husein auf, »um der Andacht und der Nachfeier bei dem Grabe der beiden Enkel des Profeten beizuwohnen« (S. 287ff.). Der Eintrag in das Freundschaftsalbum ist zwei Tage vor Hessemers Abreise aus Kairo geschrieben, Tecco begleitete Hessemer am 1. 4. 1830 auf sein Schiff.

[77v leer]

[78r] – Eintrag von Giuseppe Acerbi

[190] Horaz, *Epistulae*, I, 11, 27: »So kann, wer Meere durcheilt, wohl den Himmelsstrich wechseln, doch nicht der Seele

Stimmung«. (Die Übersetzung des Hexameters von Hans Färber, Tusculum Ausgabe, München 1970).

[191] Giuseppe Acerbi, * 1773 in Castel Goffredo bei Mantua, † 1846 daselbst als k. k. Gubernialrat. Von 1826 – 1836 war Acerbi österreichischer Generalkonsul von Unter- und Mittelägypten in Alexandria und während seiner Amtszeit ein erfolgreicher Sammler antiker Kunstschätze, die sich heute im Museo di Palazzo Te in Mantua befinden. – In den Briefen Mai/Juni 1830 (auf dem Meer und im Quarantainehafen bei Triest) berichtet Hessemer von der Schiffsreise, die er gemeinsam mit Acerbi angetreten hatte, und charakterisiert den gebildeten und weitgereisten Diplomaten in dem Brief vom 12. Mai 1830 (*Reisebriefe*, Bd 2, S. 318f.): »In sehr verwickelten politischen Verbindungen mag er viel böse Erfahrungen gemacht, viele bittere Kränkungen erlebt haben, so daß er hierbei auf manche Weise gereizt, einen Haß, eine tiefe Feindseligkeit gegen Staat und dergl. zuweilen wider Wollen durchblicken läßt. Man kann sagen, daß ihm als Gelehrter alle Fächer gegenwärtig seien, daß er in vielen sich berühmt gemacht und hervorgethan habe, als Schriftsteller, als Compositeur pp. Er hat weite Reisen gemacht, Italien, Frankreich, England, den ganzen Norden von Europa bis zum Nordkap hinauf hat er im Verlauf vieler Jahre besucht, [...] er war den Nil hinauf bis Wadi-Halfa, hat das rothe Meer bereist und dann zuletzt das Delta, sich mit Alterthumskunde, mit dem Studium der Hieroglifen, mit Naturwissenschaften, Geographie pp beschäftigend«. Acerbis *Lettere sul Egitto* erschienen in der von ihm 1816 gegründeten gelehrten Zeitschrift *Biblioteca Italiana* in Mailand, einer Zeitschrift, »welche zwar die Kritik italienischer Werke zum nächsten Zweck hat, zugleich aber die Italiener mit den wichtigsten ausländischen Erscheinungen bekannt machen und die wissenschaftlichen Berührungspunkte zwischen Deutschland und Italien vervielfältigen soll«. (August Wilhelm Schlegel (1767 – 1845) in einem Brief an den Orientalisten Friedrich Wilken (1777 – 1840), Mailand, den 15. Oktober 1815, zitiert nach Eberhard Haufe, *Deutsche Briefe aus Italien von Winckelmann bis Gregorovius*, 2. Aufl., Leipzig1971, S. 160f.). Seine Reisebeschreibung *Travels through Sweden Finland and Lappland to the North Cap 1798 – 1799* erschien 1802 in London, die deutsche Ausgabe 1803 in Weimar. (C. v. Wurzbach, *Biographisches Lexikon des Kaiserthums Österreich*, Th 1, 1856, S. 3).

[78v leer]

[79r] – Eintrag von Charles Joseph LaTrobe

[192] Charles Joseph Latrobe, * 1801 in London, † 1875 ebenda, Reisender und seit 1851 Gouverneur von Victoria (Australien). Dort in der State Library of Victoria and the National Trust of Australia/Victoria befinden sich auch Zeichnungen von ihm, u. a. von der gemeinsamen Reise mit Hessemer. – Bei dem Architekten Morell in Triest hatte Hessemer den englischen Reiseschriftsteller kennengelernt, »er kam in der Absicht nach Triest, um durch Illyrien und dann nach Tyrol zu reisen, als er von meiner Reise nach Rom hörte, entstand der Gedanke bei ihm, mich zu begleiten. [....] Er ist ein sehr interessanter Mann« (*Reisebriefe*, Bd 2, S. 356). – Veröffentlichungen von Latrobe: *The Alpenstock; or Sketches of Swiss scenery and manners, 1825 – 1826*, London 1829, und: *The Pedestrian: a summer's ramble in Tyrol, and some of the adjacent provinces MDCCCXXX*, London 1832; *The Solace of song, poems suggested by travels in Italy*, London 1837. Später veröffentlichte Latrobe seine Eindrücke von Mexico, Nordamerika und Oklahoma. (*DNB*, Vol. 11, 1917, S. 623f.).

[79v leer]

[80r – 81r] – Eintrag von Alfred von Reumont

[193] Alfred von Reumont, preußischer wirklicher Geheimrat, * 1808 in Aachen, † 1887 daselbst. Reumont war seit 1830 Legationssecretär an der preußischen Gesandtschaft zu Florenz unter dem Gesandten Friedrich von Martens (1778 – 1857), im Oktober 1832 begleitete er Herrn von Martens, der zum Gesandten in Constantinopel ernannt war, auf seinen neuen Posten. Im Sommer 1833 kehrte Reumont nach Florenz zurück und übernahm unter Graf Karl Schaffgotsch dieselbe Stellung wie bei dessen Vorgänger. Reumont veröffentlichte zahlreiche Arbeiten über die Geschichte, Kunstgeschichte und Landeskunde Italiens, z. B. *Römische Briefe von einem Florentiner*, 4 Bde, Leipzig 1840 –1844. (*ADB*, Bd 28, 1889, S. 284ff., Artikel von v. Hiller). – Im Vorwort zu seinen *Biographischen Denkblättern nach persönlichen Erinnerungen*, Leipzig 1878, bekennt Reumont:

»Ich erachte es einen kaum zu überschätzenden Gewinn eines nicht kurzen, an Wechsel von Ort und Gesellschaft, von Beschäftigungen und Beziehungen nicht armen Lebens, mit einer Menge bedeutender Personen in Berührung gekommen zu sein – einen noch höheren Gewinn, meist wohlthuende Erinnerungen bewahrt zu haben«.

[81r] – Eintrag von Joseph Büttgen

[194] Joseph Büttgen, * um 1810, † um 1860. In Florenz hatte Hessemer Büttgen kennengelernt, »er ist Landschaftsmaler und in Stuttgardt wohnhaft, ein lebhafter und mit einem glücklichen Talent begabter Kerl, er ist noch sehr jung, reiste diesmal nur bis Florenz und denkt künftig etwa weiter zu gehen, durch Steinla lernte ich ihn kennen, und sehr lieb war mir die Genossenschaft unserer Reise [zu Fuß über die Alpen, über den Splügenpaß]; und wie er begierig nach einer Ausbildung strebte, hatte ich an ihm wenigstens einen empfänglichen Menschen, dem man sich mittheilen konnte«. (Siehe Hessemers Brief vom 18. September 1830, *Reisebriefe* Bd 2, S. 456).

[195] Das Gemälde von Raffael: Lo sposalizio – Vermählung Mariä, 1504 (Öl auf Holz, 170 x 117 cm) in der Brera in Mailand. Hessemer erwähnt in seinen Briefen des öfteren dieses Gemälde, und Büttgen erinnert Hessemer an dessen Begeisterung, die in dem Brief vom 11. September 1830 (*Reisebriefe*, Bd 2, S. 457) zum Ausdruck kommt: »Ein göttliches Bild, das ich an meinem Hochzeitstage mit meiner Braut ansehen möchte. Wenn man so viel gesehen hat wie ich, reizt nur ein so himmlischer Gegenstand noch, und es ist eine unaussprechliche Wonne, die man dabei fühlt«. Und am 14. September 1830 (*Reisebriefe*, Bd 2, S. 460) äußert Hessemer wiederum: »Gestern und heute Morgen noch lief ich mit wahrem Seelenverlangen nach der Brera, [...] nur um das eine Bild die *Sposalizia* zu sehen; ich bin sehr verliebt in das Bild«.

[81v leer]
[82rv leer]
[83 rv leer]
[84rv leer]
[85rv leer]
[86rv leer]

[87r leer]

[87v – 88r] – Eintrag von J. Athanasius Ambrosch

196 Oita, auch Oite (Oeta, Öta), Berg in Thessalien, auf dem Herakles von fürchterlichen Qualen gepeinigt sich auf dem Scheiterhaufen verbrennen ließ; dabei wurde er als Gott in den Olymp entrückt (Apotheose des Herakles).

197 Ahlborn schreibt am 1. April 1830 an seine Braut Therese Martins: »Ambrosch ist ein tiefer, klarsehender Mensch, der untrüglich Gang und Resultate ganzer Zeit- und Weltenalter erkennt und im Lichte Gottes würdigt. [...] Herr und Frau von Bunsen haben ihm den Unterricht ihrer `kleinen Prinzen´ anvertraut«. (Magnusen, *Ahlborn*, S. 99).

198 Joseph Julius Athanasius Ambrosch, Archäologe und Altphilologe, * 1804 in Berlin, † 1856 in Breslau. Ambrosch war Mitglied des Collegium Preuckianum, einer alten römisch-katholischen Stiftung zur Unterstützung junger Studenten in Rom. Bei dem preußischen Gesandten Christian Carl Josias Freiherr von Bunsen (1791 – 1860) war Ambrosch als Hauslehrer beschäftigt. Nach Arbeiten am archäologischen Institut in Rom ging er 1834 als Professor nach Berlin. (*ADB*, Bd 1, 1875, S. 391f.).

[88v leer]

[89r] – Eintrag von Franz Nadorp

199 Jusuff Effendi nennt sich Hessemer in Ägypten. – Am 5. Januar 1830 (*Reisebriefe*, Bd 2, S. 222f.) bittet Hessemer seinen Vater: »[...] vergiß einen gewissen Fritz Max Heßemer eine Zeitlang und habe dafür den *Isitti Iusuff Effendi* lieb; es war mir sogar auch ein arabischer Name noth und ich hab mir denn somit einen guten Namen gemacht; [...] Effendi will heißen, ein Mann, der lesen und schreiben kann; ich wählte diesen Zunamen, um zu zeigen, daß ich in meiner Bildung einen Anfang gemacht hätte; *Jusuff* wählte ich als Vornamen, weil ich *Dein* Josef in Aegypten bin«. – Auf der Abschiedsfeier in Rom brachte Nadorp den Trinkspruch aus: »Unser weitgereister, aegyptischer, muselmännischer Freund, Jusuff Effendi zu deutsch Fritz Max Hessemer soll hochleben!« (Brief vom 26. Juli 1830 – *Reisebriefe*, Bd 2, S. 383).

200 Franz Nadorp, Maler, Graphiker und Bildhauer, * 1794 in Anholt in Westfalen, † 1876 in Rom; 1814 Akademie in Prag, Studienreisen nach Dresden und Wien; seit 1828 lebte Nadrop in Rom, zunächst mit Unterstützung des Fürsten Salm-Salm. Nadorp schloß sich dem Kreis der Deutschrömer an und war Mitbegründer des römischen Künstlervereins, er malte biblische Bilder und Historienbilder. Sein Grab ist auf dem Campo Santo Teutonico [Noack, *Deutsches Leben in Rom 1700 bis 1900*, Stuttgart, Berlin 1907]. – Während seines Aufenthaltes in Florenz hatte Hessemer Nadorp und seinen Freund Moritz Steinla kennengelernt, und zusammen mit Jakob Felsing unternahm die Gruppe manch gemeinsamen Gang durch Florenz und in die Umgebung. In dem obigen Eintrag erinnert Nadorp an sein Heimweh und seine Traurigkeit in Florenz. In dem Brief vom 3. September 1828 (*Reisebriefe*, Bd 1, S. 395) schildert Hessemer erschüttert, wie »Nadorp [...] bei dem Gedanken an die Heimath weinte, ein so feuriger Mensch, von welchem ich dachte, sein Feuer habe längst allen Stoff zu Thränen verzehrt«.

[89v leer]

[90r] – Eintrag von Moritz Steinla

201 Moritz Steinla-Müller hieß eigentlich Müller, er nannte sich jedoch nach seinem Geburtsort Steinlah, Kreis Liebenburg (Hannover); * 1791, † 1858 in Dresden. Steinla war Maler, Holzschneider und Kupferstecher, lernte zunächst an der Dresdner Akademie, es folgte ein Studienaufenthalt in Italien, wo er sich vor allem in Florenz bei Raffaello Morghen (1758 – 1833) [*Thieme/Becker*, Bd 25, 1931, S. 150] und in Mailand bei Giuseppe Longhi (1766 – 1831) [*Thieme/Becker*, Bd 23, 1929, S. 356] weiterbildete. Er kehrte nach Dresden zurück und lehrte seit 1837 an der dortigen Akademie. – Hessemer begegnete Steinla auf seiner Reise nach Rom in Florenz, er gehörte fortan zu der Freundesgruppe Felsing, Steinla, Nadorp und Hessemer. Am 23. November 1827 schreibt Hessemer (*Reisebriefe,* Bd 1, S. 165): »[...] wir sehen uns [...] bei Tage sehr wenig, die Abende bringen wir zusammen im Künstlerkaffeehause zu, wo es mitunter bunt genug hergeht, mitunter auch vernünftig, in mancherlei Gesprächen, deren ich

besonders schon einige recht interessante mit dem Kupferstecher Steinla, einem Deutschen, gehabt habe«. – Auf seiner Rückreise nach Deutschland traf Hessemer Steinla erneut in Florenz, aus diesen Tagen stammt das streng gebaute Sonett in dem Freundschaftsalbum. Steinla schenkte ihm »einen schönen Abdruck seiner *pieta* oder der Grablegung nach *Fra Bartolomeo* [um 1475 – 1517], [...] eine herrliche Arbeit, ein liebes Geschenk, das mir viel Freude macht«. (*Reisebriefe*, Bd 2, 414.) In Lucca kreuzten sich noch einmal die Wege der Freunde, Steinla war von Florenz dorthin gekommen, »um die Zeichnung eines Bildes nach Fra Bartolomeo fertig zu machen, das er jetzt in Stich nimmt. – So sind wir nun hier wieder schön bei einander«. (*Reisebriefe*, Bd 2, S. 454).

[90v leer]
[91rv leer]
[92r leer]

[92v] – Papyrus von Giuseppe Politi

202 Von anderer Hand: »Papiro von der Papirus Staude im Anapos bei Siracusa von Gioseppo*[!]* Politi, Führer durch Sizilien May 1829«. – Diese Notiz ist irreführend. Hessemer traf den »alten Politi« am 10. August 1829 in Syrakus. »Gegen 10 [Uhr] erst in der Nacht kamen wir fort [mit dem Schiff aus Syrakus nach Malta], ich saß so lang mit dem alten Politi auf den Steinsitzen am Hafen, unser Gespräch war sehr lebhaft vom alten Syrakus, von der alten schönen Zeit«. (Brief vom 11. August 1829, *Reisebriefe*, Bd 1, S. 708). – Pepe, Giuseppe Feliccia, der Maultiertreiber und Führer, der Hessemer und Ahlborn von Anfang Juli bis Anfang August 1829 durch Sizilien begleitete, stammte aus Monreale und war ein junger Bursche.

[93r leer]

[93v] – Eintrag von Christian Theodor Friedrich Roth

203 Horaz, Carmina, I, 22: Diese Ode hat Horaz an den Freund M. Aristius Fuscus gerichtet. Roth läßt in der 4. Zeile der ersten Strophe die Anrede \`Fusce´ weg, er deutet sie nur durch den Gedankenstrich an. – In der Übersetzung der

Ausgabe Q. Horatius Flaccus, *Carmina (Oden und Epoden)*, herausgegeben von Hans Färber, München 1970, lauten die Verse: »Wer da lebt unsträflich und frei von Schuld ist / Der bedarf nicht maurischen Speers und Bogens / Auch des Köchers nicht, der von giftigen Pfeilen / Strotzet, [o Fuscus], // Ob der Weg ihn führt in die Glut der Syrten, / Oder durch des Kaukasus wilde Höhen / Oder in das Land, das Hydaspes netzt, der / Sagenberühmte«. – Mit diesen Versen am Ende des Freundschaftsbuches nimmt Roth Bezug auf die einleitende Aufforderung Hessemers an seine Freunde, ihm gute Ratschläge für seine Reise mitzugeben, so auch »gegen Schuß und Stich«, denn »in Ermangelung eines anderen Begleiters geht mir dieses Buch zur Seite, [...] daß es etwa dem Stoß eines Banditen, der nach meinem Herzen zielt, gehörig Widerpart leisten mag« (Bl. 3r).

204 Gemeint ist wahrscheinlich Francesco Petrarca (1304 – 1374). Roth könnte an Petrarcas Schrift *De contemptu mundi dialogi III. (Secretum)* denken. In der Übersetzung von Herman Hefele (*Des Francesco Petrarca Gespräche über die Weltverachtung*, Jena 1925) mahnt Augustinus den Franciscus im Zweiten Gespräch (S. 73): »Halte gegen die Regungen des Zornes und anderer Leidenschaften, besonders jener traurigen Seelenkrankheit [acedia], von der wir sprachen, immer wertvolle Gedanken und Erwägungen bereit, die dir bei aufmerksamer Lektüre aufstießen. Solche wertvolle Wahrheiten mußt du dir [...] mit bestimmten Zeichen versehen, damit du sie leichter in das Gedächtnis zurückrufen könntest, wenn sie dir daraus entschwinden wollen. Unter der Herrschaft solcher Gedanken wirst du dann unangreifbar bleiben gegenüber allen Übeln, auch gegenüber jener Traurigkeit der Seele«. – Diese »weiche Melancholie der Erinnerung« hat an vielen Stellen von Petrarcas Schriften, vor allem in seinen lyrischen Gedichten, Ausdruck gefunden (Hefele, Einleitung, S. XVIII). – In seinem *Canzoniere* hielt Petrarca die Erinnerung an seine Liebe zu Donna Laura wach; solange er lebte, verehrte er sie aus der Ferne und feierte sie in seinen Gedichten, in denen er seinen persönlichen Gedanken und Empfindungen Ausdruck gab. (Hanns Wilhelm Eppelsheimer, *Petrarca*, Frankfurt am Main 1934).

[205] Dr. Christian Theodor Friedrich Roth, *1766 zu Münster bei Lich, studierte in Gießen Theologie, seit Mai 1817 Direktor des Schullehrer-Seminars zu Friedberg unter Beilegung des Titels als Professor, seit dem Jahr 1823 zugleich Dekan und Pfarrer in Lich; † am 13. 4. 1848 als Großherzoglich Hessischer Oberschulrat zu Friedberg.

Namensverzeichnis

(Personen, die sich in das Stammbuch eingetragen haben, oder in den Eintragungen erwähnt sind (*kursiv*):

Nachwort

Es mag verwundern, daß die bekannteren Maler der deutschen Künstlerkolonie in Rom sich nicht in das Gedenkbuch eingetragen haben. Es fehlt ein Eintrag von dem `alten Koch´, dem Landschaftsmaler Joseph Anton Koch (1768 – 1839), mit dem Hessemer öfters zusammen war, in dessen Atelier er gemeinsam mit Joseph Führich (1800 – 1876) an einem Karton für das Fresko im Tasso-Saal des Casino Massimo arbeitete, »in einem hohen Zimmer, wo auch der alte Herr seine Zeichnungen zur Hölle gemacht hatte. Glaub mirs, es war mir eine wahre Lust, auf dem Gerüste herum zu klettern und meine Schnur zu ziehen. Nachmittags kam der alte Koch gewöhnlich zu uns«.[1] Aber auch Führich ist mit keinem Eintrag in dem Album vertreten.

Die Bekanntschaft mit dem dänischen Bildhauer Bertel Thorvaldsen pflegte Hessemer in Rom. Thorvaldsen beurteilte in einem Empfehlungsschreiben an das Städelsche Institut die Arbeiten Hessemers sehr günstig, und Hessemer gesteht 'beschämt', daß er dies in solchem Maße nicht verdiene.[2] Bewegt nehmen die beiden vor der Abreise nach Kairo Abschied voneinander. Als Hessemer nach seiner Rückkehr von dieser Reise Thorvaldsen wieder besuchte, »empfieng er [ihn], wie ein Vater den heimkehrenden Sohn, er umarmte [ihn] einmal über das andere und küßte [ihn] und vor Rührung standen ihm die Augen voll Thränen«.[3] – Als sich Thorvaldsen im Jahre 1841 kurz in Frankfurt aufhielt, nahm Hessemer die Gelegenheit wahr, ihm eine Festrede in Versen zu widmen.[4] Doch auch von Thorvaldsen gibt es keinen Eintrag in dem Stammbuch.

Ebenso wie bei den zuvor Genannten vermißt man einen Eintrag von Christian Carl Josias von Bunsen, dem preußischen Geschäftsträger beim Vatikan, der Hessemer zusammen mit Ahlborn in seiner Villa Piccolomini in Frascati gastfreundlich und liebevoll empfangen hatte. »Wie schön ist es hier, wie paradiesisch froh bin ich, Kestner und Bunsen scheinen es wahrhaft drauf angelegt zu haben, daß mir das Herz beim Abschiede schwer werden solle«,[5] schreibt Hessemer. Doch im Erinnerungsbuch sind keine guten Wünsche von Bunsen zum Abschied aus Rom zu finden, weder zur gefahrvollen Reise nach Ägypten – die er doch wesentlich unterstützt hatte – noch zur Heimkehr nach Deutschland.

Es fehlt auch ein Eintrag von Henry Gally Knight, der Hessemer nach Ägypten schickte, und dessen Worte in dem Album eine Art Empfehlungsschreiben gewesen wären.

In Ägypten selbst begegnete Hessemer den bekannten Ägyptenforschern James Burton und John Gardner Wilkinson, aber ihre Namen tauchen ebenfalls nicht in dem Gedenkbuch auf, auch nicht der Name von Robert Hay of Limplum oder der seiner Frau. In ihren Kreisen verkehrte Hessemer, war bei ihnen zum Essen geladen. Er malte in Kairo das Portrait von James Burton und das von William Henvey, mit dem er die lange Schiffsreise nach Oberägypten unternommen hatte, zeichnete das Portrait des preußischen Konsuls in Alexandria, Guébhard – doch in dem Stammbuch nennen sie sich nicht. Es mag erstaunen, hielt sich Hessemer doch vom 25. Dezember 1829 bis zum 31. März 1830 in Kairo auf. Ein Eintrag des englischen Konsuls in Kairo stammt vom 23. Januar 1830, die anderen Einträge in dem Buch datieren aus den Tagen kurz vor Hessemers Abreise aus Kairo, vom 29. und 30. März 1830. Bereits am 29. Dezember war Hessemer bei den `Missionarien des protestantischen Evangeliums´ in Kairo gewesen; er hatte die Missionare um Empfehlungsbriefe nach Jerusalem gebeten, für eine Reise, die dann jedoch nicht zustande kam. Bei seiner Abschiedsvisite kurz vor seiner Abreise aus Kairo entstanden die frommen Texte der beiden Missionare Lieder und Kruse in dem Freundschaftsalbum.

Die Wochen und Tage waren gezählt, die Hessemer für die zahlreichen Zeichnungen benötigte, die Gally Knight für seine Hypothese über die Entstehung des Spitzbogens in einem umfangreichen Verzeichnis festgelegt hatte und von ihm forderte: so sollte Hessemer die Baujahre älterer Moscheen feststellen, Knight interessierte alles, was auf byzantinischen und sarazenischen Stil Licht werfen könnte.[6] Hessemer stöhnte: »Ich arbeite zusammen was Zeug hält«. – »Kairo verschließt solche Schätze in sich, daß ich meine Sinne nicht genug wach halten kann«.[7] Am 4. Februar 1830 notiert er verzweifelt ob der ihm anvertrauten Arbeiten: »Warum bin ich hierhergekommen, ohne zugleich auch Jahre hierher zu kommen! – Mir wird es angst und bang, wenn ich ansehe, was ich noch alles zu thun habe; aber das wird nie ein Ende nehmen. Ich habe mich geplagt, was ich nur konnte und vermochte und bin nun unwohl«.[8] Hessemer klagte häufig über sein Kopfweh, das ihm das Leben verleidete, seine Schlaflosigkeit und seine unendliche Müdigkeit während der Reise. Niedergeschlagen jammerte Hessemer: »Ich bin so müd, so müd in dieser fremden Welt zu sein, daß ich fast müd werde, in der Welt überhaupt zu sein. Man hofft und wünscht so vieles Eitele; laß mich nur gesund und mit frischen Kräften heim kommen und die Meinen wieder finden, lieber Gott im Himmel«.[9] Gervinus erwähnt diese psychischen Symptome, die an Hessemer bereits in seinem 24. Jahre zu bemerken waren, und zitiert aus einem Brief Hessemers: »Meine Adern«, schrieb er [Hessemer] damals, »schlagen, als sollten sie Mühlräder treiben, oder als hätte ich einen Eisenhammer in Pacht, oder als arbeiteten Kyklopen oder der Satan in mir [...] Ich bin nicht gesund; es steckt ein arger Quälteufel in mir, der sich bald als brennendes Kopfweh, bald als beklemmendes Herz- oder Seitenstechen meldet, eine dumpfe Schlaflosigkeit behaftet mich, die mich mitunter so krittelig und sentimental stimmt, daß gar nicht mit mir auszukommen ist«.[10]

Wahrscheinlich hatte Hessemer während seiner Arbeiten in Kairo weder Zeit noch auf Grund seiner psychischen und physischen Verfassung Lust, an sein Freundschaftsbuch zu denken; in seinen Briefen, die voll lebendiger Berichte sind und von seiner Neugier und seinem Interesse für die fremde Kultur zeugen, kommen eben auch seine große Müdigkeit und eine wachsende Intoleranz gegenüber der chaotischen Lebensart des Landes zum Ausdruck.

In Alexandria entwirft Hessemer für den schwedisch-norwegischen Generalkonsul in Ägypten Giovanni Anastasi (1780 – 1860) einen Plan für ein neues Haus: »Für d'Anastasi hab ich den Entwurf zu einem Haus gemacht, es ist ziemlich groß, schließt sich im Viereck um einen mittleren Hof, 3 Stockwerk pp. er schenkte mir einen goldenen Ring mit einem Hiazinth, [...] zwei Vasen von orientalischem Alabaster alt-aegyptische Arbeit folgten noch nach; sie werden sich gut im darmstädter Museum ausnehmen«.[11] – Aber um eine Notiz in das Gedenkbuch hat Hessemer ihn offensichtlich nicht gebeten.

Auf seiner Heimreise traf Hessemer in Pisa den bekannten Professor für orientalische Sprachen an der dortigen Universität, Niccolo Francesco *Ippolito* Baldessare Rosellini (1800–1843), der sich mit einer toskanischen Delegation der Champollionischen Ägypten-Expedition 1828 bis 1829 angeschlossen hatte. Mehrere Besuche mit Gesprächen über Ägypten führten zu einer Freundschaft. »Hier leb ich wieder recht aegyptisch auf« gesteht Hessemer. Er schenkte Rosellini »ein Steinchen von der Memnonsäule [auf dem thebanischen Westufer], er mir dagegen ein aegyptisches Hieroglifenzeichen das Stabilität bezeichnet, für unsere Freundschaft. Er mit seiner Frau sahen heute mein Moscheenbuch durch, die einzigen Zeichnungen die nicht von der Dogana einblombirt sind, ... wir waren recht in Ägypten«.[12] Das Hieroglyphenzeichen malt Hessemer in sein Brieftagebuch (24. August 1830); im Stammbuch ist kein Eintrag von Rosellini vorhanden.

Die lückenhaften Eintragungen in das Stammbuch in Italien und Ägypten verlangen eigentlich nach einer weiteren Erklärung, und doch wird es kaum möglich sein, eine befriedigende Antwort zu finden. Vielleicht folgte Hessemer nur halbherzig der Sitte, auf seiner Reise bedeutende Zeitgenossen als Einträger zu `sammeln´, obwohl er gesellig war, so war auch eine gewisse Zurückhaltung charakteristisch für ihn, und in seiner Bescheidenheit scheute er sich wohl, Personen, die von ihm besonders verehrt und geschätzt wurden, sein Erinnerungsbuch mit der Bitte um einen Eintrag zu überreichen. Vielleicht war es aber auch ein Gefühl, nicht ebenbürtig zu sein. Hessemer war feinfühlig, und gewiß war er aufgeschlossen, heiter, launig und munter, wiewohl in seinen Briefen mitunter ein Heimweh nach den Freunden zu spüren ist.

Notizen zur Biographie von Friedrich Maximilian Hessemer

In seinen autobiographischen Aufzeichnungen schildert der Literaturhistoriker Georg Gottfried Gervinus[13] die Entwicklung seiner Beziehungen zu Hessemer: »Die Bekanntschaft wurde gemacht und steigerte und vertiefte sich in kurzer Zeit zu einer Freundschaft, die uns durch das ganze Leben verbunden hielt. Friedr. Max Hessemer, so hieß der Freund [...]. Fünf Jahre älter als ich war er mir in der Schule weit aus den Augen voraufgewesen; sein erster Jugendlauf hatte den meinigen an genialer Romantik weit überflügelt. Er war misleitet im Knabenalter gewesen, wo man ihn für träge und talentlos hielt, weil er auf der Schule nicht gerade zu den musterfleißigen Schülern gehört hatte. Er war dann in das Soldatenleben gestoßen worden, wo es ihn doch bei der gemeinen und eitlen Umgebung nicht duldete; dann widmete er sich der Kunst seines Vaters und machte seine Studien in Gießen in der höchsten Blütezeit der Burschenschaft, wo er den demagogisch-teutonischen Idealismus und Freiheitsschwindel mit den Follen und Aehnlichen voll austobte. [...] Jetzt [1822] machte er in Darmstadt seine praktische architektonische Schule bei seinem Oheim Moller. [...] Er war ein Künstler durch und durch, und diese Ganzheit seiner Natur war es, die mir sein Wesen, das zu dem meinigen in keinem größer denkbaren Gegensatz hätte stehen können, von Anfang an so anziehend machte, wie es mir fremd war. [...] Manchem meiner Freunde war eine gewisse gespreizte Ziererei an ihm auffällig, eine selbstgefällige Eitelkeit misfällig; ich sah darüber hinweg, weil ich kaum Jemanden wieder begegnet bin, der so gänzlich ohne alles Falsch war. In seiner nächsten Umgebung und Verwandtschaft gab es erfahrene Männer, die ihn strenger beurtheilten; [...] denen es nicht Bewunderung, sondern Bedenken erregte, daß die Tonleiter seines ganzen Wesens um eine gute Octave höher gestimmt war als bei anderen Menschen«. Die beiden Freunde waren sich in der Verehrung Jean Pauls zuerst entgegengekommen; zu ihren »größten Wonnen gehörte das Schwelgen in der freien Natur«; rings um den Hergottsberg schwärmten sie »jean-paulisch«. »Wir saßen da bei dem Quell, auf den Felsen, in den alten Bäumen auf der Höhe plaudernd, träumend, lesend, dichtend, wie es kam«.[14]

Als Hessemer seinen Aufenthalt als »Oberbaukonducteur für die Provinz Oberhessen« in Gießen beendet und die Genehmigung für eine zweijährige Bildungsreise erwirkt hatte, konnte er endlich den lang gehegten Plan einer Italienfahrt verwirklichen. Als er schließlich nach mühevollen, körperlichen Anstrengungen den Gotthard überquert hatte, jubelte er: »Italien, du goldenes, liebes, ewig liebenswürdiges Italien, endlich bist du mein! Beinahe nun 20 Jahre bist du, du herrliches Land, das höchste Augenmerk meiner Seele, wie du jetzt ihre höchste Augenweide sein sollst. Italien! Italien sei gegrüßt«.[15]

Nach etwa zwei Jahren wollte Hessemer wieder zurück in seinem Vaterlande sein, doch die Bekanntschaft mit dem Architekturforscher Henry Gally Knight verschaffte ihm die Möglichkeit, auf dessen Kosten nach Ägypten zu reisen. Gervinus mißbilligte diese Reise: »Die Reise war ihm [Hessemer] offenbar nicht gut gewesen. In Italien hatte er rüstig und fleißig gearbeitet wie immer; aber die allzulange Ausspannung aus aller geschäftlichen Thätigkeit hatte seine ganze Künstlernatur wieder aufs einseitigste hervorgerufen. Die Reise nach Aegypten hatte das schlimmer gemacht; er wußte sich was mit der Fahrt, die damals noch nicht etwas so gewöhnliches war wie heute; er hatte dort Rollen zu spielen, im Türkencostüm zu reisen gehabt; als das unter den Stößen von Mappen aus dem Reisekoffer ausgepackt war, seufzte der Onkel Moller aufs neue nach gesteigerter Bewunderung des Fleißes seines Neffen: Er wird kein Baumeister!«[16]

Obwohl diese Prognose Mollers sich später als zutreffend erweist, wird Friedrich Maximilian Hessemer ein Frankfurter Baumeister genannt, und die Voraussetzungen, Baumeister zu werden, waren gut: In Darmstadt hatte sich seiner der Oheim Georg Moller angenommen, »der, zwischen Liebe und Aerger, zwischen Lob und Tadel getheilt, gerne einen tüchtigen Baumeister aus seinem Neffen gemacht hätte, dessen glänzende Anlagen ihm alle Hoffnungen gaben, dessen Zerstreuung auf tausend Nebendinge aber ihn voller Befürchtungen ließen«.[17] Es waren dies Schwächen, die nach den Vorstellungen Mollers Hessemer für eine erfolgreiche Architektenkarriere untauglich machten. Und Baumeister wurde Hessemer nicht. »Sein Oheim Moller hatte eben dieses Unvertrauen oft und immer geäußert, selbst wo er zur Bewunderung seiner einzelnen Leistungen sich gezwungen sah. [...] Ich hatte tief durchschaut, daß keine Ader zu einem praktischen Manne in dem Freunde gelegen war, daß er trotz seinem ungemeinen Talente, trotz seinem großen Fleiße und selbst seiner geschäftlichen Anstelligkeit nie ein Mensch für das Leben werden würde. `Er wird kein Baumeister!´ das war selbst nach allen Lobliedern, die er ihm sang, der ewige Refrain des Onkel Moller. Die poetische Phantasie, die Ornamentik seines Lebens, und mehr noch das weiche, gute Herz, der wahre Adel seines Wesens, hat diese höchst unwahrscheinliche Wahrsagung wahr gemacht«.[18] Nur wenige `dem sanktionierten Architekturstil angepaßte´ frühere Bauten in Frankfurt stammten von Hessemer, so etwa der Erweiterungsbau des Städels in der Neuen Mainzer Straße, das Haus der Gräfin Bose in der Neuen Mainzer Straße 54, das Haus Hochstraße 42 und der Umbau des Gutshofes Goldstein. Hessemers einzig erhaltener, seiner individuellen Auffassung von Baukunst entsprechender Bau steht auf dem Frankfurter Hauptfriedhof: das Mausoleum der Gräfin Reichenbach-Lessonitz.[19] Nicht zur Ausführung kamen Hessemers Entwurf der Walhalla, der Entwurf der Frankfurter Börse, der Entwurf zum Ausbau des Frankfurter Domturms und ein Neubauentwurf für das Städelsche Kunstinstitut.

Wichtig und bedeutend ist sein großes Ornamentwerk *Arabische und Alt-Italienische Bauverzierungen,*[20] das zwölf Jahre nach der Rückkehr von seiner Reise herauskam und seinen `Namen ehrenvoll bekannt gemacht hat´. Hessemer vermerkt in der Zueignung des Werkes an Henry Gally Knight, daß die Reise nach Ägypten auf seine Bildung und sein späteres Leben einen entscheidenden Einfluß gehabt habe und daß er daher das Werk ihm widme. »Durch Sie veranlasst, ist es mir zugleich auch nur durch Ihre Güte möglich geworden, jene Reise zu unternehmen. Deshalb sind auch die Resultate derselben Ihnen gewidmet«. Seit seiner Reise nach Italien und Ägypten hatten die geometrischen und ornamentalen Verzierungen Hessemer beschäftigt. In seinen kunsttheoretischen Überlegungen charakterisiert Hessemer die Mentalität des Arabers: »Ein aufgereiztes übermässiges Anspannen seiner Kräfte vermag er selbst für geringfügige Gegenstände mit der grössten Ausdauer rücksichtslos zu ertragen, überläßt er sich aber der Ruhe, dann ruht er vollständig, und alle Sorglichkeit und jedes Bedenken hält ihm der Glaube an Fatalismus fern. In einer solchen Ruhe sucht er sich [...] eine wiegende

Beschäftigung für ein schaukelndes Schwelgen der Phantasie, das reizend und beschwichtigend zugleich, heiter und anregend unter einer friedlichen Auflösung den Gang der Stunden an ihm vorüber führt. Eine lebendige Märchenwelt voll durcheinandergreifender Begebnisse und Persönlichkeiten ist das Resultat einer solchen Ruhe, [...] er folgt den durchschlungenen Fäden der phantastischen Geschichten ruhig nach. [...] Viele arabische Verzierungen sind nun wohl, um derartigen Bedürfnissen eines Ruhenden zu genügen, componirt. Es reizt die grübelnde Beschaulichkeit, den Gang der Linien, ihrer Verschlingung und Verbindung nachzugeben und in einem Labyrinth für das Auge träumerisch umher zu irren«.[21] Im Mittelpunkt seiner Kunsttheorie steht die islamische Dekorationskunst mit ihren Arabesken und Verschlingungen. Im Januar 1831 hatte Gervinus kritisiert: »Da magst Du denn Deine ägyptischen Werke und namentlich Deine Byzantinischen Schnörkel vollendet, ästhetisch vollendet finden: ich widerspreche nicht, die Schnörkel selbst sind darum doch wunderlich, weil der Geist der sie baute wunderlich war«.[22]

Nach Hessemers langer Reise »scheint sein ganzer dichterischer Ausdruck – und vor allem in den Gedichten, die im Orient spielen – das zentrifugale Moment durch Themen zu betonen, die geprägt sind durch die Freude am Exotischen«.[23] – Hessemers Poesie ist von den Arabesken der morgenländischen Ornamentik durchdrungen. Gervinus bemerkt treffend, ihm gehe es mit Hessemers Gedichten wie mit seiner Richtung in der Architektur, zu der diese »immer ein merkwürdiges Seitenstück zu sein scheinen«; und er könne sie »mit nichts mehr vergleichen in ihrem rätselhaften, überraschend hinausgeführten Gang, der durch tausend Schlingwege, die einem Angst machen und auch den Kopf anstrengen können, hindurch sich windet, als mit dieser Architektur. Verzierungen, die ganz dieselbe Eigenschaft besitzen«.[24] Hessemer verteidigt in einem Brief an Gervinus (16. August 1849) seine Grundkonzeption: »Das Arabeskenartige und die Wirkerei der durchschlungenen Fäden wäre ja beinahe das, was in meiner Absicht gelegen hat«.[25] Hessemers liebevolle Hinwendung galt vor allem seiner Poesie. So schrieb er am 1. November 1848 während der Arbeit an seinem Werk *Ring und Pfeil*: »Bei meinem Gedicht bin ich am 10. Gesang, es gefällt mir immer noch gut und reizt mich weiter zu arbeiten, so wenig sich dafür von der Gunst der Zeiten zu versprechen ist. Ich mache es fertig und habe meine eigene Freude dabei, nachmals mag damit werden was will«.[26] Am 4. September 1851 jedoch klagt Hessemer: »Auf meine Arbeiten schimmern eben keine günstigen Sterne, und wenn ich mich auch dadurch nicht entmutigen lasse, so muß ich doch bekennen, wie schön ermutigend mir der andere Fall wäre«.[27] In einem Brief vom 16. August 1849 an Gervinus äußert Hessemer: »Auf keine andere innere Tätigkeit hat mich meine Natur so früh und so unmittelbar hingewiesen als auf die Poesie, und ich gebe es noch nicht auf, daß nicht doch noch die Träume unserer Jugend zu einer Verwirklichung gedeihen sollten«.[28] – Aber die meisten Leser konnten wie Gervinus mit Hessemers Poesie nichts anfangen, sie mochten den arabesken Verwicklungen nicht folgen, und seine Dichtungen blieben ohne Resonanz.

Hessemer war ein vielseitig begabter Künstler als Zeichner, Dichter und Lehrer. Bereits in Rom blieben ihm innere Konflikte über seine Berufung nicht erspart; seine Architekturzeichnungen wurden von den Architekten und Architekturmalern sehr gelobt. Er schreibt an seinen Vater (23. April 1828): »Meine Freunde, der Hofbaurath Ottmar von Braunschweig an der Spitze, [...] bestürmen mich, ich sollte Maler werden; wenn mir sonst zu wenig malerisches Talent zugetraut wurde, so steh ich jetzt gerade im umgekehrten Fall, ich glaub es wohl, ich könnte ein mitlaufender Architekturmaler werden, doch als Architekt seh ich doch noch ein höheres Ziel vor mir, das ich zu erreichen denke«,[29] anerkennend zitiert er den »Onkel Moller, der sagt: Du brauchst nicht zu bauen, wie ich es thu, aber vernünftig muß es sein, consequent und allen Forderungen auf die directeste Weise entsprechend«.[30] Kestner in Rom ermunterte Hessemer, seine Reisebriefe herauszugeben, »was ich selbst sehr Willens bin, ich werd es gleich nach meiner Heimkehr etwas ordnen und dann drucken lassen« versicherte Hessemer (24. Juli 1830).[31] Gervinus aber war strikt dagegen: »eine Eitelkeit, von der ich ihn nur mit Mühe abbringen konnte«,[32] er plädierte für ein Werk der Zeichnungen, und auch Kestner schien ein solches Werk vorzuziehen, damit die Zeichnungen nicht verloren gingen. Man muß sich vergegenwärtigen, daß Hessemer einer der letzten Zeichner war, der mit seinem geschulten Auge die Bauwerke Italiens und vor allem Kairos festhielt, bevor die Entwicklung der Photographie die `altertümlichen, hingebungsvoll angefertigten Zeichnungen´ verdrängte. Aber seinen Wunsch, seine

Reisebriefe mit den Architekturzeichnungen zu veröffentlichen, konnte Hessemer selbst nicht verwirklichen.

Die zahlreichen Zeichnungen der langen Reise wurden nicht veröffentlicht,[33] nur hier und da einzelne Bilder, so in dem Bändchen Fr. M. Hessemer *Briefe aus Sizilien* mit reizvollen Abbildungen seiner Reise durch das `Land, wo die Zitronen blühen´, das von Maria Teresa Morreale herausgegeben und von der Gesellschaft Hessischer Literaturfreunde veröffentlicht wurde. Auch der Begleitband zur Ausstellung *Friedrich Maximilian Hessemer (1800 – 1860), Ein Frankfurter Baumeister in Ägypten* bringt einige Skizzen und Abbildungen, und last but not least enthalten F. M. Hessemers *Briefe aus Italien und Ägypten* eine Auswahl von Zeichnungen und Aquarellen.

Nach seiner Rückkehr aus den fernen Landen will Gervinus in einem Brief vom 13. Dezember 1831 wissen, ob Hessemer nun als Poet, als Baumeister oder als Verfasser einer Geschichte der Architektur in Frankfurt am Main wirke.[34] Hessemer war zutiefst begeisterungsfähig, und seine Schüler schätzten ihn außerordentlich. Seine Vorlesungen über die »Geschichte der Baukunst« waren stets gut besucht. Es entsprach deshalb seinem innersten Wesen, wenn er sich letztlich für die Lehre entschied. »Der Beruf als Lehrer aufzutreten, ist das Glück meines Lebens, und ich möchte ihn um alles mit keinem anderen vertauschen«, schreibt Hessemer am 8. Januar 1831 an August Kestner.[35]

Fast ausnahmslos ohne Erfolg waren Hessemers Baupläne; seine lyrischen Gedichte und seine epischen Werke verhallten; es war sein mitreißendes Talent des Unterrichtens und Erzählens, das seine Schüler am Städelschen Institut begeisterte. Hessemers Vorlesungen, die sich mit vielen Fragestellungen befaßten, zählten schließlich zu den beliebtesten. Unter seinen ehemaligen Schülern um nur einge zu nennen, war Ernst Georg Gladbach (1812 – 1896), Lehrer für Baukonstruktion am Polytechnikum in Zürich, ferner Johann Georg Kayser (1817 – 1875), der Erbauer der Frankfurter Hauptsynagoge, Otto Cornill (1824 – 1907), später Direktor des Historischen Museums in Frankfurt und Kunstschriftsteller, Carl Jonas Mylius (1839 – 1883), Erbauer der ehemaligen Senckenbergischen Bibliothek in Frankfurt, der Mainzer Carl Roos (1817 – 1897), Architekt.

War Hessemer auch nicht im herkömmlichen Sinne erfolgreich, – bei Nennung seines Namens fällt uns nichts Großes oder Bleibendes ein, wie etwa bei Nennung des Namens seines Onkels Moller, – so hat er dennoch etwas bewirkt. Im Unterricht der Städelschule betonte Hessemer »seine romantischen Positionen und stellte das Verständnis des Ornamentaufbaus als Voraussetzung des Bauens heraus«, doch trotz »seiner schmalen Bautätigkeit, deren Originalität auch damals kaum verstanden wurde, begannen die Ornamente gemäß ihrer eigentlichen Bestimmung die Frankfurter Fassaden zu prägen. Eine größere Wirkung war nicht möglich«.[36]

Zeittafel

1800: August Wilhelm *Friedrich* (Fritz) Maximilian Hessemer wurde am 24. Februar in Darmstadt geboren. Eltern: Rat des Ober-Bau-Kollegs Johann Friedrich *Bernhard* Hessemer und dessen Ehefrau *Sophie* Elisabeth Margarethe, geb. Flor.
1808: Tod seiner Mutter.
1808 bis 1815: Besuch des Darmstädter Gymnasiums, des Pädagogs.
1811: Wiederverheiratung des Vaters mit Meta, geb. Moller (1786 – 1847), einer Schwester von Georg Moller. Aus dieser Ehe stammte der Sohn Wilhelm (1816 – 1872), »ein kluger, aber unglücklicher Mensch«.[37] Wohl gegen Ende des zweiten Jahrzehnts trennten sich die Eheleute wieder. Offensichtlich war das Verhältnis Hessemers zu seiner Stiefmutter gestört, weil sie nicht um ihre Grenzen im Verhalten zu dem Stiefsohn wußte.[38] Meta zog zu ihrer Schwester Luise Hansemann nach Meerholz bei Gelnhausen und lebte später als Witwe in Mockstadt.
1815 – 1817: Am 6. November 1815 trat Hessemer auf Wunsch seines Vaters in das hessische Artilleriekorps ein, wurde jedoch 1817 unter Weiterzahlung der Besoldung beurlaubt.
1817: Am 30. März starb sein jüngerer Bruder Valentin Georg *Karl* (* 1806) durch einen Sturz von einer Mauer. Karl war ursprünglich für die wissenschaftliche Laufbahn vorgesehen, da sein älterer Bruder Fritz melancholisch und still war und daher nicht geeignet für das Universitätsstudium schien. – Noch in Syrakus gedachte Hessemer der Zeit, »wo man [ihn] für viel zu dumm hielt, als daß es der Mühe lohne, sich mit [ihm] zu beschäftigen«, und dankbar erinnerte er sich an den alten Rektor Justus Wickenhöfer, der den Jungen »mancher liebevollen Aufmerksamkeit gewürdigt und ein besseres Leben in [seiner] Seele erkannt« hatte.[39] – Mit dem Tode des Bruders änderten sich die Möglichkeiten für Fritz M. Hessemer; »so traurig an sich dies Schicksal auch war, so durfte doch für den anderen Bruder mehr Raum und Aufwendung für dessen wissenschaftliche Ausbildung gewonnen sein«.[40]
1817 – 1819: Studium der technisch-wissenschaftlichen Fächer und der Mathematik an der Universität Gießen. Unter dem Einfluß seiner beiden älteren Vettern mütterlicherseits, der Brüder (August) Adolf Ludwig Follen (1794 – 1855) und

Karl Christian (1796 – 1840), 1817 Mitglied der Ehrenspiegelburschenschaft, einer radikalen Studentenverbindung, bekannt als die »Gießener Schwarzen«. Teilnahme am Wartburgfest am 18./19. Oktober 1817, das zur Erinnerung an das Reformationsjahr 1517 und an die Völkerschlacht bei Leipzig 1813 stattfand. – In den studentischen Liederbüchern jener Tage stehen neben Liedern von Arndt und Körner auch solche von Hessemer. A. L. Follen gab unter dem Titel *Freye Stimmen frischer Jugend*, Jena 1819, ein Büchlein heraus; darin ist auch Hessemers Gedicht *Warum wird geturnt?* abgedruckt. Aus der burschenschaftlichen Zeit stammen ferner Hessemers Gedichte, die in dem Bändchen *Harfen-Grüße aus Deutschland und der Schweiz*,[41] enthalten sind.

1819: Rückkehr nach Darmstadt. Hier schloß Hessemer enge Freundschaften mit den Darmstädter Künstlern Carl Sandhaas, den Brüdern Jakob und Heinrich Felsing, Johann Heinrich Schilbach, Peter App, August Lucas, Wilhelm Noack, Ernst Rauch, mit jungen Männern, die zumeist das Pädagog, die Lateinschule in Darmstadt, besucht hatten.

1820: Am 12. November reichte Hessemer als Kandidat der mathematischen Wissenschaften ein Gesuch um Gestattung des Accesses ein; er wurde am 1. Dezember als Kadett-Corporal aus dem Militärdienst entlassen. Danach begann er ein architektonisches Praktikum im Baubüro seines Oheims Georg Moller, der den Neffen zum Baumeister ausbildete. Das Verhältnis der beiden war nicht immer ungetrübt; wiederholt ist es zu Spannungen gekommen. Neben künstlerischen können auch politische Streitigkeiten eine Rolle gespielt haben.

1821: Examen des Accesses zum Großh. Baukolleg am 22. April.

1822: Am 21. April Anstellung als Accessist bei der Großh. Finanzkammer und am 31. August Übertragung der Aufsicht beim Bau der katholischen Kirche (St. Ludwig) in Darmstadt unter der Leitung von Moller.

1822/1823: Beginn der lebenslangen Freundschaft mit Georg Gottfried Gervinus (1805 – 1871). Gervinus war Hessemer ein wahrer Freund, der sich einerseits immer wieder kritisch über ihn äußerte, aber zugleich die Besorgnis um den Freund zum Ausdruck brachte, und der andererseits spürte und anerkannte, daß Hessemer stets aus vollem Herzen lebte und sich nicht anders als spontan den Menschen mitteilen konnte.

1823: Belletristische Versuche in der Mannheimer Zeitschrift *Charis*, der *Rheinischen Morgenzeitung für gebildete Leser*, Jg. 3, 1823, in den Ausgaben 104, 105, 112, 119, 130, 131, 135, 139, 148, 156, und im Jg. 4, 1824, zusammen mit Gervinus in den Ausgaben 42, 43, 46 und 47 ein Zyklus *Mythologische Dichtungen.*
1824: Am 14. September erhielt Hessemer die Anstellung als Oberbaukondukteur für Oberhessen mit Amtssitz in Gießen.
1825: Durch autodidaktische Studien hatte sich Gervinus auf den Eintritt in die Universität vorbereitet, er immatrikulierte sich in Gießen für das Philosophiestudium. In Gießen wohnten Hessemer und Gervinus `Stube an Stube´. Ein Jahr später ging Gervinus nach Heidelberg. »Indem er sich mit dem Wechsel nach Heidelberg der streng wissenschaftlichen Verstandeswelt verschrieb und seine verspielten poetischen Pläne aufgab, folgte er dem Zuraten seines langjährigen Gefährten Georg Ludwig Kriegk, der ihn dem Einfluß des dichterisch phantasierenden Freundes Hessemer entziehen wollte«.[42]
1824 – 1827: Die Gießener Jahre unter seinem Vorgesetzten Hofkammerrat Johann Philipp Hofmann (1776 – 1842) führten Hessemer auf viele Dienstreisen. Er hatte vor allem Routinetätigkeiten zu erledigen, es handelte sich fast ausschließlich um die Planung und mehr noch um die Instandhaltung öffentlicher Gebäude (Schulen, Kirchen, Pfarrhäuser, Friedhöfe etc.). Auf den Reisen durch die alten Städtchen und Dörfer in dem Oberfürstentum (in Oberhessen und in dem sogenannten Hinterland, Biedenkopf etc.) hatte er Gelegenheit, die ihm ins Auge fallenden landschaftlichen Schönheiten oder malerischen Bauwerke zu zeichnen. Zahlreiche Ansichten von Kirchen, Türmen, Toren, Burgen, Ruinen entstanden, mit zartem Bleistift festgehalten. Mit diesen Veduten legte Hessemer den Grund zu den später so meisterhaft ausgeführten architektonischen Zeichnungen nach der Natur. Ein Großteil dieser Zeichnungen lagerte im Denkmalarchiv in Darmstadt, das den Flammen der Brandnacht am 11. September 1944 zum Opfer fiel. Weitere Ansichten aus der Gießener Zeit befinden sich im Städelschen Kunstinstitut in Frankfurt am Main.[43] – Doch nicht nur die künstlerische Ausbildung wurde in diesen Jahren gefördert, auch der Traum einer Studienreise zu den Kunstschätzen Italiens nahm mehr und mehr Gestalt an. Neben Hofkammerrat Hofmann unterstützte vor allem Philipp Dieffenbach aus Friedberg diesen Plan. Die bescheidenen finanziellen Möglichkeiten mußten jedoch bedacht

werden. So mahnte Gervinus bereits im September 1825: »Mit dem Italien Projekt sei sehr vorsichtig. [...] Rechne nur auf keine Unterstützung. Denn außer Moller, der gewiß dagegen handelt, fiel mir heiß Deine alte Demagogerei ein, die bestimmt noch heiß ist im Angedenken«.[44] Beim Darmstädter Hofe war Hessemer persona non grata, zu sehr stand er im Verdacht, dem Gedankengut der Gießener Schwarzen verhaftet zu sein. Nach vielen Laufereien und manch einer Bittschrift genehmigte im August 1827 endlich das hessische Finanzministerium die zweijährige Bildungsreise unter Belassung der Anciennität[45] im hessischen Beamtenverhältnis. Der Vater, ein ängstlicher Bürger, betrachtete die Unternehmungen seines Sohnes mit großer Sorge, erklärte sich jedoch bereit, die Reise zu finanzieren. Auch Gervinus äußerte seine Bedenken über die geplante Italienreise: »Ich lasse Dich nach Italien ziehen mit schwerem Herzen. Vielleicht ist es Dir gut und heilsam, wenn Du auf Dich selbst verwiesen und einsam bist, und vielleicht kommst Du dann zu Dir; doch habe ich kaum Zutrauen zu Dir, daß Du stark dazu bist, einsam zu bleiben und Du wirst Gesellschaft suchen und schlechte finden«.[46]

1827 – 1830: Reise nach Italien, Malta und Ägypten. In tagebuchähnlichen Briefen an seinen Vater in Darmstadt hat Hessemer seine Beobachtungen und Mitteilungen der Reise niedergeschrieben. Im Genre der Reiseliteratur berichtet er von weltlichen und kirchlichen Festen, von Leichenbegängnissen, von Wohnverhältnissen, von Kleidung, von Sitten und Gebräuchen. Diese Schilderungen bestechen, da sie spontan, aus dem unmittelbaren Erleben heraus, entstehen, das sich von einem neugierigen Blick leiten läßt. August Kestner bemerkt zu den Briefen (5. 9. 1830): »Er [Hessemer] fand unter den schrecklichsten Ermüdungen mit seltener Geisteskraft jeden Abend Zeit, ein treffliches Tagebuch zu schreiben. Selbst das halb im Schlafe Geschriebene leuchtet von Geist, und einen liebenswürdigen Zug hat es noch dadurch, daß es an seinen Vater gerichtet ist und in jedem Augenblick einen guten Sohn vor Augen stellt, und dieß in dem einfachsten Tone, voll Ehrlichkeit und ohne alle Ostentation.[47] Die Briefe wurden erst kürzlich veröffentlicht.[48] – Neben diesem Brieftagebuch hatte Moller Hessemer geraten, die baugeschichtlichen Beobachtungen in einem `sog. architektonischen Tagebuch´, zu dokumentieren, in »welches nämlich alle Notizen, Bemerkungen und Beschreibungen über Gebäude,

Constructionen, Compositionen und Antiquitäten pp. eingetragen werden [sollten]«.[49] Offensichtlich hatte Hessemer auch die Absicht, eine ausgearbeitete Kritik und Beschreibung des Mailänder Doms als »Probe« seines architektonischen Tagebuchs an Moller zu schicken.[50] Ein Bautagebuch, wie es Hessemer umreißt, ist uns nicht überliefert. Hessemers Frau, bezweifelt in ihren *Aufzeichnungen* das Vorhandensein eines reinen architektonischen Reisebuches.[51] Das architektonische Tagebuch kam so wie beabsichtigt nie zur Ausführung, es traten an dessen Stelle die Skizzenbücher.[52]

1827: Am 3. September begann Hessemer seine lange Reise zu Fuß; er wollte auf diese Weise nicht nur die Kunstschätze Italiens studieren, sondern ähnlich wie Johann Gottfried Seume Sitten und Menschen kennenlernen. Im wesentlichen meisterte er seine Reise tatsächlich als `Wanderer´, doch nahm er bisweilen gern das Mitfahrangebot in einer Chaise oder einer Gelegenheitsfuhre an. Bei Regen und sehr schlechtem Wetter mietete er wohl auch einen Vetturino.

Über Heidelberg, Karlsruhe, Freiburg, Basel und Zürich führte sein Weg. Am 26. September überquerte er den St. Gotthard und lange noch dachte er an die damit verbundenen Strapazen zurück..

Einen längeren Aufenthalt nahm Hessemer zunächst in Mailand, dann brach er zur Weiterreise über Pavia nach Piacenza auf. Über Parma und Bologna setzte er die Fahrt auf bergigen Straßen durch die Apeninnen fort; Ende November erreichte Hessemer schließlich Florenz. Hier traf er seinen Darmstädter Freund, den Kupferstecher Jakob Felsing, und mit den jungen Landschaftsmalern Moritz Steinla-Müller und Franz Nadorp feierten sie zusammen das Weihnachtsfest und das Neue Jahr.

1828: Am 30. Januar kam Hessemer in der Ewigen Stadt an; der Darmstädter Landschaftsmaler Johann Heinrich Schilbach, der bereits seit 1823 in Rom lebte, half, eine Unterkunft zu finden, gemeinsam durchstreiften sie in den ersten Tagen die Straßen der Stadt. Schilbach war es auch, der Hessemer in den Kreis der deutschen Künstler (Joseph Anton Koch, Joseph Führich, Wilhelm Ahlborn, Ferdinand Flor, Philipp Veit, Bertel Thorvaldsen, Ernst Platner u. a.) einführte. Die bekannten römischen Karnevalsfeste zogen Hessemer in Bann, das Pferderennen und vor allem der Moccoli-Abend begeisterte ihn. Die großen römischen Kirchenfeste, die mit Pracht und Intensität gefeiert wurden, beeindruckten ihn stark, an den Feierlichkeiten der deutschen Künstlerkolonie in Rom zum dreihundertsten Todestag von Albrecht Dürer (8. April) beteiligte sich Hessemer aktiv mit langen Gedichten.

Die heißen Sommermonate verbrachte Hessemer in Perugia in der Casa Zanetti mit anderen deutschen Künstlern (Friedrich Eisenlohr, Carl Oesterley, Johann Karl Baehr, Adolf Zimmermann, Adolf Lößer, Friedrich Simmler, August v. Kloeber, Carl Waagen, Carl A. Ottmer, Wilhelm Rothländer), die er zeitweise hier traf. Von Perugia aus wanderte er mit Wilhelm Ahlborn durch Umbrien und durch die Marken.

Im Oktober und November fand eine Ausstellung für den Kronprinzen von Preußen im Palazzo Caffarelli auf dem Kapitol statt; im Katalog der Ausstellung wird auch der *Entwurf einer Walhalla für König Ludwig I. von Bayern* des Darmstädter Architekten Hessemer aufgeführt.[53] Dieser Entwurf zeigte einen neugotischen Zentralbau, er hatte keinerlei Ähnlichkeit mit einem griechisch-römischen Tempel, wie ihn König Ludwig I. für ein Nationaldenkmal bei Regensburg wünschte.[54]

1829: In den ersten Wochen des Jahres wurde Hessemer die Anstellung als Professor der Baukunst an dem Städelschen Institut in Frankfurt am Main in Aussicht gestellt, da Heinrich Hübsch (1795 – 1863) als Residenzbaumeister nach Karlsruhe gewechselt hatte. Der hannöversche Legationsrat August Kestner hatte Hessemer an seinen Bruder Theodor, Mitglied der Administration des Kunstinstituts, nach Frankfurt empfohlen. Auch Moller hatte schon wegen der Frankfurter Stelle `Schritte gethan´, und Hessemer gesteht dem Onkel: »[...] ich sehe dadurch sich diese Sache einem desto sicheren Ziele nähern, und bin Ihrer Zustimmung und Ihres Beifalls für diese Richtung gewiß«.[55] Im Juli 1829 sollte die Stelle angetreten werden. (Der Zeitpunkt wurde jedoch auf Ostern 1830 verschoben). Im Januar lernte Hessemer auch auf Anraten Mollers[56] und durch die Vermittlung des preußischen Gesandten Freiherrn Christian Carl Jonas von Bunsen und Kestners den vermögenden Architekturforscher Henry Gally Knight kennen. Knight plante ein baugeschichtliches Werk herauszugeben, in dem er eine Klärung der Herkunft der Gotik herbeiführen wollte. Er suchte den Ursprung des Spitzbogens auf arabischem Gebiet und benötigte dazu Zeichnungen von frühen Moscheen aus Ägypten. Für diese Aufgabe gewann er Hessemer, der in Rom durch seinen Fleiß und seinen sicheren Blick als Architekturzeichner geschätzt wurde. Knights persönliches Urteil über Hessemer: »Je prends plaisir avoir procuré à M. Hessemer l´avantage de voir l´Egypte, il m´a paru un si brave jeune homme que je me loue de lui avoir pu servir à quelque chose«.[57] Die Reisekosten wurden ja auch von Knight übernommen.

Am 10 Februar starb Leo XII. in Rom, am 31. März, nach einem Konklave von fünf Wochen, wurde sein Nachfolger Pius VIII. gewählt. Hessemer schildert in seinen Briefen ausführlich die Exequien Leos XII. und das Konklave [58].

April/Mai Aufenthalt in Neapel und Umgebung, zumeist mit Wilhelm Ahlborn. Bekanntschaft mit dem Dichter August Kopisch und dem Landschaftsmaler Carl Wilhelm Götzloff. Besteigung des Vesuvs.

Juni/Juli/Anfang August Rundreise durch Sizilien zusammen mit Ahlborn. Die Nordküste der Insel erwanderten die Freunde bis Palermo zu Fuß, auf der weiteren Tour begleitete sie der Maultiertreiber Pepe Feliccia aus Monreale mit seinen Reittieren. Den Abschluß der Reise bildete der Aufstieg auf den Ätna. Bald danach trennten sich die Reisegefährten. Den Monat August verbrachte Hessemer auf Malta, er mußte bis Anfang September warten, ehe er ein Schiff nach Ägypten finden konnte.

Die Seereise führte über die Hafenstadt Canea auf Kreta. In Canea, heute Chaniá, kam Hessemer erstmals in Berührung mit dem islamischen Kulturkreis unter türkischer Herrschaft. Das kretische Volk hatte sich zwar 1821 gleichzeitig mit dem übrigen Griechenland zum Freiheitskampf gegen die Türken erhoben, die Insel wurde jedoch 1824 von Ibrahim Pascha erneut unterworfen.

Am 21. September lief das Schiff in Alexandria ein. Auf dem Schiff war Hessemer dem schottischen Ägyptenforscher Robert Hay of Linplum und seiner griechischen Frau Kalitza Psaraki. begegnet. In Kairo traf er das Ehepaar wieder.

Noch in Alexandria nahm Hessemer für seinen Aufenthalt in Ägypten den Diener Hadgieh Soleiman in seinen Dienst. Am 15. Oktober kamen sie in Kairo an, doch bald ging die Reise gemeinsam mit dem englischen Offizier William Henvey den Nil aufwärts bis nach Philae. Während Henvey nach Wadi-Halpha weiterschiffte, blieb Hessemer als `Einsiedler´ auf der paradiesischen Insel zurück. Diese Schiffsreise nach Oberägypten gehörte – laut Vertrag mit Knight – nicht zu den Aufgaben Hessemers. Am 1. Dezember wurde die Rückfahrt über Assuan, Kom Ombo, Theben, Abydos, Girgeh, Assiut,

Tell el-Amarna, Beni Hassan, Memphis, Dahschur und Saqqara angetreten; und am ersten Weihnachtsfeiertag war Hessemer wieder in Kairo. Nun begannen arbeitsreiche Tage voll ruheloser Hast für Hessemer; die ihm anvertrauten Architekturstudien der Moscheen und Madrasen mußten fertiggestellt werden, eine Aufgabe, die durch die Intoleranz der Muslime behindert wurde. Außerdem bedrohte eine Pestepedemie Kairo.

1830: In Kairo machte Hessemer die Bekanntschaft der Forscher Sir John Gardener, des Begründers der Ägyptologie in Großbritannien, und James Burton, des Ägyptologen und Sammlers von archäologischen Fundstücken. Eine Audienz bei Pascha Mohammed Ali (1769 – 1849) am 2. Februar brachte Hessemer die Erlaubnis, die Moscheen betreten und die Innenräume studieren und zeichnen zu dürfen, was Ungläubigen sonst strengstens verboten war.

Am 1. April verließ Hessemer Kairo, seine Route führte ihn den Nil abwärts nach Rosette, von dort über Land nach Alexandria. Über den Quarantänehafen Triest kehrte Hessemer nach einem neuerlichen Aufenthalt in Rom nach Deutschland zurück. Karlsruhe verließ er reisemüde am 28. September; und über Heidelberg und Darmstadt fuhr er nach Frankfurt, um sich dort seiner neuen Aufgabe zu widmen, der Lehrtätigkeit am Städelschen Institut.

Am 26. Oktober fand die erste Sitzung der Administration des Städelschen Kunstinstituts statt; es wurde festgelegt, daß der nazarenische Maler Philipp Veit zum Professor der Malerei, der Bildhauer Johann Nepomuk Zwerger zum Professor der Skulptur und Hessemer zum Professor der Architektur ernannt werden sollten.

1831: In Ägypten beim Besuch der Tempel von Karnak hatte Hessemer bedauert (8. Dezember 1829): »Mir thut es leid, daß ich nicht Freimaurer bin, denn für einen ähnlichen mystischen Zweck scheint manches angelegt«.[59] Am 29. Juli wurde Hessemer nun Mitglied in der Frankfurter Freimaurerloge „Zur Einigkeit“. Lange Jahre hindurch war er Meister vom Stuhl, auch Ehrenmitglied mehrerer Logen. In Hessemers Gedankenwelt spielte die freimaurerische Idee eine entscheidende Rolle. Sein Vater war Logenbruder in Darmstadt gewesen, so war Hessemer selbst schon früh in die Bestrebungen der Freimaurer eingeführt worden. Seine Frau schreibt über ihren Mann in ihren *Aufzeichnungen*: »Er war [...] ein geborener Freimaurer. Die edlen Absichten in den

Grundbedingungen dieses weltumfassenden Bundes, [...] das Streben nach den höchsten Zielen [...] gehörten so völlig zu den eignen Grundsätzen seines Lebens«.[60] Seine unveröffentlichten freimaurerischen Schriften sind sehr umfangreich, sie waren nur für geschlossene Kreise bestimmt.

Am 28. September starb sein Vater Bernhard Hessemer in Darmstadt.

1833: Am 14. April heiratete Hessemer seine Cousine Emilie Hessemer aus Rüsselsheim (*1812, † 1899). Mit ihr führte er ein harmonisches Familienleben, umgeben von seinen acht Kindern. Ein geselliger Freundeskreis belebte die Frankfurter Tage. Da waren Dr. Theodor Kestner (1779 – 1847), der Bruder des römischen Freundes, die Freunde Gervinus und G. L. Kriegk und vor allem der humorvolle Heinrich Hoffmann (Struwwelpeter-Hoffmann), der mit seiner Fähigkeit, heitere Gelegenheitsgedichte aus dem Ärmel zu schütteln, sich mit dem Wesen Hessemers berührte. Ein Freund des Hauses war auch Professor Konrad Schwenck (1793 – 1864), ein vielwissender und geistreicher Mann, der mit Platen bekannt war.

Bald nach Beginn seiner Tätigkeit in Frankfurt wurde Hessemer mit dem Erweiterungsbau des Städelschen Institutsgebäudes an der Neuen Mainzer Straße beauftragt. Auch die Innendekoration führte man nach Zeichnungen von ihm aus. Am 17. März wurde das Gebäude eröffnet.

1836: Reise nach Norddeutschland, Hessemer besuchte August Kopisch und Wilhelm Ahlborn und dessen Frau in Berlin. Dort lernte Hessemer den Verleger Reimer kennen, begegnete Eichendorff und Chamisso. Die Rückfahrt führte über Braunschweig, wo Hessemer den römischen Freund Carl Theodor Ottmer (1800 – 1843) traf, und weiter über Göttingen zu Gervinus.

Am 3. September heiratete Gervinus Victorie Schelver (1820 – 1893). Die jungen Ehepaare Hessemer und Gervinus unternahmen zusammen eine Reise an die Lahn, an den Rhein und an den Main. Hessemer verfaßte den Gedichtzyklus *»Die doppelte Brautreise«* (nicht veröffentlicht).

1838: Vom 3. Juni bis 30 August Italienfahrt mit seiner Frau nach Ravenna, Florenz und Venedig. Auf dieser Reise zeichnete Hessemer die notwendigen Ergänzungen für sein Werk *Arabische und Alt-Italienische Bauverzierungen.*

Hessemer schlug einen Ruf an die Kunstschule in Dresden aus; die Administration am Städel verstand es, ihn zu halten und mit dortigen Aufgaben zu fesseln.

1839: Hessemer nahm an einem Ausschreiben eines Planes für das Gebäude der Frankfurter Börse am 9. November teil. Zu dem Börsenprojekt mahnt Gervinus: »Sei einmal hier nicht läßig und mach Dich geltend. Es wäre mir doch Alles werth wenn Du einmal so was zu machen hättest; dieß könnte Dir leicht sehr förderlich sein«.[61] Bereits am 6. November 1839 schreibt Hessemer an Gervinus: »Mit dem Bau[plan] der Börse geht es munter voran und wird sich hoffentlich diese ganze Angelegenheit binnen kurzem entscheiden. Nachdem ich 8 verschiedene Projekte gemacht habe, kam endlich eine zu Stande, die allen gegebenen mitunter sehr verwickelten Bedingungen entsprach, alle Projekte waren aber eigentlich nur dafür gemacht, um an denselben die verschiedenen ökonomischen Rücksichten vergleichen und endlich nach denselben den Ausschlag geben zu können. [...] Es wird nun eine allgemeine Konkurrenz eröffnet, vor der ich mich übrigens nicht gar sehr fürchte«.[62] Im Januar 1840 reichte Hessemer seine Pläne zum Börsengebäude ein, sein Entwurf wurde jedoch abgelehnt. Zur Ausführung kam der Plan August Stülers aus Berlin, eines Schülers Carl Friedrich Schinkels[63].

1840: Seit diesem Jahr rege Vortragstätigkeit: Vorlesungen, Reden.

1840 – 1844 Mitglied der Gesellschaft »Der Ganges« oder auch »Tutti Frutti« genannt, eines Künstler-, Gelehrten- und Schriftsteller-Vereins.[64] – »Es war ein frohes, geistig belebtes Wesen«, schreibt Heinrich Hoffmann; und vom Oktober 1840 bis zum Oktober 1842 zählt Hoffmann 75 Zusammenkünfte: »alles in allem 277 Vorträge. Als besonders dankenswert nannte [Hoffmann] die Tagebücher Hessemers über seine ägyptische Reise (7 Vorträge) und seine Vorlesung des Märchens »Jussuf und Naphissa« (4 Vorträge). Der Ganges bestand noch einige Jahre weiter. [...] Die politischen Verhältnisse, störende Einflüsse zweier mißliebiger Mitglieder lockerten das gesellige Band [...] So löste sich der Verein wohl im Jahre 1845 an Altersschwäche auf, der gewöhnliche Hergang bei allen solchen Vereinigungen«.[65]

1842: *Arabische und Alt-Italienische Bau-Verzierungen.* Mit 120 in Farben gedruckten Tafeln. [2 Bde.] Berlin bei G. Reimer. (2. Aufl. 1853.) Das Werk enthält Studien zu Bauverzierungen, die Hessemer auf seinen Reisen in Italien und Ägypten gezeichnet hat. In der kunsttheoretischen Einleitung zur Geschichte der Bauverzierungen verweist Hessemer vor allem auf die arabisch-islamischen Ornamentenarabeske. Hessemers Hauptstreben bei dieser Arbeit war, »die Arabischen und Alt-Italienischen Bauverzierungen nicht bloss in ihren eigenen Beziehungen gegen einander zu halten, sondern zugleich auch dem Blick ein weiteres Feld dadurch zu eröffnen, dass [er sich] über Decoration im Allgemeinen verbreitete, und dieselbe auf die Bedingnisse [seiner] Zeit und auf Grundzüge für die praktische Anwendbarkeit zurück zu führen suchte«.[66]

1843 bis 1845: Errichtung des Mausoleums der Gräfin Reichenbach-Lessonitz auf dem Frankfurter Hauptfriedhof.[67]

1845: *Deutsch-christliche Sonette*. Frankfurt am Main: Literarische Anstalt Joseph Rütten u. Zacharias Löwenthal, 31 S., eine Sammlung von 25 Sonetten über politische Ereignisse der Zeit. Die Sonette (mit einem Widmungssonett an Gervinus) stehen im Zusammenhang mit der deutsch-katholischen Bewegung. Gervinus urteilt über die Sonette in einem Brief vom 11. November 1845 an Hessemer: »Deine Sonette sind vortrefflich und man fühlt, daß sie aus einem vollen Herzen kommen. Sie sind voll Feuer und Liebe«.[68] Gervinus beschäftigte sich mit der deutschkatholischen Sache, unterstützte die 1845 gegründete deutschkatholische Gemeinde in Heidelberg und wurde 1849 Mitglied dieser Gemeinde.[69]

1846: Hessemer erhielt das Bürgerrecht der Freien Stadt Frankfurt.

1847: *Jussuf und Nafisse*. Frankfurt am Main: Literarische Anstalt Rütten, 461 S. Das epische Werk, ein Versroman in 45 Gesängen, ist von den Erfahrungen und den starken Eindrükken vom Leben geprägt, die Hessemer auf seiner Reise in Ägypten gewonnen hat. Eine arabeske Liebesgeschichte.

Gemeinsame Reise mit seinem Schwager Carl Hille (1811 – 1894) nach Venedig.

1848: Hessemer wurde in die konstituierende Versammlung in Frankfurt gewählt, doch versprach er sich nicht viel von den endlosen Sitzungen. Sein Freund Gervinus hatte sich Mitte des Jahres enttäuscht aus der Nationalversammlung zurückgezogen, er war der Meinung, daß der Reformweg gescheitert sei.[70]

1849/51 Zusammen mit Heinrich Hoffmann und dem Maler und Graphiker Adolf Schroedter (1805 – 1875) begründete Hessemer die »Gesellschaft in den Katakomben«. »Eine Anzahl uns befreundeter Ehepaare, Künstler, Gelehrte und Bildungsgenossen vereinigten sich zu gemeinsamen Abenden mit einfachem Nachtessen im kleinen Saale des Rheinischen Hofs (Steinweg). An diesen Abenden ergötzten uns allerlei Scherze und Ernsthaftes, Gedichte, Vorträge und Festlichkeiten von jeder Art. Dieser Verein dauerte zwei Jahre«.[71] Hessemers Frau bemerkt, daß »Heßemer und Hoffmann, als die geistig Lebendigsten in der ganzen Gesellschaft, und ebenso schlagfertig in Witz und guten Einfällen, sich stets gegenseitig und bei bestem Einvernehmen, zu foppen und zu necken wußten«. – Hier wie überall trat Hessemer als begeisterter Vortragskünstler auf, so daß der Spruch »Erst esse mer, dann Hessemer!« zum geflügelten Wort wurde. – Hessemers Frau zitiert scherzhaft-spöttische Verse von Heinrich Hoffmann: *Der Aegyptier spricht zu Hessemer*, das Gedicht endet: »Hören will ich sonder Knurren / Hören will ich sonder Murren, / Will nicht räuspern mich, nicht spucken / will nicht rechts, und links nicht gucken, / Will nicht essen, will nicht trinken / Müde nicht vom Stuhle sinken; / Morgens, Mittags, in der Nacht, / Wie es Dir Vergnügen macht, / Hör ich zu / Sonder Ruh. / Alles ist mir einerlei / Was es sei: / Epigramme und Sonette, / Lieder, Sprüche um die Wette / Selbst Romanzen schwer und bang, / Märchen, zwölf Gesänge lang. / Alles, alles groß und klein / Hör ich still in mich hinein, / Schweigsam / Neigsam / An Geberden, / Sollt ich schwarz darüber werden!«.[72]

1851: Drei Vorträge über seine Studien in Ägypten.

1852: Am 13. März starb der Geh. Oberbaurat und Hofbaudirektor Georg Moller. »Hessemer, der der Laufbahn des hessischen Bauverwaltungsbeamten einst entwichen war und darüber seinen Lehrer und Onkel zeitweise vergrämt hatte, sprach am Grabe Mollers begeisterte Worte«. (Anonym, [Hessemer?] in: *Deutsches Kunstblatt*, Jg. 3. 1852, Nr 15).[73]

Hessemer legte einen Neubauentwurf für ein neues Städelgebäude vor, da sich herausgestellt hatte, daß auch die Erweiterung des alten Gebäudes in der Neuen Mainzer Straße nicht mehr ausreichte. Doch wurde die Entscheidung auf längere Zeit verschoben. Das Gebäude am Schaumainkai wurde später nach einem Entwurf von Oskar Sommer errichtet.[74]

1854: *Lieder der unbekannten Gemeinde*. Leipzig: Brockhaus, VIII, 181 S., eine Sammlung von Gedichten in verschiedenen Versmaßen und von unterschiedlicher Länge.

Neue Arabesken. Vorlageblätter für die ersten Uebungen im Zeichnen, Mainz: v. Zabern , 44 Tafeln, ein Übungswerk geometrischer und ornamentaler Verzierungen.

Am 17. März feierte Hessemer sein 25jähriges Dienstjubiläum. Von der Künstlerschaft wurde ihm ein Album überreicht mit Gratulationswünschen, Zeichnungen etc. (heute im Städel).

Hessemer gab die vierte, verschönerte und wohlfeile Ausgabe von Georg Mollers Werk: *Denkmäler der deutschen Baukunst, Beiträge zur Kenntnis der deutschen Baukunst des Mittelalters*, heraus; es erschien in 2 Bänden in dem Verlag von Jos. Baer in Frankfurt am Main. Das Werk wurde noch von Moller selbst eingeleitet; das Vorwort vom Februar 1852 hat Moller wenige Wochen vor seinem Tod niedergeschrieben.

1858: Der älteste Sohn Georg Christian *Karl* (* 1834), Student der Architektur am Polytechnikum in Zürich, starb am 14. April an einem Nervenfieber (Typhus). Zur Geburt dieses Sohnes hatte Tante Suß (Susette Gladbach) Gervinus gegenüber geäußert, daß Hessemer durch seine Vaterschaft `nun an den höchsten Freuden und Leiden des Lebens stände´.[75] Gervinus war Pate dieses Sohnes.

Neckische Tanzgespräche, Ein poetisches Frag- und Antwortspiel. Frankfurt am Main: Literarische Anstalt Rütten. Das Büchlein erschien in mehreren Auflagen, 3. Aufl. Erfurt: F. Bartholomäus [1895] 128 S. (Walner's kleines Universum, 3). Mit Leichtigkeit, fast wie im Scherz verfaßte Vierzeiler.

1859: *Ring und Pfeil*. Ein Gedicht in 10 Gesängen. Frankfurt am Main: Verlag für Kunst und Wissenschaft [rückdatiert 1858], 208 S. (2. Aufl. Frankfurt am Main: Hamacher 1868). Ein Gedicht, in Form und Figuren dem Orient entlehnt, aber weniger märchenhaft umkleidet als *Jussuf und Nafisse*.

1860: Am 1. Dezember starb Friedrich Maximilian Hessemer. Schon seit einiger Zeit hatte Hessemer die eigene Müdigkeit gefühlt, die noch verschärft wurde durch immer wiederkehrende Phasen einer quälenden Schlaflosigkeit. Bereits am 22. März 1848 hatte er Gervinus sein Leid geklagt: »Ich war sehr unwohl und kann mich nicht erholen, und da Du weißt, was Schlaflosigkeit ist, kannst Du Dir meinen Zustand leicht denken, da ich trotz Opium und dergl. zu keinem rechten Schlaf kommen kann«.[76] Hessemer schloß sein Leben mit einer »milden aber bewußten Resignation«, schreibt seine Frau.[77] In Frankfurt auf dem Hauptfriedhof gegenüber dem Mausoleum der Gräfin Reichenbach-Lessonitz steht sein Denkmal. Der Bildhauer Johann Nepomuk Zwerger fertigte den Grabstein mit einem Porträtmedaillon (1863). Der Stein trägt keine

christlichen Zeichen, dafür die Symbole des Baumeisters, die auch die des Freimaurers sind: Zirkel und Winkel.
Bei der Enthüllung des Gedenksteins auf seinem Grabe am 31. Oktober 1863 hielt Heinrich Weismann die Gedächtnisrede auf Friedrich Maximilian Hessemer.[78]
1891: *Gesammelte Dichtungen*, als Manuskript gedruckt, Darmstadt: Wittich. Emilie Hessemer vereinigte in diesem Sammelband ausgewählte gedruckte und ungedruckte Gedichte ihres Mannes.

Die leichte Spur im Sand verweht der Wind, –
Dein Name, steht er hier selbst, wird verwehn; –
Dem Guten, das du dauernd übst und lehrst,
Sei deines Namens Dasein eingeprägt;
Und wird er da verwehn, so bleibt das Gute
Und seine Wirkung künftigen Geschlechtern;
Und schwindet diese, war dein Leben doch
Ein Opfer, dargebracht dem ewig Großen; –
Nicht um dein Selbst bethätige die Tugend. – [79]

Anmerkungen

[1] Hessemer, *Reisebriefe*, Bd 1, S. 445f..
[2] Hessemer, *Reisebriefe*, Bd 1, S, 528f.
[3] Hessemer, *Reisebriefe*, Bd 2, S. 367.
[4] Hessemer, *Fest-Rede und Begrüßungsgedicht für Albert [= Bertel] Thorwaldsen. Frankfurt, den 28. Juni 1841.*
[5] Hessemer, *Reisebriefe*, Bd 2, S. 376.
[6] Siehe den Brief vom 10. 1. 1829 von Henry Gally Knight an Hessemer (Stadtarchiv Hannover).
[7] Hessemer, *Reisebriefe*, Bd 2, S. 251.
[8] Hessemer, *Reisebriefe*, Bd 2, S. 260.
[9] Hessemer, *Reisebriefe*, Brief vom 27. Jan. 1830, Bd 2, S. 250f.
[10] G. G. Gervinus, *Leben. Von ihm selbst 1860*, Leipzig 1893, S. 80.
[11] Hessemer, *Reisebriefe*, Bd 2, S. 313. – Bei den `Vasen´ handelt es sich um zwei Kanopenkrüge (nach 700 v. Chr.), heute im Hessischen Landesmuseum Darmstadt.
[12] Hessemer, *Reisebriefe*, Bd 2, S. 428f.
[13] Gervinus, *Leben*, S. 78f.
[14] Gervinus, *Leben*, S. 83.
[15] Hessemer, *Reisebriefe*, Brief vom 26. Sept. 1827, Bd 1, S. 75.
[16] Gervinus, *Leben*, S. 228f.
[17] Gervinus, *Leben*, S. 78.
[18] Gervinus, *Leben*, S. 139f.
[19] Siehe hierzu Jürgen Eichenauer, *Romantische Architektur und Freimaurertum – Friedrich Maximilian Hessemer als Lehrer,* in: *Friedrich Maximilian Hessemer (1800 – 1860), Ein Frankfurter Baumeister in Ägypten*, S. 68 – 104, zum Mausoleum S. 88ff.
[20] Gesammelt, gezeichnet und mit erläuterndem Text begleitet von F. M. Hessemer, Professor der Baukunst am Städelschen Kunst-Institute zu Frankfurt am Main. Mit 120 in Farben gedruckten Tafeln. [Bd 1. 2.] Berlin, G. Reimer 1842.
[21] Hessemer, *Arabische und Alt-Italienische Bauverzierungen*, Einleitung, S, 11f.
[22] *Briefwechsel Gervinus-Hessemer*, Brief vom 14. Januar 1831.

[23] Maria Teresa Morreale, *Notizen zur Biographie F. M. Hessemers und zu seinem literarischen Werk*, In: Hessemer, *Briefe aus Sizilien*, Kommentiert u. herausgegeben von M. T. Morreale, Darmstadt, Gesellschaft Hessischer Literaturfreunde, 1995, S. 54.

[24] Gervinus, Brief vom 1. Juli 1849; zitiert nach Adolf von Grolman, *F. M Heßemer*, Frankfurt am Main 1920, S. 9 [Nicht im Darmstädter *Briefwechsel Gervinus-Hessemer* enthalten].

[25] Zitat nach Grolman, *F. M. Heßemer*, S. 66. – Beide Bemerkungen (siehe vorige Anm.) beziehen sich auf das Epos *Ring und Pfeil* (veröffentlicht 1859), an dem.Hessemer damals arbeitete. [Nicht im Darmstädter *Briefwechsel Gervinus-Hessemer* enthalten].

[26] Zitiert nach Grolman, *F. M. Heßemer*, S. 66 [Nicht im Darmstädter *Briefwechsel Gervinus-Hessemer* enthalten].

[27] *Briefwechsel Gervinus-Hessemer.*

[28] Zitiert nach Grolman, *F. M. Heßemer*, S. 11 [Nicht im Darmstädter *Briefwechsel Gervinus-Hessemer* enthalten].

[29] Hessemer, *Reisebriefe*, Bd 1, S. 303.

[30] Hessemer, *Reisebriefe*, Bd 1, S. 304.

[31] Hessemer, *Reisebriefe*, Bd 2, S. 379.

[32] Gervinus, *Leben*, S. 228.

[33] In der Graphischen Sammlung des Städelschen Kunstinstituts in Frankfurt am Main befinden sich die meisten Skizzen, Zeichnungen und Aquarelle der Reise von F. M. Hessemer so z. B. Skizzen und Studien von der Reise nach Italien und Aegypten vom Juni 1827 bis September 1830 (ca. 500) und vier Klebebände mit Reiseskizzen aus Italien und Aegypten, Bd I (186 Bl.), Bd II (206 Bl.), Bd III (163 Bl.), IV (166 Bl).

[34] Siehe Eichenauer im Katalogteil zur Ausstellung *Friedrich Maximilian Hessemer (1800 – 1860), Ein Frankfurter Baumeister in* Ägypten, S. 257 (Brief vom 13. Dezember 1831). [Nicht im Darmstädter *Briefwechsel Gervinus-Hessemer* enthalten].

[35] Zitiert nach Grolman, *F. M. Heßemer*, S. 38. – Der Brief befindet sich im Stadtarchiv Hannover.

[36] Eichenauer, *Romantische Architektur und Freimaurertum*, wie Anm. 19, S. 77f.

[37] *Aus den Lebenserinnerungen des Großherzoglich Hessischen Oberbaudirektors Dr. Georg Moller*, in: *Mercksche Familien-Zeitschrift*, Bd 10, 1926, S. 38.

[38] Siehe hierzu E. Hessemer, *Aufzeichnungen für meine Kinder*, Bl. 5; *Briefwechsel Gervinus-Hessemer*, z. B. Brief von Gervinus vom Dezember 1826 und Brief vom Dezember 1826/Januar 1827.

[39] Hessemer, *Reisebriefe*, Bd 1, S. 678.

[40] Emilie Hessemer, *Aufzeichnungen für meine Kinder*, Bl. 5.

[41] Hrsg. von A. L. Follen, Zürich durch die Geßnersche Buchhandlung 1823, S. 42 – 56.

[42] Elmar Decker, *Gervinus in Heidelberg*, in: *Georg Gottfried Gervinus 1805 – 1871: Gelehrter – Politiker – Publizist,* Ausstellungskatalog, Heidelberg 2005, S. 41.

[43] 1927 hat Karl Hessemer das Skizzenbüchlein *Wanderungen durch Hessen vor hundert Jahren* bei Elwert in Marburg herausgegeben, des weiteren sind Bleistiftskizzen von F. M. Hessemer abgebildet in der Publikation *Das malerische Friedberg*, herausgegeben von Ferdinand Dreher, Friedberg in Hessen 1919, und bei Hermann Bräuning-Oktavio: *Aus Fritz Max Hessemers Nachlaß*, in: *Hessische Chronik*, Jg. 2, 1913, S. 316 – 323 u. S. 351 – 354.

[44] *Briefwechsel Gervinus-Hessemer*, 16. 9. 1825.

[45] Anwartschaft auf eine Laufbahn.

[46] *Briefwechsel Gervinus-Hessemer*, 26. 5. 1827.

[47] *Briefwechsel zwischen August Kestner und seiner Schwester Charlotte*. Hrsg. von Hermann Kestner-Köchlin, Sraßburg 1904, S. 184.

[48] Siehe Einführung, Anm. 2 und S. 155.

[49] Brief Hessemers an seinen Vater vom 27. September 1827 (*Reisebriefe*, Bd 1, S. 76); und Brief Hessemers an Moller vom 2. Oktober 1827 (*Reisebriefe*, Bd 2, S. 519).

[50] Siehe Hessemers Brief aus Mailand vom 13. Oktober 1827 (*Reisebriefe*, Bd 1, S. 100).

[51] E. Hessemer, *Aufzeichnungen für meine Kinder*, Bl. 17: »Von einem architektonischen Tagebuch ist viel die Rede, das er [Hessemer] im Sinne des Onkels, den die vielseitigen Briefe sonst nicht befriedigen konnten, schreiben würde. Aber ich habe später nie etwas davon gewahrt; ach für dieses Tagebuch dürfen wohl seine Zeichnungen gelten, deren er viele hunderte fertig brachte, wo 5, 6 und mehr, klein oder größer, das gleiche Datum tragen, an ein und demselben Tag entstanden«.

[52] Heute im Städel in Frankfurt; siehe oben Anm. 33.

[53] *Katalog der Ausstellung im großen Saale des Palazzo Caffarelli auf dem Capitol während des Aufenthaltes Sr. königl.*

Hoh. des Kronprinzen von Preußen im October und November 1828 abgedruckt in: Christian Carl Jonas Freiherr von Bunsen, *Aus seinen Briefen* und nach eigener Erinnerung geschildert von seiner Witwe, Deutsche Ausgabe von Friedrich Nippold, Leipzig 1868, Bd 1, S. 535 – 540, zu Hessemer S. 539.

[54] Hierzu siehe Gerhard Bott, »*Meine Composition der Walhalla« – Hessemers Entwurf eines Nationaldenkmals*, in: *Ausstellungskatalog Friedrich Maximilian Hessemer (1800 – 1860), Ein Frankfurter Baumeister in Ägypten*, S. 105ff.

[55] Brief an Moller vom 25. Januar 1829 (Hessemer, *Reisebriefe*, Bd 1, S. 480).

[56] Brief an Moller vom 14. Januar 1829 (Hessemer, *Reisebriefe*, Bd 1, S. 477f).

[57] Brief vom 22. 3. 1830, Mercksches Familien-Archiv, Nr 287. (Zit. nach Frölich/Sperlich, *Moller*, Anm. 247).

[58] Hessemer, *Reisebriefe*, Bd 1, S. 501 – 509; die Vorbereitungen für das Konklave S. 509 – 513; der neue Papst (Pius VIII.) S. 549f.

[59] Hessemer, *Reisebriefe*, Bd 2, S. 171.

[60] E. Hessemer, *Aufzeichnungen für meine Kinder*, Bl 76.

[61] Brief von Gervinus an Hessemer, ohne Datum [1839]; Abschrift von Victorie Gervinus in Heid. Hs. 2564.

[62] *Briefwechsel Gervinus-Hessemer*.

[63] Hierzu siehe Jürgen Eichenauer, *Romantische Architektur und Freimaurertum,* wie Anm. 19, S. 68ff.

[64] Zu dieser Gesellschaft zählten u. a. Dr. Heinrich Hoffmann (1809 – 1894, Struwwelpeter-Hoffmann), Buchverleger Dr. Carl Friedrich Löning (damals noch Zacharias Löwenthal), Kurfürstlich Hessischer Geh. Oberfinanzrat Gustav Adolf Rommel (1803 – 1868), Komponist und Musiklehrer Bernhard Schädel (1808 – 1902), Kupferstecher Eduard Eugen Schäffer (1802 – 1871), Direktor des Städelschen Institut Philipp Veit (1793 – 1877), Professor am Städelschen Institut Jakob Becker (1810 – 1872), Musiker Xaver Schnyder v. Wartensee (1786 – 1868), Städelinspektor Johann David Passavant (1787 – 1861, Maler und Kunstschriftsteller), Maler Carl Trost (1811 – 1884), Bildhauer Prof. Eduard Schmidt van der Launitz (1797 – 1869), Maler und Dichter Professor Heinrich v. Rustige (1810 – 1900), Maler Prof. Moritz v. Schwind (1804 – 1871), Physikus Dr. Christian Ernst Neeff (1782 – 1849, Arzt am Frankfurter Bürgerhospital), Liederkomponist Wilhelm Speyer (1790 – 1878), Dichter Karl

Gutzkow (1811 – 1878), Pfarrer Georg Eduard Steitz (1810–1873), Dichter und Literaturhistoriker Theodor Creizenach (1818 – 1877), Pädagoge und Dichter Dr. Heinrich Weismann (1808 – 1890), Rechtsanwalt und Orgelspieler Dr. Johann Friedrich Philipp Middleton Schlemmer (1803 – 1890), Sprachforscher Dr. Ludwig Braunfels (1810 – 1885), Forstamtsschreiber Georg Karl Wolff (1802 – 1853).

65 Heinrich Hoffmann, *Lebenserinnerungen*, Frankfurt am Main 1985, S. 127.

66 Hessemer, *Arabische und Alt-Italienische Bauverzierungen*, Einleitung, S. 34.

67 Siehe Anm. 19 (Eichenauer).

68 *Briefwechsel Gervinus-Hessemer.*

69 Siehe Hans-Martin Mumm, *Der Professor aus Heidelberg und die deutschkatholische Bewegung*, in: *Georg Gottfried Gervinus 1805 – 1871*, S. 35 – 40

70 Ausstellungskatalog: *Georg Gottfried Gervinus 1805 – 1871*, S. 115f.

71 Hoffmann, *Lebenserinnerungen*, S. 130f. u. S. 322f., ferner Emilie Hessemer, *Aufzeichnungen für meine Kinder*, Bl. 92ff. – In der Familie Hessemer ist noch ein Manuskriptband von F. M. Hessemer vorhanden, »Katakombika« betitelt. Neben humorvollen poetischen Beiträgen enthält das Bändchen ein Trauerspiel in fünf Aufzügen: »Farao der Dritte (Hessemer), König von Ägypten«. »Der leitende Gedanke in dem Stück ist Klage über den Verfall der Dichtung, überhaupt das mehr abgewendet sein der Zeit von aller ächten und tiefen Poesie. Schuld daran sind die Zeitläufe selbst mit ihren roten und wilden Bestrebungen radikalster Art« (Emilie Hessemer).

72 E. Hessemer, *Aufzeichnungen für meine Kinder*, Bl. 95f.

73 Siehe Carl Horst Hoferichter, *Georg Moller*, in: *Darmstadt zur Zeit des Klassizismus und der Romantik*, S. 232.

74 Auch hierzu Eichenauer, *Romantische Architektur und Freimaurertum*, wie Anm. 19, S. 79.

75 Gervinus an Hessemer, Brief vom 7. Juni 1835; Abschrift von Victorie Gervinus in Heid. Hs. 2564.

76 *Briefwechsel Gervinus-Hessemer.*

77 E. Hessemer, *Aufzeichnungen für meine Kinder*, Bl. 113.

78 Heinrich Weismann, *Gedächtnißrede auf Friedrich Maximilian Hessemer bei Enthüllung des Gedenksteins auf seinem Grabe am 31. October 1863. Nachmittags 3 Uhr.* Frankfurt a. M. [1863], Brosch.

[79] Diesen Orakelspruch hatte Hessemer mit Bleistift an den Mund einer antiken Göttin, der Isis, in Theben geschrieben. (*Reisebriefe*, Bd 2, S. 175f.)

Danksagung

Ohne vielfältige Hilfe wäre diese Veröffentlichung nicht zustande gekommen.

Ich danke Frau Dr. Mechthild Haas und Herrn Wolfgang Koch (Graphische Sammlung des Hessischen Landesmuseums Darmstadt), die mir zu wiederholten Malen das Original zugänglich gemacht haben.

Herr Erwin Müller (Michelstadt) digitalisierte die Einträge des Stammbuchs. Dadurch war es möglich, Papierkopien herzustellen, sie waren die Grundlage für die Transkription. Die Benutzung des fragilen Originals beschränkte sich daher auf eine Kontrolle und Überprüfung zweifelhafter Lesarten. Herrn Müller danke ich für sein Engagement sehr herzlichen.

Mein besonderer Dank für ihre hilfreiche Unterstützung gilt Frau Gisela Immelt. Sie hat mir bei manch einer Recherche in der Universitäts- und Landesbibliothek Darmstadt zum Erfolg verholfen.

Nicht vergessen will ich Frau Karen Limpert, London, für ihr Bemühen, mir mit ihrem Wissen weiterzuhelfen.

Für das graphische Layout danke ich Herrn Lukas Geißler.

Literaturverzeichnis

Briefwechsel Gervinus-Hessemer – Briefwechsel zwischen Georg Gottfried Gervinus, weiland Professor der Geschichte in Heidelberg und Fritz Max Hessemer, weiland Professor der Architektur am Städel'schen Kunstinstitut in Frankfurt am Main in den Jahren 1824 – 1860. Nachlaß B 5 und B 5a [die maschinenschriftliche Transkription, die auf Veranlasssung von Karl Esselborn von Paul Hessemer angefertigt worden ist] in der Universitäts- und Landesbibliothek Darmstadt. Auch das Hessische Staatsarchiv Darmstadt besitzt eine Abschrift dieser Briefe: Bestand C 1 A, Nr 190.

Briefe von Gervinus an Hessemer aus den Jahren 1835 – 1845 in der Abschrift von Victorie Gervinus in der Universitätsbibliothek Heidelberg. Heid. Hs. 2564.

ADB – Allgemeine Deutsche Biographie. Hrsg durch die Historische Kommission bei der Königl. Akademie der Wissenschaften. Neudruck. Bd 1 – 56. Berlin 1970.

DNB – Dictionary of National Biography. Ed. by L. Stephen and S. Lee. Vol. 1 – 63. London 1885 –

Auch ich in Arcadien: Kunstreisen nach Italien 1600 – 1900. Ausstellung und Katalog: Dorothea Kuhn unter Mitarbeit von Anneliese Hofmann und Anneliese Kunz. Marbach am Nekkar 1966. (Sonderausstellung des Schiller-Nationalmuseums, Katalog 16.)

Beck-Friis, Johan: *Der »Protestantische Friedhof« in Rom: Friedhof der Dichter, Denker und Künstler*. Hrsg. vom Cimitero Acattolico per gli Stranieri al »Testaccio«, Roma. Malmö 1982.

Bergsträsser, Gisela: *Johann Heinrich Schilbach, ein Darmstädter Maler der Romantik*. Darmstadt 1959.

Darmstadt in der Zeit des Klassizismus und der Romantik. Ausstellungskatalog Mathildenhöhe. Red.: Bernd Krimmel, Eckhart G. Franz. Darmstadt 1978.

Dawson, Warren R., and Eric P. Uphill: *Who was who in Egyptology*; A biographical index of Egyptologists, of travellers, explorers, and excavators in Egypt, of collectors of and dealers in Egyptian antiquities, of consuls, officials, authors, benefactors, and others whose name occur in the literature of Egyptology, from the year 1500 to the present day, but excluding persons now living, 3. rev. ed by M. L. Bierbrier. London, The Egypt Exploration Society 1995.

Carl Philipp Fohr, Romantik – Landschaft und Historie. Katalog der Zeichnungen und Aquarelle im Hessischen Landesmuseum Darmstadt und Gemälde aus Privatbesitz. Bearb. von Peter Märker. mit Beiträgen von Wolfgang Glüber u. a. Hessisches Landesmuseum Darmstadt, Haus der Kunst München. Heidelberg 1995.

Frölich, Marie, Hans-Günther Sperlich: *Georg Moller, Baumeister der Romantik*. Darmstadt 1959.

Geller, Hans: *Die Bildnisse der deutschen Künstler in Rom 1800 bis 1830*. Mit einer Einführung in die Kunst der Deutschrömer von Herbert von Einem. Berlin 1952.

Geller, Hans: *Ernste Künstler, fröhliche Menschen*. Zeichnungen und Aufzeichnungen deutscher Künstler in Rom zu Beginn des 19. Jahrhunderts. Joseph Führich und seine Freunde. München 1947.

Gervinus, Georg Gottfried: *Leben. Von ihm selbst 1860*. Leipzig 1893.

Georg Gottfried Gervinus 1805 – 1871: Gelehrter – Politiker – Publizist. Bearb. von Frank Engehausen u. a. Ausstellung Heidelberg 2005. (Archiv und Museum der Universität Heidelberg: Schriften. 9.)

Grolman, Adolf von: *F. M. Heßemer*. (Mit einer chronologischen Uebersicht über Hessemers Schriften – soweit im Druck vorliegend –). Frankfurt am Main 1920. (Frankfurter Lebensbilder. 1.)

Haaser, Rolf: *Spätaufklärung und Gegenaufklärung; Bedingungen und Auswirkungen der religiösen, politischen und ästhetischen Streitkultur in Gießen zwischen 1770 und 1830.* Darmstadt u. Marburg 1997. Zugl. Gießen, Univ. Diss. (Quellen und Forschungen zur hessischen Geschichte. 114.)

Hamm, Wilhelm: *Darmstadt im Biedermeier; Jugenderinnerungen.* In der Bearbeitung von Karl Esselborn mit einem Nachwort von Reinhold Staudt. 2. Aufl. Darmstadt 1970.

Hessemer, Emilie: *Aufzeichnungen für meine Kinder aus dem Leben ihres Vaters und unserem Zusammenleben 1833 bis 1860.* Rüsselsheim 1879. Masch.schriftl. Kopie.

Hessemer, *Reisebriefe* – Hessemer, Friedrich Maximilian: *Briefe seiner Reise nach Italien, Malta und Ägypten 1827 – 1830.* Nach Vorarbeiten von Maria Teresa Morreale hrsg. und mit Anmerkungen versehen von Christa Staub. Bd 1. 2. Hamburg u. Darmstadt 2002 – 2003.

Friedrich Maximilian Hessemer (1800 – 1860), Ein Frankfurter Baumeister in Ägypten. Ausstellung: 4. bis 30. Dezember 2001. Katalogbeiträge: Martin Bommas u. a. Frankfurt am Main 2001. (Mäzene, Stifter, Stadtkultur. Schriften der Frankfurter Bürgerstiftung. 3.)

Darin u. a. :

Bott, Katharina: *Das Freundschaftsbuch – Begegnungen einer großen Reise.*

Bott, Gerhard: *»Meine Composition der Walhalla« – Hessemers Entwurf eines Nationaldenkmals.*

Eichenauer, Jürgen: *Romantische Architektur und Freimaurertum – Friedrich Maximilian Hessemer als Lehrer.*

Hessische Biographien. In Verbindung mit Karl Esselborn und Georg Lehnert hrsg. von Herman Haupt. Neudruck der Ausgabe Darmstadt 1918 – 1934. Bd 1 – 3, Gesamtverzeichnis. Walluf 1973 – 1974.

Hoffmann, Heinrich: *Lebenserinnerungen.* Ergänzt und überarb. nach dem Original-Manuskript und der Erstausgabe von 1926. Hrsg. von G. H. Herzog und Helmut Siefert. Frankfurt am Main 1985.

Italien in Zeichnungen und Aquarellen deutscher Romantiker. Ausstellung aus dem Bestand des Hessischen Landesmuseums Darmstadt. Katalogbearbeitung: Peter Märker. Darmstadt 1989.

August Kestner und seine Zeit, 1777 – 1853. Das glückliche Leben des Diplomaten, Kunstsammlers und Mäzens in Hannover und Rom. Aus Briefen und Tagebüchern zusammengestellt von Marie Jorns. Hannover 1964.

Kestner, August: *Briefwechsel zwischen August Kestner und seiner Schwester Charlotte.* Hrsg. von Hermann Kestner-Köchlin. Straßburg 1904.

Lexikon der Antike. Hrsg. von Johannes Irmscher in Zusammenarbeit mit Renate Johne. 9. Aufl. Leipzig 1987.

Magnussen, Ingeborg: *Des Malers Wilhelm Ahlborn Lebensschicksale*, von ihm selbst erzählt. Vechta i. Oldbg 1935.

Moller, Georg: *Aus den Lebenserinnerungen des Großherzoglich Hessischen Oberbaudirektors D. Georg Moller*, in: *Mercksche Familien-Zeitschrift*, Bd 20, 1926, S. 35 – 43.

Nagler, Georg Kaspar: *Neues allgemeines Künstler-Lexikon oder Nachrichten von dem Leben und den Werken der Maler, Bildhauer, Baumeister, Kupferstecher, Formschneider, Lithographen usw.* Bd 1 – 22. München 1835 – 1852.

Noack, Friedrich: *Deutsches Leben in Rom 1700 bis 1900.* Stuttgart, Berlin 1907.

Der Kleine Pauly. Lexikon der Antike in 5 Bänden. Auf der Grundlage von Pauly´s Realencyclopädie der classischen Altertumswissenschaft unter Mitwirkung zahlreicher Fachgelehrter bearb. u. hrsg. von Konrad Ziegler und Walter Sontheimer. München 1979.

Scriba, Heinrich Eduard: *Biographisch-literärisches Lexikon der Schriftsteller des Großherzogthums Hessen im ersten Viertel des 19. Jahrhunderts.* Abth. 1 – 3. Darmstadt 1831 – 1843.

Thieme/Becker – Allgemeines Lexikon der bildenden Künstler von der Antike bis zur Gegenwart. Hrsg. bzw. begründet von Ulrich Thieme und Felix Becker. Bd 1 – 37. Leipzig 1907 – 1950.

Unter der Dilthey-Kastanie. Schulerinnerungen ehemaliger Darmstädter Gymnasiasten. Hrsg. von Karl Esselborn. Darmstadt 1929.

Wander, Karl Friedrich Wilhelm: *Deutsches Sprichwörter-Lexikon. Ein Hausschatz für das deutsche Volk.* Unveränd. fotomechan. Nachdruck der Ausgabe Leipzig 1867 – 1880. Bd 1 – 5. Darmstadt 1964.

Das Wartburgfest und die oppositionelle Bewegung in Hessen. Hrsg. von Burghard Dedner. Marburg 1994.

Abschied und Erinnerung

Friedrich Maximilian Hessemers Gedenkbuch von der Reise nach Italien und Ägypten und die Tradition des Stammbuchs

von Jörg-Ulrich Fechner

„Daß Du auch mir das Erinnerungsbuch reichst, in welches Deine Freunde mit Buchstabenschrift ihre Silhuette niederlegten, damit sie in solchem geistigen Konterfei Dich begleiten, Dir Muth und Beharrlichkeit zuflüstern wie Dich liebevoll vor Gefahren warnen können, – gilt mir für den Beweis, daß Dein Herz mich zu der Zahl derer zählt, die ihm näher sind, als solche Gefährten, die ein Stück Wegs mit uns dahin wanderten, aber im nächsten Wirthshause gegen andere vertauscht, und wie auch später diese vergessen werden.“ So beginnt der hannöversche Baumeister, Vedutenmaler und Kunstschriftsteller Rudolf Wiegmann seinen Eintrag für Friedrich Maximilian Hessemer in Rom im März 1829. Ist die hier wiedergegebene Sammelhandschrift ein ‚Erinnerungsbuch', ein Buch der Abschiede und des Gedenkens, ein Buch der Freunde oder der Freundschaft oder gar ein Stammbuch? Alle diese Bezeichnungen tauchen in den Einträgen direkt oder vermittelt auf.

Wie immer man es nimmt, von allen diesen Charakteristika des Abschieds und der Erinnerung, der Freunde, der in Buchstabenschrift geschriebenen Silhouette, also der eigenen Charakteristik oder des geistigen Konterfeis, des Herzens, der Ermunterung und der Bewahrung finden sich deutliche Züge in den Eintragungen dieser Sammelhandschrift, die Friedrich Maximilian Hessemer vor und während seiner Reise nach Italien und Ägypten zwischen 1827 und 1830 begleitete. Die Textsorte, die letztlich hinter solchen Sammlungen von Einträgen unterschiedlicher Schreiber steht, ist die deutsche Sondertradition des Stammbuchs und seiner historischen Varianten. So mag es nützlich sein, im Hinblick auf Hessemers Gedenkbuch ausleitend kurz auf die Geschichte dieser ungewöhnlichen und historisch gewachsenen wie auch in den unterschiedlichen Epochen gewandelten, biographischen und autobiographischen Dokumentationsform einzugehen.

Stammbücher entstanden gegen Mitte des sechzehnten Jahrhunderts im Umkreis der Wittenberger Reformation und der

dortigen Universität. Als neue Form eines individuellen biographischen Gedenkens wies das Stammbuch (oder, wie man damals lieber sagte, das *album amicorum* oder auch die *philotheca*) die Zugehörigkeit seines Besitzers zur Reformation und seine Nähe zu den Reformatoren aus. Die Sitte, ein Stammbuch zu führen, breitete sich bald auch auf das katholische Deutschland aus, blieb aber, aufs Ganze gesehen, auf das alte deutsche Reich und seine Nachbarländer beschränkt. Wurden die Eintragungen in der Frühzeit als Sammelblätter zu Anfang oder am Schluß eines gedruckten Buches eingebunden, bildete sich schon gegen 1560 eine neue Form von Druckwerken, die mit dekorativen Bordüren leere Seiten boten, in welche sich die Einträger einschreiben konnten. Anlaß der Eintragungen war am häufigsten der Abschied des Stammbuchführers von einem Ort, sei es in der Heimat oder auf der Universität. Da die zumeist akademischen Stammbuchführer – nur in viel geringerem Maße gibt es auch historische Zeugnisse für handwerkliche Stammbücher – ihre *alba amicorum* auf die Reise, etwa die damals für die Oberständischen während des Studiums oder im Anschluß an es übliche Bildungsreise oder *peregrinatio academica* mitnahmen, sind die Stammbücher zugleich ein Dokument der individuellen Mobilität schon in der Frühen Neuzeit. Eintragungen erfolgten zumeist nur durch Gleich- oder Höhergestellte. Dabei wurden die Eintragungen nicht in der Abfolge der Blätter, sondern nach der Selbsteinschätzung des Einträgers im sozialen Gefüge der damaligen ständischen Hierarchie vorgenommen. Mit dem Rang der Einträger dokumentierte das Stammbuch die Begegnungen seines Besitzers an vielerlei Orten; die Eintragungen entsprechen in etwa damit insgesamt den Sichtvermerken in einem heutigen Paß.
Der typische Eintrag hatte neben der erinnernden regelmäßig auch eine lehrhafte, ermahnende oder auch aufmunternde Funktion. In der Regel beginnt der Eintrag mit einem Symbol, Motto oder Wahlspruch des Einträgers, häufig einem Zitat aus der Bibel oder aus einem anderen, im damaligen Kanon der Bildung anerkannten Werk der religiösen, der klassischen und später dann auch der zeitgenössischen muttersprachlichen oder, wenngleich weniger häufig, auch der modernen fremdsprachlichen Literatur. Darauf folgte eine persönliche Zueignung an den Stammbuchbesitzer. Am Schluß stand neben dem Datum und der Ortsangabe die eigenhändige Namensunterschrift des Einträgers (*manu*

propria), oft ergänzt um Angaben zu seinen Titeln, Würden und Ämtern. Zwischen diese regelmäßig wiederkehrenden Teile des Stammbucheintrags konnten ergänzend noch das gemalte Wappen des Einträgers, eine emblematische Darstellung oder auch eine genrehafte Szene treten, seltener sogar noch eine musikalische Beigabe.

Die Entwicklung des Stammbuchwesens verlief in mehreren deutlich unterscheidbaren Epochen. Die Eintragungen im Humanismus und Barock (ca. 1550–1740) waren durch den gelehrten Bildungsanspruch der Einträger geprägt. Im achtzehnten Jahrhundert entwickelte sich dann das Stammbuch vorzüglich zum Dokument des damals neuen Freundschaftskults und der Empfindsamkeit. Ein emotionaler Bezug zwischen dem Einträger und dem Stammbuchführer nahm in den Zueignungen zu; auch Eintragungen von Frauen wurden nun häufiger; ja, es gab damals häufiger auch Stammbücher, die von Frauen geführt wurden. Immer stärker wurde in diesem Zeitraum die Verwendung der deutschen Muttersprache und bei Zitaten der Bezug auf die volkssprachliche und zeitgenössische, also deutsche Literatur. Die Silhouette bildete damals eine neue Form der bildlichen Erinnerung an den Einträger und seine äußerliche Erscheinung. Im Zeitraum der Romantik und des Biedermeier fanden dann zunehmend zu diesem Zweck gedruckte Bücher oder gedruckte Einzelblätter in einer Schmuckkassette Verwendung; gleichzeitig häuften sich die gedruckten Sammlungen von passenden Zitaten für Stammbucheinträge, sei es in Lyrik oder in Prosa. Der neue bevorzugte Titel der Stammbücher lautete jetzt meist „Andenken der Liebe und Freundschaft". Die damaligen Stammbücher wiesen in der Regel gegenüber den Stammbüchern früherer Zeiten eine eingeschränkte Laufzeit und Mobilität auf. Scherenschnitte, Flecht- oder Klebearbeiten, Seidenstickereien, Spitzenbilder, Stanzpapiere, aber auch Locken oder gepreßte Blumen prägten nun das Erscheinungsbild der damaligen Stammbücher. Gleichzeitig begann sich die Tradition aufzulösen; die bis heute reichenden Formen des Poesiealbums oder auch des Gästebuchs oder des Autographenalbums mit Eintragungen von Prominenten reduzierten den Bezug auf den Besitzer auf eine zumeist nur unverbindliche Formel.[1]

Mit dieser kurzen Übersicht über die Geschichte des Stammbuchs und seine geschichtliche Entwicklung wird auch die Sammelhandschrift von F. M. Hessemer ein sprechendes

Zeugnis seiner Zeit, in dem sich Elemente der Tradition wie auch der individuellen Variation in dirckter Aufnahme oder auch deren spielerischer und anspielender Variation verbinden.[2]

Für Hessemer selbst war die Sammlung der Eintragungen deutlich ein *Stammbuch*. So benennt er sein Erinnerungsbuch in zwei Briefen an den Vater. Es sind wichtige Bemerkungen, die es im folgenden zu zitieren lohnt, weil sich an sie weitere Überlegungen anknüpfen lassen. Allerdings gilt für alle Stammbuchforschung grundsätzlich, daß viele der aus den Einträgen abgeleiteten Beobachtungen, Deutungen und Schlußfolgerungen hypothetisch sind und bleiben müssen, wenn nicht der glückliche Umstand vorliegt, daß Briefe oder Tagebücher, also Dokumente des autobiographischen Reflektierens, eine solche Deutung bestätigen und legitimieren. Hessemers Briefe von der Reise an den Vater bieten dazu nur wenig. Alle folgenden Beobachtungen sind also nur Splitter einer subjektiven Lektüre und verdienen eine kritische Aufnahme durch jeden Leser.

Unbekannt ist, seit wann Friedrich Maximilian Hessemer mit der Tradition des Stammbuchführens vertraut war. Das könnte bereits seit seiner Kindheit und Jugend in Darmstadt herrühren, gewiß aber seit seiner Studentenzeit in Gießen, waren Studenten doch auch damals noch die vornehmliche Gruppe von Stammbuchführern. Allerdings gibt es bis heute keine dokumentarischen Nachweise darüber, ob, wo, wann und für wen sich Hessemer in solche Stammbücher eingetragen hat.[3] Immerhin hat sich im Merckschen Familien-Archiv in Darmstadt ein einzelnes Stammbuchblatt im üblichen Queroktavformat (95 x 155 mm) erhalten, das eine kleine Zeichnung „Einzug des Papstes in eine Kirche“ zeigt und von der Unterschrift ergänzt wird: „ Vom Onkel Moller in Fritz sein Buben-Stammbuch gezeichnet“.[4] Danach müßte bereits der elfjährige Hessemer über ein erstes Stammbuch verfügt haben.

Als er im Laufe des Jahres 1827 Zuspruch für seine geplante Bildungsreise nach Italien erhielt, setzte auch das vorliegende, hier vollständig transkribierte Gedenkbuch ein. Gewiß hätte Hessemer sich selbst dieses Buch zulegen können. Doch die Wahrscheinlichkeit der überlieferten Gebrauchsformen des Stammbuchs spricht dafür, daß es sich bei diesem Stammbuch um ein Geschenk handelte. Hofmann, der Hessemers Pläne am deutlichsten unterstützt und gefördert hatte, wäre der denkbar einleuchtendste Schenker des Stammbuchs. Dem entspricht, daß seine Eintragung die älteste datierte im Reisestammbuch Hessemers ist. Allerdings steht sie nicht auf der ersten Seite des Buches. Das entspricht offenbar jener Tradition der Stammbuchführung, daß man einem Höhergestellten, der sich später eintragen würde, eine frühere Seite offenhielt.

Folgt man der Hypothese, daß Hessemers Stammbuch ein Geschenk Hofmanns sein dürfte, ergibt sich noch eine weitere Schlußfolgerung. Hat Hofmann die Kladde mit Ziereinband und leeren Seiten wirklich als ein Stammbuch verstanden? Wenn ja, dann dürfte man einen Bezug in seinem Eintrag auf diesen Zweck erwarten. Eben das aber fehlt. Statt dessen bezieht er sich sehr deutlich auf den Zweck von Hessemers Reise: eine Vertiefung seiner Kenntnisse an den Zeugnissen der klassischen Architektur und deren zukünftige Nutzung in seinem Berufsleben als Architekt nach seiner Rückkehr nach Deutschland. Wohl deshalb lautet die erste Aufgabe, die er Hessemer zu beachten verlangt:

> „Das Kleinste steht dem Großen nah. Die Detail[s] bis zur Verbutzlast herunter[:] beschau sie, zeichne sie, profilir sie. Die Constructionen der einzelnen Theile, wie wirken sie, bey welcher Höhe, bey welcher Ferne, in welcher Umgebung? Die Architectur als Dienerin des Lebens; welche Bequemlichkeiten giebt sie zum geselligen u. gesunden Leben? Suche sie auf, daß du bey der Zurückkunft jedem was geben kanst [...].“

Das ist deutlich genug: Mit seiner Metapher von der Architektur als „Dienerin des Lebens“ schließt Hofmann sich an klassische Argumente an, wie sie schon in Vitruvs grundlegendem Werk über die Architektur und deren Begründung bei der mythischen Entstehung der Urhütte vorliegen. Ebenso wichtig, wie die Beobachtung des Verhältnisses von praktischem Nutzen, der „Bequemlichkeit“, und ästhetischer Wirkung der Bauwerke, ist jedoch die Aufforderung, welche den Eintrag einleitet: „beschau sie, zeichne sie, profilir sie.“ Nimmt man das wörtlich, dann wäre das Geschenk ursprünglich als ein Zeichenbuch gedacht gewesen, in das Hessemer die entsprechenden Beobachtungen auf der Reise einzeichnen und damit für seine Zukunft festhalten sollte. War das Geschenk also zunächst vom Geber als Skizzenbuch gedacht

gewesen; und wäre es erst von Hessemer zu einem Stammbuch umfunktioniert worden? Diese nicht mit zeitgenössischen Zeugnissen zu dokumentierende Schlußfolgerung böte die beste Erklärung für das hier vorliegende Format, das sich aller Tradition der Stammbuchsitte verweigert.
Gilt weiterhin diese Annahme von Hofmanns Geschenk, dann würde Hessemers eigener Eintrag mit den Bitten um Hilfen, Ratschläge und Warnungen für die Gefahren der bevorstehenden Reise erst nach diesem 10. Juli 1827 datieren können. Die undatierten Eintragungen von Hofmanns Frau und seinen Töchtern wären hingegen gleichfalls in dieser chronologischen Umgebung einzuordnen. Das Stammbuch oder Skizzenbuch wäre also möglicherweise, bevor es an Hessemer übergeben wurde, über mehrere Tage in Gießen geblieben und den Familienmitgliedern zum Eintrag ausgehändigt worden. Das ist wiederum nur eine Hypothese. Möglicherweise hat Hessemer das ihm geschenkte Skizzenbuch den Damen des Hauses weitergereicht und so selbst um die Eintragungen gebeten. Damit wäre aus dem ihm zugedachten Skizzenbuch schon damals durch Hessemer ein Stammbuch geworden. Zu diesen Hypothesen kommt des weiteren, daß Hessemer sich bei seinem Onkel, dem Darmstädter Architekten Georg Moller, Rat geholt hatte, wie er die Reise am nützlichsten einrichten könnte. Moller war selbst vor etlichen Jahren für längere Zeit in Italien gewesen. In einem Brief an Moller aus Mailand vom 2. Oktober 1827 erwähnt Hessemer diesen Rat, er solle auf der Reise ein „architektonisches Tagebuch" führen.[5] Dieses ‚Tagebuch' wird mehrfach in den Briefen an den Vater genannt, hat sich aber anscheinend nicht erhalten. Hingegen sind im Frankfurter Städel fünfzehn Mappen Hessemers mit „Skizzen und Studien auf der Reise nach Italien und Ägypten" und „Vier kleine Bände Skizzen aus Italien und Ägypten" erhalten, die alle ein größeres Papierformat aufweisen als das vorliegende Stammbuch.[6] Falls Hessemer bei Erhalt des Hofmannschen Geschenks schon den Rat Mollers erhalten gehabt hätte, wäre es leicht denkbar, daß er sich selbst dazu entschloß, das neuerliche Geschenk als ein Stammbuch zu verwenden.
Nach dieser hypothetischen Schlußfolgerung zur Herkunft des Stammbuchs müßte es sich dabei also um ein Produkt des Gießener Papierhandels, der damals vom eigentlichen Buchhandel noch zunftgemäß getrennt war, gehandelt haben. Ob es ähnliche Beispiele für solche Stammbücher im Gießener

Raum oder ob es weitere Beispiele dafür von den dort früher studierenden Eignern gibt, ist bis heute unbekannt, weil bislang nicht untersucht. Jedenfalls ist der Buchblock mit seinem seriellen Schmuckeinband auf den Kauf im Handel zurückzuführen, nicht auf eine persönliche Entscheidung des Stammbuchführers Hessemer.

Und noch eine Hypothese verdient Erwähnung. In seinem Brief an den Vater aus Piacenza vom 25. Oktober 1827 hatte Hessemer erwähnt, daß er gerade ein drittes „Skizzenbüchelchen" angefangen hatte. Offenbar hatte er für den Beginn seiner Reise sich einen Vorrat solcher Skizzenbücher zugelegt, obwohl das eine Erschwerung seines Gepäcks als Fußwanderer bedeutete. Des weiteren gibt Hessemer dort an, daß jedes Skizzenbuch „46 Seiten" enthielt. Sollte hier statt der Seiten die Blattzahl gemeint sein, ergäbe sich der befremdliche Umstand, daß jedes Skizzenbuch genau die Hälfte des Umfangs im vorliegenden Stammbuch hatte. Das könnte zu einer Schlußfolgerung leiten, daß doch Hessemer selbst alle diese Kladden erworben hätte. Eine Überprüfung ist deshalb nicht möglich, da die Skizzenbücher nicht im Originalzustand der Buchblöcke erhalten sind, weil die fertigen Skizzen ausgeschnitten und – vermutlich erst viel später, nach der Rückkehr von der Reise – in die heute im Städel aufbewahrten Sammelbände eingeklebt wurden. In Ermangelung aller weiteren dokumentarischen Zeugnisse bleiben die hier aufgeführten Hypothesen eben Hypothesen!

Das Stammbuch als Buchblock mit den Ausmaßen von 205 x 140 mm (überstehend) umfaßt 92 Blätter. Dazu kommen ein eingeklebtes Blatt von anderer Papierqualität (Blatt 65 *recto*, der Eintrag von Elise Morell), ferner das vorab eingeklebte Gedicht Hessemers von 1819 in einer Zierabschrift des Verfassers. Wiederum muß es ungeklärt bleiben, wie die Zusammenführung beider Stücke erfolgte. Vielleicht überreichte Hessemer sein Gedenkbuch dem Vater, der schließlich die Kosten für die Bildungsreise nach Italien privat übernommen hatte, nach der Rückkunft zum Weihnachtsfest 1830. Sollte dies gelten, bleibt des weiteren ungewiß, ob Hessemer diese Zierabschrift erst damals 1830 anfertigte und dem Weihnachtsgeschenk für seinen Vater einfügte oder ob der Vater eine ihm seit 1819 vorliegende Gedichthandschrift dann nach Weihnachten 1830 in das ihm vom Sohn geschenkte Gedenkbuch einklebte. Freilich könnte das Reisestammbuch auch in F. M. Hessemers Besitz geblieben sein. Dann bestünde die Möglichkeit, daß Hessemer selbst, als er nach dem Tode des Vaters 1831 das Gedichtblatt erbte, das ältere Gedicht in sein Stammbuch einklebte, um so Erinnerungsstücke an den geliebten Vater zu vereinigen. Zu all diesen Möglichkeiten gibt es jedoch wiederum keinerlei dokumentarische Nachweise und Belege.

Die 92 Blätter des ursprünglichen Stammbuchs dürften auf elf und einen halben Bogen zu jeweils acht Blättern zu deuten sein. Eine genaue Überprüfung der Papierlagen ist wegen des fragilen Zustandes des Stammbuchs nicht möglich.

Hessemer nutzte alsbald die Tradition, daß der Stammbuchführer einleitend eine Bitte um gute Einträge und Ratschläge in sein Stammbuch am Anfang einfügt. Das hatte damit zu tun, daß ein unordentlicher, lasziver oder gar obszöner Eintrag ein ganzes Stammbuch entwerten konnte. Einträger begnügten sich nicht damit, nur ihren Text einzutragen; sie blätterten im ganzen Stammbuch und lasen aufmerksam, was sie interessierte, sei es wegen des Inhalts der Eintragung, sei es wegen des Namens des Einträgers. Zum anderen spielt auch der Umstand dabei mit, daß Hessemer die negativen Vorurteile und Stereotypen gegenüber dem zu bereisenden Zielland hier aufgreift. Italien ist nicht nur das Land des römischen Katholizismus und bedeutet so eine Gefährdung für den reisenden Lutheraner. Dazu kommt noch das Vorurteil gegenüber den italienischen Straßenräubern, Meuchelmördern und anderen Gefährdungen für Leib und Seele im fremden Land. Neben den bereits von Hessemer selbst gesammelten Verhaltensregeln für einen ausländischen Reisenden in Italien werden die Einträger, die als Freunde bezeichnet sind, vom Stammbuchführer aufgefordert, ihm ihre guten Ratschläge mitzuteilen. Als Gegenleistung verspricht Hessemer, Wünsche der Einträger zu erfüllen, falls sie etwas von der Reise mitgebracht haben möchten. Nur wenige Eintragungen nehmen darauf Bezug; viele hingegen beziehen sich auf diese einleitende Aufforderung überhaupt. Das zeigt nochmals, daß die Einträger sich nicht einfach eintrugen, sondern sich zuvor mit dem Stammbuch und seinen bereits vorliegenden Eintragungen vertraut machten. Überhaupt gilt wohl allgemein, daß gerade die langen Eintragungen nicht spontan erfolgten, sondern daß der Einträger, oft über mehrere Tage, das Stammbuch ausgeliehen bekam.

Eine Stelle der Aufforderung verdient noch besondere Beachtung. Da schreibt Hessemer:

„In Ermangelung eines anderen Begleiters geht mir dieses Buch zur Seite, ich hab ihm die erforderliche Dicke gegeben, daß es etwa den Stoß eines Banditen, der nach meinem Herzen zielt, gehörig Widerpart leisten mag."

Die Bemerkung des Stammbuchbesitzers setzt mit einer Klage über einen fehlenden Begleiter ein; das Buch soll den Gefährten ersetzen. Darf man für die gebildete Bürgerschicht, der Hessemer angehörte, hier eine Anspielung auf einen klassischen Text der damals noch jüngeren deutschen Literatur mithören? In Goethes Erstlingsroman *Die Leiden des jungen Werthers* heißt es in der Einleitung des Herausgebers: „[...] laß das Büchlein deinen Freund sein, wenn du aus Geschick oder eigener Schuld keinen nähern finden kannst."
Das Weitere läßt nur eine Erklärung zu: Die Bemerkung Hessemers kann sich nicht auf das Stammbuch selbst beziehen; denn dies ist bloß eine Kladde mittlerer Dicke. Das Stammbuch allein hätte gewiß keinem Stoß eines Banditen standgehalten! Hessemer muß also wohl einen schweren und stoßfesten Schuber, vielleicht aus Metall, für sein Stammbuch besorgt haben. Und dieses Verfahren blieb nicht ohne Wirkungen für den fußreisenden Hessemer! Schon in seinem ersten Brief an den Vater aus Heidelberg vom 4. September 1827 liest man:[7]

„Als wir nach Hause gekommen waren, that ich alles Mögliche[,] die Vereinfachung meiner Ranzenverwaltung zu bewirken, über mehrere Gegenstände wurde der Stab gebrochen: mein *italienisches Wörterbuch*, das viel zu korpulent war, verhandelte ich um den Ankaufspreis an den Harres *[den Freund, der Hessemer zu Beginn der Reise begleitete]*; zur Weiterbeförderung an Dich hab ich ihm die übrigen ausgeschossenen Effekten gegeben, diese sind: *1 Paar Unterhosen*, ein Paar *Socken* (die von Deinen Strümpfen abgetrennten gewobenen, sie waren mir zu groß, schlugen Falten im Stiefel u. s. w.), mein *Schlafwamms*, (dessen ich mich schämen sollt), mein *Stammbuch*, (für was die Empfindsamkeit?) und endlich meinen *Homer*, (um den thut es mir leid, doch wird sich ja wohl in Italien ein Homer auffinden lassen). Nach dieser Ausleerung die

> ich meinem Ranzen gegeben, war er denn nun heute etwas erträglicher, bei dem jetzigen Gewicht mag es nun sein Bewenden haben."

Mit dieser Entscheidung erklärt sich ein gewisses Mißverhältnis der Eintragungen in Hessemers Stammbuch. Während achtundvierzig Eintragungen von Freunden, Bekannten und Verwandten in der Heimat und noch vor Antritt der eigentlichen Reise stammen, hat Hessemer unterwegs nur vierunddreißig weitere Zusprüche gesammelt. Siebzehn Einträge stammen von Frauen, also knapp ein Fünftel des Gesamtumfangs. War Hessemer so wählerisch beim Vorlegen seines Stammbuchs? Oder galt seine in der zitierten Briefstelle ausgedrückte, ironische Infragestellung der ‚Empfindsamkeit' allgemein und durchgängig für die ganze Reise? Immerhin antwortet ein Brief aus Mailand vom 30. September 1827 auf eine entsprechende Nachfrage des Vaters so:[8]

> „Wegen meinem Stammbuch hast Du Recht, ich wollte selbst, ich hätt es bei mir, gieb es Tante Moller, die hat versprochen, mir was hinein zu schreiben, wer mir sonst noch etwas sagen will, thut mir einen großen Gefallen."

Erst in Rom konnte Hessemer dann wieder über sein Stammbuch verfügen. Wahrscheinlich hatte der Vater warten müssen, bis der Sohn eine feste römische Anschrift hatte und sich dann auch noch eine preisgünstige Möglichkeit für den postalischen Versand bot. Jedenfalls datiert die älteste Eintragung aus Italien hier im Stammbuch von Rom am 18. Januar 1829. Anderthalb Jahre lag das Stammbuch Hessemers brach.
Die Eintragungen fallen in zwei deutlich geschiedene Gruppen, je nachdem, ob der Eintrag vor der Reise in Deutschland erfolgte oder während der Reise im Ausland. Die heimischen Eintragungen nehmen, wie gesagt, häufig Bezug auf Hessemers einleitende Aufforderung. Aber zu den negativen Stereotypen über Italien kommen auch die positiven. Italien ist das Land, in dem Natur und Kunst eine einmalige Harmonie eingehen, wie es gleich mehrfach in Prosa- oder auch Gedichteinträgen aufgenommen wird. Es ist die alte Italien-Sehnsucht der Deutschen, wie sie sich symbolisch in Johann Friedrich Overbecks Gemälde „Sulamith und Maria. Italien und Deutschland" von 1811/12 verdichtet.[9] Dazu kommt die

überaus reiche Literatur mit Beschreibungen Italiens durch deutsche Reisende. Allein zwischen 1785 und 1815 waren mehr als fünfzig solcher Reisebeschreibungen im deutschen Sprachgebiet erschienen. Dazu war seit 1816 auch Johann Wolfgang von Goethes „Italienische Reise" gekommen, die Hessemer nachweislich gekannt hat,[10] während über seine weitere Lektüre von Reisebeschreibungen Italiens nur spärliche Nachweise vorliegen. Seine einleitende Bemerkung im Stammbuch, daß er aus Büchern und Mitteilungen schon vor der Reise vielfältige Ratschläge gesammelt habe, läßt auf eine solche weitgespannte Lektüre schließen, auch wenn die Briefe an den Vater nur sporadische Angaben dazu machen.[11] Hier folgt nur eine kurze Zusammenstellung der von Hessemer in seinen Briefen erwähnten Italien-Literatur: Am häufigsten, nämlich viermal, bezieht er sich auf „Corinna oder Italien" der Madame de Staël, die schon ein Jahr nach der französischen Originalausgabe in einer Übersetzung von Dorothea Schlegel in Berlin 1807 / 1808 in vier Bänden erschienen war. Zweimal fordert er den Vater dabei auf, die entsprechenden Schilderungen als Ergänzung zu seinen Briefen zu lesen.[12] Zwei Bezüge gibt es auf den bis heute berühmten „Spaziergang nach Syrakus 1802" von Johann Gottfried Seume (Braunschweig und Leipzig 1803).[13] Nur an einer Stelle erwähnt er seine Kenntnis des „Tagebuchs einer Reise durch Deutschland und durch Italien in den Jahren 1804 bis 1806" von Elisa von der Recke (Berlin 1815–1817; 4 Bände).[14] Dazu kommen Bildungsbezüge auf Gedichte oder Dramen, deren Handlungsort in Italien angesiedelt ist, so etwa ein Verweis auf den Dänen Adam Oehlenschläger mit dessen vom Verfasser selbst ins Deutsche übersetzten Schauspiel „Correggio" (Stuttgart und Tübingen 1816)[15] und vor allem auf Goethes „Torquato Tasso", der am häufigsten angeführt und auch zitiert wird.[16] Mit einem Hinweis auf das von Wilhelm Waiblinger herausgegebene „Taschenbuch aus Italien und Griechenland auf das Jahr 1829" (Berlin 1828)[17] begegnen die Angaben zur Literatur sogar der eigenen Gegenwart. Dabei mußte sich Hessemer nicht einmal auf seine Lektüren in der Heimat beschränken; in Rom gab es damals schon eine Bibliothek der deutschen Künstler.[18] Dazu kam des weiteren noch der Buchbesitz der in Italien lebenden oder reisenden Deutschen. Ob nun Hessemer die von ihm benutzte Reiseliteratur selbst besaß oder wo auch immer er sie auslieh, seine breite Lektüre spiegelt den Bildungsanspruch

seiner Zeit im allgemeinen und für die damals eingeschränkten Reisen insbesondere.
Eine andere Unterteilung der Eintragungen ergibt sich durch die Anredeform des Einträgers. Schon Hofmann benutzt das vertraute Du für seinen Mitarbeiter Hessemer. Das gilt ebenso für die meisten der Angehörigen Hessemers, aber eben nicht für alle. Während der Reise läßt sich den Du-Anreden ablesen, wo eine enge Vertrautheit zwischen dem Einträger und dem Stammbuchbesitzer vorlag.
Traditionen des Stammbuchgebrauchs lassen sich bei aufmerksamer Lektüre leicht finden. So schrieb sich der Direktor des Schullehrerseminars in Friedberg, Christian Theodor Friedrich Roth, vor der Reise Hessemers auf dem letzten Blatt des Stammbuchs ein. Dieser Eintrag muß mit seinen Wünschen für die damals anstehende Reise eindeutig auf den Sommer 1827 datiert werden. Daß der Einträger das letzte Blatt wählt, entspricht nochmals der Sitte, daß man sich nach der alten Ständeordnung einschätzte und entsprechend seinen Platz im Stammbuch aussuchte. Die Wahl des letzten Blattes entspricht also einer Demutshaltung; der Einträger drückt – ironisch oder auch nicht – damit aus, daß kein Geringerer als er in dieses Stammbuch paßt.
Ein anderer Zug der Tradition ist die dem Namen des Einträgers hinzugefügte Angabe seiner Ämter und Würden. Diese Tradition spiegelt sich in dem Eintrag von Christian Decher (Blatt 29 *recto*). Der Einträger unterschreibt sich als „Freund und Vetter“ und fügt seinem Namen die Angabe hinzu: „Pfarrer zu Haufen bey Gießen“. Das war eine Information, welche der Stammbuchbesitzer als Anverwandter des Einträgers nicht benötigte.
Formelhaft sind des weiteren die traditionellen Schlußformeln, so etwa in dem Eintrag von Johannes Heß (Blatt 7 *recto*): „Leben Sie wohl und erinnern Sie sich zuweilen an den, der stets Ihr wahrer Freund ist und bleibt und der immer an Ihrem Glück den innigsten Antheil nehmen wird.“
Aber es gibt auch Variationen der Tradition. Der Student der rabbinischen Literatur, Eduard Maximilian Röth, nutzt die Aufforderung Hessemers, um ihm geistliche Ratschläge zu geben. Nach dem Motto, einem Bibelverweis, den er mit der Bemerkung „Predigt über Sprüche Sal. 1, v. 10“ einleitet, folgt wirklich eine Predigt, die auch noch als „geistliche Wegsteuer“, also als ein *viaticum* oder eine ‚Wegzehrung‘, wie man es Reisenden, aber auch Sterbenden mit auf den Weg gab

und gibt. Die weiteren Ausführungen erweisen sich dann als überaus ungewöhnlich für einen Eintrag im Stammbuch! Mit Rückbezug auf die angegebene Stelle der Bibel, eine Stelle, die jedoch nicht wörtlich ausgeschrieben wird, nimmt die ‚Predigt' den dortigen Text auf („Mein Kind, wenn dich die bösen Buben locken, so folge nicht!" in Luthers Übersetzung) und warnt den angehenden Reisenden vor Verlockungen, die Italien für einen Lutheraner birgt. Dabei gibt der Einträger seine Kenntnisse über Rom durchaus an, wenn er anspielend auf Gregorio Allegris (1582–1652) berühmtes „Miserere" eingeht, das alljährlich nur zweimal in der Karwoche, und zwar in der sogenannten ‚Finstermette' oder ‚Tenebrae', in der Sixtinischen Kapelle aufgeführt werden durfte und von dem nicht einmal Abschriften verbreitet werden sollten.[19] Mozart hatte auf seiner Romreise 1770 die Noten nach der Aufführung spontan aus dem Gedächtnis niedergeschrieben, wie es der stolze Vater in einem Brief vom 14. April 1770 an die Mutter in Salzburg berichtet hat. Wahrscheinlich kannte Röth diese Anekdote aus der Publizistik, also noch nicht aus der Erstveröffentlichung des Briefes in der Mozart-Biographie, die erst 1828 erschien.[20] Nicht genug damit: Röth schließt auch noch ein Kurzprogramm der kontroverstheologischen Auffassungen zwischen dem katholischen und dem evangelischen Glauben an! Sein Ratschlag ist dabei kurz und bündig, Hessemer möge bei solchen Erlebnissen bei sich selbst sagen: „Es ist nicht der Mühe wert, dafür den Märtyrer zu machen". Damit wird auf die vielen Stellen der Bibel angespielt, in denen von der Mühe des Lebens die Rede ist. Dennoch ist es zugleich eine Aufforderung, der reisende Hessemer möge sein Inneres verbergen und äußerlich alle Verführungen der sinnlichen Praxis des römisch-katholischen Glaubenslebens mitmachen. Das ist für einen Theologen eine ungewöhnliche Empfehlung, die wohl nur mit Ironie zu erklären ist, erinnert diese Verhaltensmaßregel doch auffällig an die Praxis der sogenannten Akkommodation, mit welchen sich insbesondere die jesuitischen Missionare des siebzehnten und achtzehnten Jahrhunderts an die Gegebenheiten ihrer Gastländer anpaßten. Von Bildung und Witz getragen ist denn auch die kleine Nachschrift, die Röth seinem Namenseintrag noch anschließt: „Solltest Du, weil Du uns doch was mitbringen willst, jenen ächten Ring des Juden Nathan finden, den bring mir mit, den wünscht ich gern." Mit dem Rückbezug auf die Ring-Parabel in Lessings „Nathan der Weise" rundet sich diese ungewöhnliche kontroverstheologische ‚Predigt'. Eine andere Form der Ironie, diesmal der stilistischen, zeigt der Eintrag von Johann Heinrich Westphal vom 25. März 1829 aus Rom (Blatt 56 *recto*). Es lohnt, den Eintrag hier nochmals zu zitieren:

> Sie wünschen, mein werther Freund, dass ich Ihnen etwas recht Gutes und Schönes zur Erinnerung aufschreiben solle: die Aufgabe ist nicht leicht für Jemand, der im Argen steckt wie ich, und der so materiel ist, dass selbst die Schönheit[,] um ihn zu rühren[,] aus einem Paar schönen Augen glühende Blicke sehnsuchtsvoller Liebe senden muss; sonst wirkte auch sie vergebens. Ich könnte nun zwar, was weder schön noch gut wäre, Ihnen Rath ertheilen, und somit das Interesse aussprechen, welches Sie mir einflössen, aber proh dolor! Wie soll der Andern Rath ertheilen und Lehren geben, der sich selbst nicht zu rathen weiß und seine eigenen Lehren nie befolgt. Könnte ich zeichnen, so stellte ich in einem Bildchen einige Pyramiden und Obelisken und den heiligen Nilos im Vordergrunde, im Hintergrunde aber einige Blümlein dar, zarte, süße, in anspruchsloser Lieblichkeit und holdem Unbewußtsein des eignen Werthes freundlich aufgesproßte Blümlein, und deutete damit zugleich sinnvoll oder sinnig (altdeutsch) an, dass Sie zunächst Aegyptens sandige Fluren (!) und üppige Felder (!), dann aber Deutschlands, wenn auch nicht rosige wie Achajas[,] doch empfindsame Jungfrauen zu (hole der Teufel die langen Perioden! Da weiß ich nun nicht[,] mit welchem Worte ich schließen soll, ich wollte sagen „betreten", das paßt für Aegypten, aber – ein Hahn sind Sie doch nicht; also – „besehen", pfui, das geht auch nicht, „besuchen" schlecht aber kurz und damit sei es gut) also: zu besuchen hätten; (nun wieder zurück zu dem „Könnte ich etc. etc.) da ich aber nicht kann, so zeichne ich nichts, und muss Sie also um Entschuldigung bitten, dass ich Ihren Wunsch nicht erfüllen kann. Doch vielleicht sind Sie gütig und nachsichtig genug, so wenig ich es auch verdiene, in der Entschuldigung und durch dieselbe, eben die Entschuldigung überflüssig zu finden. Dann nehmen Sie diese wenigen Zeilen als Erinnerung an ein gar närrisches Subjekt mit, welches der Böse oftmals

> verführt, weit mehr tolles Zeug zu schwatzen, als er verantworten könnte. Reisen Sie glücklich und denken Sie an mich jedesmal, wenn Sie nichts besseres zu thun haben, nur beim Allerheiligsten des Tempels von Luxor und bei den Isisbildern auf Phile machen Sie eine Ausnahme: für mich knüpfen sich an diese Gegenstände höchst sonderbare, und doch wieder gar nicht sonderbare Erinnerungen, und leicht könnten dann unsere Gedanken sich berühren, oder wie man zierlicher sagt, sich geistig küssen. [...]

Es ist ein stilistisches, aber auch inhaltliches Kabinettstückchen, das sich der Astronom und Geograph Westphal hier leistet. Westphal ist in Italien der einzige Einträger in Hessemers Gedenkbuch, der Ägypten aus eigener Anschauung kannte. Aber darauf weist er nur am Schluß hin, wenn er sich darüber lustig macht, daß seine und Hessemers Gedanken sich ‚geistig küssen' könnten, falls sich Hessemer an den Lieblingsorten Westphals in Ägypten an diesen Einträger erinnern sollte. Einleitend greift er die formelhafte Einschätzung Italiens als das Land des Schönen und Guten auf und biegt sie um in die sinnliche Erfahrung eines schönen Augenpaares mit glühenden Blicken sehnsuchtsvoller Liebe. Darauf folgt der Entwurf eines Bildchens von einem erinnerten Ägypten mit Nil, Pyramiden und Obelisken. Doch die weitere Schilderung des Bildentwurfs verbindet den ägyptischen Vordergrund mit einem altdeutschen, biedermeierlichen Deutschland. Schon in dem kennzeichnenden Attribut des ‚Altdeutschen' schwingt eine leise Kritik an der deutschen Malerschule im damaligen Rom mit. Mehr noch: Westphal ist kein Zeichner; und so kann er sein gedachtes Bildchen gar nicht malen. Das spiegelt sich in der Syntax, denn das lange, mit mancherlei Nebensätzen gespickte Satzgebilde will sich nicht schließen lassen – ebenso wie der Entwurf des Bildchens nur ein gedanklicher Entwurf bleiben muß.
Ebenfalls aus Rom stammt ein Eintrag, den man wohl nur als Ausdruck der schmerzlichen Ironie deuten können wird. Der aus dem Brandenburgischen stammende Maler Adolph Siebert setzt hinter seine Namensunterschrift ein schlicht gezeichnetes Ohr, das mit einem x ausgekreuzt ist (Blatt 60 *recto*). Diese seltsame Unterschrift findet erst durch den biographischen Nachweis, daß Siebert taubstumm war, eine plausible Erklärung.

Und noch eine Verwendung der Ironie zeichnet sich in einem Eintrag ab, diesmal in der beigefügten Selbsttitulierung nach der Namensunterschrift. Der Hofmeister und Reisende aus Hessen bezeichnet sich als „Alexander Flegler, ein prädestinirter Heimathloser, ohne ausweisenden Taufschein zum Kosmopoliten gebohren“ (Blatt 41 *recto*). Das ist nicht nur nochmals eine Aufnahme jener Stammbuchtradition, mit der ein Einträger seine Ämter und Würden angibt; Flegler stellt sich als ein Mensch der Moderne vor, der heimatlos ist, sich zum Kosmopoliten geboren weiß, auch wenn er dafür keinen entsprechenden Taufschein vorweisen kann.
Solche ironischen Einträge sind die Seltenheit, nicht nur in Hessemers Stammbuch. Statt dessen überwiegen die treuen Eintragungen, die auch gelegentlich nicht frei von Äußerungen nationaler Deutschtümelei sind und die damit die Qualitäten des Heimatlandes gegenüber Hessemers Reiseziel beteuern zu können glauben ...
Unter den traditionellen Eintragungen verdient besonders der lange Beitrag des Vaters eine Hervorhebung (Blatt 24 *recto* + *verso*). Einträge von Vätern bilden eine Sondergruppe in Stammbüchern. Es gibt sie schon seit dem ausgehenden sechzehnten Jahrhundert. Bei der kürzeren Lebenserwartung von damals war es nie klar, ob der Abschied von Vater und Sohn nicht auch die letzte Begegnung beider bedeuten würde. Der Vater, Bernhard Hessemer, war 1769 geboren, zum Zeitpunkt seines Eintrags also 58 Jahre alt. Dennoch spricht er von seinem „vorgerückten Alter“ und seiner „schwankenden Gesundheit“. In der Hoffnung, den Sohn zu seinem sechzigsten Geburtstag wieder „an die Brust drücken“ zu können, gibt der Vater ihm den Spruch des Polonius an seinen Sohn Laertes, der zu Studien ins Ausland aufbricht, aus Shakespeares „Hamlet“ mit auf den Weg: „Bleibe Dir selbst getreu!“ War das eine bewußte Erinnerung in Darmstadt an das Shakespeare-Drama oder nur eine Aufnahme der inzwischen zum geflügelten Wort gewordenen Wendung? Wahrscheinlich darf man in diesem Satz kein literarisches Zitat sehen, denn die Wendung war gerade in Stammbüchern längst zu einer Formel geworden. Dafür spricht auch, daß ein weiterer Eintrag genau diese Formulierung aufgreift (Blatt 38 *recto*). Es ist ein Zuspruch, welcher zur ‚Standhaftigkeit‘ (Blatt 43 *recto*) oder zur ‚Beständigkeit‘ ermuntert, wie sie seit dem christlichen Neostoizismus von Justus Lipsius aus dem späten sechzehnten Jahrhundert zu einem regelmäßigen Argument im Huma-

nismus und in den daran sich anschließenden Epochen geworden war.[21]
Anders steht es um das zweite Zitat, das der Vater seinem Sohn ins Stammbuch schreibt. Es ist ein Gedichtausschnitt, den der Großvater Hessemer bereits dem hier schreibenden Sohn bei dessen Abschied in der Jugend aufgeschrieben hatte. Es ist eine faustdicke Moral, wie sie zur Dichtung der Aufklärung paßt. Der Verfasser ist Christian Fürchtegott Gellert (1715–1769), ein Lieblingsdichter der deutschen Leserschaft vor dem Sturm und Drang. Der Großvater Hessemer war ein Zeitgenosse Gellerts und zitierte also für ihn aktuelle deutsche Literatur als Lebensregel für den Sohn. Nimmt man an, daß der Abschied in den Jahren um 1790 erfolgte, war der Text schon damals aus der Mode gekommen. Ihn 1827 nochmals zu verwenden, widersprach der inzwischen erfolgten Entwicklung der deutschen Literatur mit den Epochen des Sturm und Drang, der Klassik, der Romantik und des Biedermeier. Aber es gehört zur Eigenart von dichterischen Zitaten in Stammbüchern, daß sie häufig ein, zwei oder gar mehr Generationen hinter dem aktuellen Stand der Literatur zurück sind.
Stammbücher als Sammelhandschriften biographischer und autobiographischer Erinnerung sind von vornherein auch Texte der Literatur im weiteren Sinn. Besonderes Augenmerk darf in allen Stammbüchern den literarischen Einträgen oder auch literarischen Zitaten in den Einträgen gelten. Das ist auch der Fall für Hessemers Stammbuch. Es ist ein Zeugnis für die Bildung des Bürgertums im deutschen Biedermeier, ergänzt um einige wenige ausländische Zitate. Eigene literarische Eintragungen wie auch Zitate aus der anerkannten Literatur in Stammbucheinträgen sind nochmals ein Bildungsausweis, sei es der poetischen Fähigkeit des Einträgers, sei es seiner Lektürekenntnisse. Dies gilt ebenso für Einträge in prosaischer Form wie insbesondere für die lyrischen Eigenprodukte oder Zitate. Überhaupt ist es ja auffällig, wie häufig Einträger hier zu lyrischen Formen greifen. Das zeugt nicht nur für die zum Stammbuch passende Kurzform, wie sie der Lyrik generell zukommt, sondern mehr noch für den Bildungsanspruch der Einträger, in deren Lebzeit das Verfertigen von Gedichten noch auf der Schule gelehrt und eingeübt wurde.
Um mit der zitierten Literatur zu beginnen, fällt auf, daß nur zweimal Zitate aus der Bibel anfallen (Blatt 14 *recto* und

Blatt 75 *recto).* Griechische Zitate fehlen überhaupt. Die hier vertretenen Einträger – und das gilt auch für Hessemer selbst – lasen griechische Literatur wohl nicht in der Originalsprache, sondern in Übersetzungen, besonders in denen von Johann Heinrich Voß.[22] Die klassische lateinische Literatur erscheint ebenfalls nur zweimal mit Zitaten aus den Werken des Horaz (Blatt 78 *recto*; Blatt 93 *verso).* Ebenso fehlt jegliches Zitat aus der französischen oder spanischen Literatur. Das ist insofern auffällig, als die französische Sprache und Literatur noch für die voraufgegangene Generation in Deutschland die vorherrschende Leitkultur abgegeben hatte. Englische Literatur klingt beiläufig nur in dem Zitat aus Shakespeares „Hamlet" an, obwohl die dortige Stelle längst zur formelhaften Redewendung geworden war und sich als solche auch in den Vorlagebüchern für Stammbucheintragungen nachweisen läßt. Ebenfalls ist – was zu dem bereisten Land Italien paßt – zweimal Dantes „Göttliche Komödie" im Original zitiert (Blatt 46 *recto*; Blatt 56 *recto*); einmal davon sogar eingeleitet durch die Bemerkung „von meinem Papa Dante".
Im Zentrum der in diesem Stammbuch zitierten Literatur steht die deutsche Literatur der damals letzten hundert Jahre. Die Liste der zitierten Autoren reicht von Gellert (Blatt 24 *verso*) über Wieland (Blatt 47 *verso*), Herder (Blatt 38 *recto*), Goethe (Blatt 22 *verso*; Blatt 34 *recto*), Schiller (Blatt 13 *recto*; Blatt 42 *recto*), Claudius (Blatt 35 *verso*), Jean Paul (Blatt 32 *recto*; Blatt 65 *recto*), bis zu den einzigen damals noch lebenden Autoren Tiedge (Blatt 66 *recto*) und Lappe (Blatt 9 *verso* – 10 *verso*).

Solche Zitate spiegeln die anerkannte Literatur im Umkreis der Einträger und sind damit eine wichtige Dokumentation für den geschichtlichen Wandel des Kanons. Gellert und Wieland sind die Autoren der älteren Generation, Herder, Claudius, Goethe und Schiller die der Klassik. Jean Paul wie der heute kaum noch bekannte Christoph August Tiedge (1752–1841) gehörten zu den Lieblingsautoren der Zeit um 1830. Karl Gottlieb Lappe (1773–1843) ist der Verfasser eines seit 1816 oft gedruckten, aber auch mehrfach vertonten Liedes. Der Einträger könnte es also entweder aus seinen literarischen oder auch aus seinen musikalischen Kenntnissen und Vorlieben gewählt haben. Überhaupt aber ist nochmals daran zu erinnern, daß literarische Zitate in Stammbüchern nicht unbedingt einer Lektüre der entsprechenden Werke seitens des Einträgers entstammen müssen, sondern auch einfach aus einer Anthologie passender Texte für Stammbucheintragungen entstammen können. So hat sich das Herder-Zitat, das der Einträger sogar als den „Wahlspruch meines Lebens und Strebens“ bezeichnet, nicht in den Werken Herders finden lassen.[23]

Und noch ein literarisches Zitat verdient eine besondere Kommentierung: Vor dem berühmten Gedicht „Der Mensch“ von Matthias Claudius steht in derselben Handschrift wie der des nachfolgenden Eintrags: „auf Verlangen eingeschrieben“. Die dort voranstehende Einträgerin, Theodora Dieffenbach, hatte ihren undatierten Eintrag wohl am selben Tag und Ort wie ihr Mann eingeschrieben, der sich gleich im Anschluß an seine Frau einschrieb. Die beiden Einträge erfolgten in Friedberg am 22. August 1827. Offenbar hatte kein anderer als Hessemer selbst bei dem Gespräch, das die Einträge der Gastgeber begleitete, seine Vorliebe für dieses Claudius-Gedicht bekundet, das ihm dann auch vom Hausherrn ‚auf Verlangen' zugeeignet wurde.

Umfangreicher noch als Zitate aus der gedruckten Literatur sind die poetischen Ergüsse der Einträger selbst. Wiederum ist nicht auszuschließen, daß das eine oder das andere Textstück einem Vorlagebuch entnommen und vielleicht einem heute vergessenen Verfasser zugehörig ist. In Ermangelung solcher Nachweise wird man jedoch zunächst die Einträger als Verfasser ansehen müssen. Schon das eingeklebte Gedicht Hessemers zeugt ja von einer ungemeinen Begabung im Dichten. Auch fällt die Vielfalt der gewählten Strophenformen auf. Da stehen neben der italienischen Stanze (*ottava rima*) das Sonett, klassische Versformen wie die sapphische Ode oder Distichen, aber auch reimfreie Gedichte oder in dem langen Strophengedicht des deutschen Missionars in Kairo Anklänge an das Kirchenlied. Ganz ungewöhnlich für ein Stammbuch sind dann noch zwei eingetragene Gedichte in fremden Sprachen: Ein sonst nicht nachweisbarer Mister Nott trägt in Kairo ein sogenanntes ‚englisches Sonett' ein, das aus drei Vierzeilern in umschlingender Reimbindung und einem abschließenden Reimpaar besteht (Blatt 67 *recto*). Noch ungewöhnlicher ist der Eintrag des Italieners Romualdo Tecco (Blatt 77 *recto*), der als Angehöriger einer Gesandtschaft in Ägypten sich dem Studium der orientalischen Sprachen widmete. Sein in der klassischen Form des Elfsilblers

(*endecasillabo*) abgefaßtes Gedicht ist eine italienische Übersetzung arabischer Verse, die dem Eintrag vorangestellt sind. Die Übertragung Teccos aus dem Arabischen bildet so eine Entsprechung zu den poetischen Übersetzungen eines Joseph Freiherr von Hammer-Purgstall und Goethes darauf aufbauender Fortdichtung im „West-östlichen Divan"!
Schließlich ist ein Einträger noch hervorzuheben, der bis heute im Rahmen der deutschen Literaturgeschichte bekannt geblieben ist. Der aus Schlesien stammende August Kopisch (1799–1853) trug während des Aufenthalts von Hessemer und Ahlborn in Neapel, Capri und auf dem Vesuv zwei lange Gedichte in klassischen Metren in das Stammbuch ein, die wohl die literarhistorisch bedeutendsten Gedichte in dieser Sammlung bilden. Auffällig ist ihre Länge, ihre Versform, für die Kopisch sich an das Vorbild seines zeitweiligen Freundes August Graf von Platen-Hallermünde anschloß, des weiteren die Themenwahl mit Bezug auf die damals bei Hessemer anstehende Sizilienreise. Diese Gedichte wurden von Kopisch nur für Hessemer verfaßt und in das Stammbuch eingetragen. Anscheinend machte sich der Dichter nicht einmal die Mühe einer Abschrift, denn beide langen Erzählgedichte fehlen in der fünfbändigen Werkausgabe, die Carl Boetticher in Berlin 1856, also nur wenige Jahre nach Kopischs Tod, veröffentlichte. So erweitert die Kenntnis des Hessemer-Stammbuchs das Werk Kopischs und bezeugt damit einmal mehr, welcher Zugewinn aus dem Studium der Stammbücher erwachsen kann.
Die weiteren Züge, die das Gedenkbuch Hessemers mit der Tradition des Stammbuchs verbinden, lassen sich knapper zusammenfassen. Dies betrifft vor allem das Thema des Abschieds und der Erinnerung, das fast in jedem Eintrag erscheint und sich noch an den wiederkehrenden Schlußformeln ablesen läßt, so etwa: ‚zum freundlichen Andenken'; ‚Fahre wohl'; ‚leben Sie wohl'; ‚vergessen Sie nie'; ‚stets / ewig / ohne Aufhör Dein'.

Auch Doppeleinträge gibt es hier wie in der Tradition des Stammbuchs. Ungewöhnlich ist allerdings, daß ein Dichter wie August Kopisch sich mit zwei langen Gedichten in Erinnerung bringt, von denen das zweite nochmals den Abschied zum Thema hat (Blatt 73 *recto – 74 recto*; Blatt 69 *recto* – 72 *verso*). Wilhelm Ahlborn verabschiedete sich am 18. Januar 1829 in Rom von Hessemer (Blatt 50 *recto*), konnte ihn dann

jedoch auf der Reise durch Süditalien und Sizilien begleiten, so daß er sich am 6. August 1829 in Messina, diesmal mit einem langen und höchst emotionalen Eintrag von Hessemer erneut verabschiedete. Hessemer hatte am selben 18. Januar 1829 in Rom die „Aufforderung an meine Freunde“ mit einem kurzen Text ergänzt (Blatt 4 *recto*), darin erneut auf die Gefahren einer Reise in den Vorderen Orient hingewiesen und sogar die Möglichkeit seines Todes auf der Reise erwogen: „Wenn ich nicht wiederkommen sollte, so kommt auch dies Buch nicht zurück, denn dann ist es mit mir zu Grab gegangen.“ Nochmals kommt hier zum Ausdruck, daß für den Einzelreisenden in der Fremde das Stammbuch Begleiter, Freund und Trost ist. Der ansonsten unbedeutende, erneute Eintrag von Philipp Dieffenbach (Blatt 36 *verso*) vom 11. September 1832 verdient deshalb eine Erwähnung, weil er zeigt, daß das Gedenkbuch auch nach der Rückkehr noch Verwandten und Freunden vorgelegt wurde.
Nicht zur Tradition des Stammbuchs im engeren Sinne gehören hingegen die beiden eingeklebten Zeichnungen ungenannter Künstler (Blatt 54 *verso*; Blatt 62 *recto*), weil ihnen jeder Bezug auf den Stammbuchführer fehlt. Nur Hessemer selbst konnte sich in Erinnerung rufen, bei welcher Gelegenheit und in welcher Situation diese Blätter entstanden und ihm geschenkt worden waren. Auch die eingeklebten arabisch geschriebenen Bettlerbriefe (Blatt 74 *verso*; Blatt 75 *verso*) und das Stückchen Papyrus aus Syrakus (Blatt 92 *verso*) passen nicht zur Tradition des Stammbuchs. Sie sind Souvenirs des Reisenden und kennzeichnen so die Position dieses Stammbuchs an einer Grenze der Entwicklung, die bald in neue Formen der Erinnerungskultur einmünden sollte.
Aufs Ganze gesehen, fällt an Hessemers Stammbuch auf, daß ein deutliches Mißverhältnis zwischen der Anzahl der vor Antritt der Reise in der Heimat gesammelten Eintragungen und denen während der Reise besteht. Während die erste Gruppe vornehmlich für personal- und regionalgeschichtliche Aspekte in Hessen von Interesse ist, gehören die weiteren Einträge in eine bedeutendere und allgemeine Dokumentation für die Kulturgeschichte. Man kann es nur bedauern, daß Hessemer, aus welchen Gründen immer, anders als in der Heimat während der Reise nur so zögernd sein Stammbuch für Eintragungen den für ihn bedeutenden Menschen vorlegte, über die er seinem Vater in den Briefen oft ausführlich berichtet.
Daß Hessemer offenbar zeit seines Lebens mit der Stamm-

buchsitte vertraut war und sie auch selbst pflegte, läßt sich nochmals einem Brief an den Vater ablesen. Da heißt es aus

Rom am 27. Juli 1830:[24]

> Zwei Verschen, die ich in diesen Tagen vielfältig in Stammbücher schrieb, laß ich hier als Schluß, als mein Amen folgen.
>
> Ein flüchtger Blick ins Leben ist des Menschen Dasein;
> O daß für jede Göttlichkeit das wache Auge,
> Für Schönheit und für Wahrheit uns gegeben wäre,
> Wir fänden dann des Daseins reichsten Blüthenkranz. –
> Natur und Kunst, zwei große Heiligthümer stehn
> Vor uns geöffnet, ihre Kränze winken uns,
> O trachten wir, die Weihe würdig zu empfangen:
> Der schönen Seele offenbart sich die Natur,
> Der Seele Schönheit ist der Kunst geheime Seele.
>
> Arabiens dürre Wüsten sind so schrecklich nicht,
> Der Durst, die martervolle Hitze nicht so drückend,
> Als ohne Liebe dieses Lebens Tage wären.

Anmerkungen

[1] Vgl. meinen Artikel ‚Stammbuch' im *Lexikon der Kunst. Architektur – Bildende Kunst – Angewandte Kunst – Industrieformgestaltung – Kunsttheorie.* Band VII: Stae – Z. Leipzig: E. A. Seemann Verlag 1994, S. 9 f. und die dort angegebene Sachliteratur; ferner die danach erschienene, grundlegende Monographie von Werner Wilhelm Schnabel: *Das Stammbuch. Konstitution und Geschichte einer textsortenbezogenen Sammelform bis ins erste Drittel des 18. Jahrhunderts.* Tübingen: Max Niemeyer Verlag 2003 (= Frühe Neuzeit, Band 28).

[2] Zur Auffassung und Einschätzung der Textsorte ‚Stammbuch' zur Zeit Hessemers vgl. den Artikel „Stammbuch, Gedenkbuch, Album; Liber memoriae fautorum et amicorum dicatus" in *Dr. Johann Georg Krünitz's ökonomisch-technologische Encyklopädie, oder allgemeines System der Staats-, Stadt-, Haus- und Landwirthschaft, und der Kunstgeschichte, in alphabetischer Ordnung.* Früher fortgesetzt von Friedrich Jakob und Heinrich Gustav Floerke, und jetzt von Johann Wilhelm David Korth [...]. Hundert und neun und sechzigster Theil [...]. Berlin: Pauli 1838, S. 302-316.

[3] Anscheinend fehlt bis heute eine Darstellung der Stammbuchsitte in Gießen und an der dortigen Universität. Vgl. den bislang einzigen Versuch einer Bibliographie von Hugo Schünemann: „Stammbücher", in: *Schrifttumsberichte zur Genealogie und ihren Nachbargebieten.* Band II. Dritter (der ganzen Folge fünfzehnter) Literaturbericht. Neustadt a. d. Aisch: Degener 1965, S. 67-107.

[4] Das Blatt ist beschrieben in dem Buch von Marie Frölich / Hans-Günther Sperlich: *Georg Moller, Baumeister der Romantik.* Darmstadt: Roether 1959, S. 42, Abb. S. 43.

[5] *Friedrich Maxilian Hessemer: Briefe seiner Reise nach Italien, Malta und Ägypten 1827–1830.* Unter Verwendung der Vorarbeiten von Maria Teresa Morreale herausgegeben und mit Anmerkungen versehen von Christa Staub. Hamburg: Maximilian-Gesellschaft 2002 / 2003, 2 Bände; hier Band II: Ägypten und Italien. S. 519. Und schon aus Karlsruhe berichtet Hessemer am 10. September 1827 dem Vater: „die nöthigen Notizen nach Onkel Mollers Angaben hab ich mir entworfen." Vgl. ebd., Bd. I: : Italien und Malta. S. 55.

[6] Ebd., Bd. I, S. 111 erwähnt Hessemer in seinem Brief aus Piacenza vom 25. Oktober 1827 dazu: „heute fing ich das dritte frische Skizzenbüchelchen an, deren jedes 46 Seiten hat, die großen Blätter in der Mappe gar nicht gerechnet, obwohl diese die Hauptarbeiten sind."

[7] *F. M. Hessemer: Briefe* – wie Anm. 5 –, Bd. I, S. 51 f.

[8] *Ebd.*, Bd. I, S. 89 f.

[9] Die zugehörige Sekundärliteratur ist umfangreich. Hier sei nur verwiesen auf: Dorothea Kuhn, Anneliese Hofmann und Anneliese Kunz: *Auch ich in Arcadien. Kunstreisen nach Italien 1600 – 1900.* Stuttgart: Turmhaus GmbH 1966 (= Sonderausstellung des Schiller-Nationalmuseums, Katalog Nr. 16); Italo Michele Battafarano, Herausgeber: *Italienische Reise / Reisen nach Italien.* Gardolo di Trento: Luigi Reverdito Editore 1988 (= Apollo. Studi e testi di germanistica e di comparatistica. Collana diretta da I. M. Battafarano, 2); darin S. 13-101: I. M. Battafarano: *Genese und Metamorphose des Italienbildes in der deutschen Literatur der Neuzeit*; ferner die Anthologie von I. M. Battafarano: *L'-Italia ir-reale. Antropologia e paesaggio peninsulare nella cultura tedesca (1649 –1879).* Trento: Università di Trento 1991 (= Dipartimento di storia della civiltà europea; Testi e ricerche, N. 8). – In allen diesen Werken finden sich Verweise auf weitere Sekundärliteratur.

[10] Vgl. *F. M. Hessemer: Briefe* – wie Anm. 5 –, Bd. I, S. 112; 120 – beides Anspielungen – ; S. 558: Brief aus Neapel vom 11. April 1829; S. 642: Brief aus Palermo vom 21. Juni 1829 – beides direkte Zitate – .

[11] Zur Vielfalt der damaligen Reisebeschreibungen von Italien vgl. auch meine Überlegungen in dem Beitrag *„zugleich völlig wahrhaft und ein anmuthiges Märchen": Goethes Italienische Reise – keine Reisebeschreibung!* in dem Sammelband von I. M. Battafarano: *Italienische Reise – Reisen nach Italien* – wie Anm. 9 –, S. 231-255, besonders S. 243.

[12] *F. M. Hessemer: Briefe* – wie Anm. 5 –, Bd. I, S. 102; 114; 166; 263.

[13] Ebd., Bd. I, S. 90; 439.

[14] Ebd., Bd. I, S. 85.

[15] Ebd., Bd. I, S. 150.

[16] Ebd., Bd. I, S. 55; 421; 497; 606 f.; 701.

[17] Ebd., Bd. I, S. 285.

[18] Vgl. dazu die kommentierte Bestandsliste deutscher Reiseliteratur über Italien in den deutschen Institutionen in Rom von Lucia Tresoldi: *Viaggiatori tedeschi in Italia 1452–1870. Saggio bibliografico.* Rom: Bulzoni 1975, 1977; 2 Bände; dazu meine Besprechung im *Börsenblatt für den deutschen Buchhandel* – Frankfurter Ausgabe – Nr. 80, 24. September 1982, S. 130-132.

[19] Vgl. Hessemers Brief vom 6. und 7. April 1828 in *F. M. Hessemer: Briefe* – wie Anm. 5 –, Bd. I, S. 272-275.

[20] Vgl. *Mozart. Briefe und Aufzeichnungen.* Gesamtausgabe. Herausgegeben von der Internationalen Stiftung Mozarteum Salzburg. Gesammelt und erläutert von Wilhelm A. Bauer und Otto Erich Deutsch. *Band I: 1755–1776.* Kassel – Basel – London – New York: Bärenreiter 1962, S. 333-336; Brief Nr. 176. Zur Erstausgabe des brieflichen Wortlauts in Georg Nikolaus von Nissen: *Biographie W. A. Mozarts.* Leipzig: Senf 1828, S. 190 ff., die der Einträger eben noch nicht nutzen konnte, vgl. ebd., Band V, 1971 S. 247 ff.; zur Nachricht über diese römische Episode an Schlichtegroll für dessen Mozart-Nekrolog die Anfrage Schlichtegrolls und die Antwort von Maria Anna Reichsfreiin von Berchtold zu Sonnenburg aus St. Gilgen, etwa vom April 1792, ebd. Band IV, 1963, S. 188-200, hier: S. 194. – Publizistische Wiederholungen dieser Anekdote nach Schlichtegrolls Nekrolog – etwa auch in der Reiseliteratur über Italien – sind in der Mozart-Forschung bisher nicht näher nachgewiesen.

[21] Vgl. Justus Lipsius: *Von der Bestendigkeit [De Constantia].* Faksimiledruck der deutschen Übersetzung des Andreas Viritius nach der zweiten Auflage von c. 1601 mit den wichtigsten Lesarten der ersten Auflage von 1599. Hrsg. v. Leonard Forster. Stuttgart: Metzler 1965 (= Sammlung Metzler. Realienbücher für Germanisten. Abteilung Dokumentationen, Reihe B: Zu Unrecht vergessene Texte; M 45).

[22] In seinem Brief vom 27. Juli 1829 berichtet Hessemer, daß er es in Syrakus bedauerte, nicht die Theokrit-Übersetzung von Voß zur Hand gehabt zu haben. Vgl. *F. M. Hessemer: Briefe* – wie Anm. 5 –, Bd. I, S. 686.

[23] Für freundliche Hilfen und Auskünfte zu dieser Feststellung danke ich Herrn Dr. Günter Arnold, Weimar, dem Herausgeber der Briefe Herders.

[24] *F. M. Hessemer: Briefe* – wie Anm. 5 –, Band II, S. 386.

Der Laufweg von Hessemers Stammbuch

Gießen		
1827, Juli 10	Johann Philipp Hoffmann	5 r+v
12	Frau W. Hoffmann	6 r
18	Louis Sell	9 r+v, 10 r+v
00	Friedrich Maximilian Hessemer	3 r+v
00	Eduard Maximilian Röth	14 r+v
00	Johanna Strack	16 r
00	Meta Hofmann	17 r
00	Johanne Hofmann	17 v
00	Johannette Hofmann	18 r
Marburg		
August 5	Johannette Margarete Ernestine Bürger und Christian Heinrich Bürger	5 r
6	Caroline Hille	26 r
6	Friedrich Wilhelm Hille	26 v
Gießen		
August 10	Johann Valentin Adrian	27 r
13	Amalie Müller	25 v
15	Georg Friedrich Sonnemann	20 r+v
20	Sophie Decker	28 r
20	Christian Decker	28 v, 29 r
Friedberg		
August 22	Caroline Heinzerling	32 r+v
22	Georg Heinzerling	33 r
[22]	Theodora Dieffenbach	35 v
22	Johann Philipp Dieffenbach	36 r+v
23	Cramer	37 r+v
00	Christian Theodor Friedrich Roth	93 v
Frankfurt		
August 23	Georg Gottfried Gervinus	23 v
24	Georg Ludwig Kriegk	38 r

Darmstadt

1827, August	26	Ernst Dürr	38 v
	26	Alexander Flegler	40 v, 41 r
	27	Wilhelm Sell	34 r+v
	27	Peter Friedrich Martenstein	45 v
	28	Karl Lanz	39 r+v
	28	Carl Fischer	22 v
	29	Peter App	42 r
	29	Carl Rauch	47 v
	[29]	Ernst Rauch	47 r
	29	Johann Heinrich Felsing	48 r
	30	August Lucas	42 v
	31	Heinrich Karl Hofmann	48 v
	00	Bernhard Hessemer	24 r+v
	00	Susette Gladbach	27 v
	00	Johann Adam Fritz	46v
1827, September	1	Hans Scholl	49 v
	1	Johannes Heß	7 r+v
	1	Karl Ludwig Sell	12 r+v, 13 r
	2	Johannes Kreß	43 r
	00	Amalie Moller	63 v
	00	Adolfine Moller	66 r

Rom

1829, Januar	18	Friedrich Maximilian Hessemer	3 v
	18	Wilhelm Ahlborn	50 r
Februar	00	Jakob Felsing	50 v
März	7	Elisabetta Zanetti (Perugina)	51 v
	23	Caroline Lanska	55 v
	25	Adolf Zimmermann	44 r
	25	Wilhelm Noack	51 r
	25	Johann Heinrich Westphal	56 r
	00	Rudolf Wiegmann	52 r+v
	00	A. Vogell	53 v
	00	Jacob Götzenberger	54 v, 55 r

Neapel und Capri

April + Mai	00	Carl Goetzloff	68 r
	00	August Kopisch	69 r – 72 v
Juni	1	August Kopisch	73 v – 74 r

Palermo			
1829, Juni	30	L. C. Stallforth	59 r
	30	Immanuel Illmoni	61 r
Messina			
August	6	Wilhelm Ahlborn	58r+v
Syrakus			
August	[00]	Giuseppe Politi	92 v
Kairo			
1830, Januar	23	Nott	67 r
März	29	Rudolph Theophilus Lieder	76 r
	29	Wilhelm Kruse	75 r
	30	Romualdo Tecco	77 r
Alexandria			
Mai	2	Giuseppe Acerbi	78 r
Triest			
Juni	24	Elise Morell	65 r
Rom			
1830, Juli	14	Charles Joseph La Trobe	79 r
	18	Adolph Siebert	60 r
	29	Athanasius Ambrosch	87 v – 88 r
	29	Franz Natorp	89 r
	30	August Kestner	57 r+v
	00	August Hopfgarten	56 v
Florenz			
August	14	Alfred Reumont	80 r – 81 r
	17	Moritz Steinla	90 r
Mailand			
September	14	Joseph Büttgen	81 r
[Friedberg]			
1832, September	11	Johann Philipp Dieffenbach	36 v

Abbildungsverzeichnis

Reproduktionen aus: Fritz Max Hessemer // Gedenkbuch von der Studienreise // Italien – Sizilien – Ägypten // 1827 – 1830. HZ 10445, Hessisches Landesmuseum Darmstadt, Graphische Sammlung

S.11: *Der Wanderer auf Sizilien* von Wilhelm Ahlborn, [17. Juni 1829] Aquarell, 227 x 166 mm – Privatbesitz.

S.40: *Jugendbildnis von Georg Gottfried Gervinus*, Gezeichnet von Carl Sandhaas 1824, gestochen von Jakob Felsing, – Abbildung aus: Georg Gottfried Gervinus 1805–1871, Gelehrter – Politiker – Publizist, S. 8.

S.66: *Zusammenkunft von Künstlern und Studenten* von Carl Sandhaas, [um 1818] aquarelliert, 191 x 366 mm, Darmstadt, Hessisches Landesmuseum, Graphische Sammlung; Hz 2567.

S.68: *Selbstbildnis* von *August Lucas*, um 1821, Bleistift auf Papier, 193 x 142 mm, Darmstadt, Städtische Kunstsammlungen – Abbildung aus: Darmstadt in der Zeit des Klassizismus und der Romantik, Nr 157 (S. 419).

S.78: *Bildnis Heinrich Felsing* von August Lucas, 1826, Bleistift auf Papier, 196 x 260 mm, Darmstadt, Hessisches Landesmuseum, Kupferstichkabinett, HZ 922 – Abbildung aus: Darmstadt in der Zeit des Klassizismus und der Romantik, Nr 177 (S.422).

S.79: *Bildnis Heinrich Karl Hofmann* von Karl Philipp Fohr, 1816, Bleistift und Feder auf Papier, 254 x 211 mm, Stuttgart, Staatsgalerie, Graphische Sammlung – Abbildung aus: Darmstadt in der Zeit des Klasssizismus und der Romantik, Nr 46 (S. 311).

S.82: *Wilhelm Ahlborn* von August Hopfgarten, Rom 1830, Hannover, Kestner-Museum – Abbildung aus: Ingeborg Magnussen: Des Malers Wilhelm Ahlborn Lebensschicksale, Vechta, 1935, S. 33.

S.93: *Jacob Götzenberger* von Joseph Führich, Blei. 235 x 182 mm, Karlsruhe, Staatliche Kunsthalle – Abbildung aus: Geller, Bildnisse der deutschen Künstler in Rom, Abb. 131 (Nr 383).

S.94: *Caroline Lauska, geb. Ermeler*, von Wilhelm Hensel, Blei. 125 x 110 mm, Kempfenhausen, Sammlung Hensel – Abbildung aus: Geller, Die Bildnisse der deutschen Künstler in Rom, Abb. 257 (Nr 763).

S.101: *F. M. Hessemer mit Lorbeerkranz* von Wilhelm Ahlborn, Messina 6. August 1829, aufkaschierte Bleistiftzeichnung, 218 x 169 mm – Privatbesitz.

S.103: *Adolf Siebert*, Unbekannter Künstler, Lithographie, Hamburg, Kunsthalle – Abbildung aus: Geller, Die Bildnisse der deutschen Künstler in Rom, Abb. 517 (Nr 1333).

S.106: *Bildnis Amalie Moller* von August Lucas, 1823, Bleistift auf Papier, 260 x 181mm, Darmstadt, Hessisches Landesmuseum, Kupferstichkabinett, HZ 2655 – Abbildung aus: Darmstadt in der Zeit des Klassizismus und der Romantik. Nr 167 (S. 413).

S.110: *Carl Wilhelm Götzloff, Selbstbildnis*, um 1820, Blei. 235 x 184 mm – Abbildung aus: Geller, Die Bildnisse der deutschen Künstler in Rom, Abb. 130 (Nr 385).

S.118: *August Kopisch* von Joseph Führich, Blei. – Abbildung aus: Hans Geller, Die Bildnisse der deutschen Künstler in Rom, Abb. 247 (Nr 730).

S.136. *Franz Nadorp* von Jacob Felsing, Rom 1831, Blei. 245 x 185 mm, Darmstadt, Sammlung Heinrich Kuntz – Abbildung aus: Geller, Die Bildnisse der deutschen Künstler in Rom, Abb. 304 (Nr 869).

Christa Staub

geb. Anders, aus Schweidnitz in Schlesien. Nach der Flucht mit ihrer Mutter und den Geschwistern nach Sachsen fand sie 1947 Aufnahme bei Verwandten in Marburg. Nach dem Abitur Ausbildung zur Diplombibliothekarin in Frankfurt Main. Von 1962 – 1965 Aufenthalt in Palermo zusammen mit ihrer Tochter Katharina und ihrem Mann Kurt Hans, der Lektor des DAAD für deutsche Sprache an der dortigen Universität war. Freundschaft mit der Germanistin Maria Teresa Morreale und dem Germanisten Jörg-Ulrich Fechner, damals Lektor an der Universiät Cantania, und ihren Familien. Lebt seit 1965 mit ihrer Familie in Darmstadt, 1967 Geburt des Sohnes Johannes. War zwischenzeitlich immer wieder, vor allem am Hessischen Staatsarchiv Darmstadt, in ihrem Beruf tätig und beteiligte sich an Arbeiten ihres Mannes.
Edition der Briefe Hessemers von seiner Reise nach Italien, Malta und Ägypten (1827 – 1830) nach Vorarbeiten von Maria Teresa Morreale, Bd. 1 und 2, Hamburg: Maximilian-Gesellschaft und Darmstadt: Technische Universität 2002 – 2003.